战争从未如此热血

二战美日太平洋大对决

关河五十州／著

民主与建设出版社 博集天卷 CS-BOOKY

图书在版编目（CIP）数据

战争从未如此热血：二战美日太平洋大对决.4 / 关河五十州著.
—北京：民主与建设出版社，2014.10

ISBN 978-7-5139-0468-1

Ⅰ.①战…　Ⅱ.①关…　Ⅲ.①太平洋战争–通俗读物

Ⅳ.①K152-49

中国版本图书馆CIP数据核字（2014）第225626号

战争从未如此热血：二战美日太平洋大对决.4

出 版 人	许久文
著　　者	关河五十州
责任编辑	赵振兰
封面设计	荆棘设计
出版发行	民主与建设出版社有限责任公司
电　　话	（010）59419778　59417745
社　　址	北京市朝阳区曙光西里甲六号院时间国际8号楼北楼306室
邮　　编	100028
印　　刷	北京嘉业印刷厂
版　　次	2014年11月第1版　2014年11月第1次印刷
开　　本	720×1000　1/16
印　　张	25.5
书　　号	ISBN 978-7-5139-0468-1
定　　价	42.00元

注：如有印、装质量问题，请与出版社联系。

目 录_

第二章
血管在哪里
_053

第三章
奇妙的冒险
_095

第四章 谁也活不成 _145

第五章
地狱里的噩梦
_185

第六章
银色魔弹
_229

第七章 置身于铁岛之上 _247

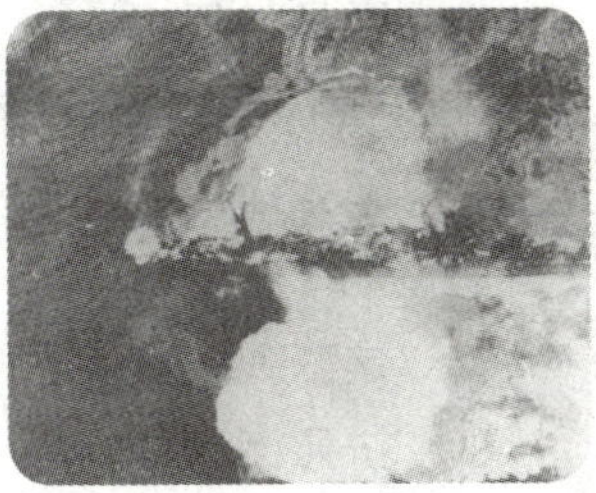

第八章 战争也是一种探险 _287

引 子

一个心情不太好的厨师是无法烧出绝世美味的，因为从厌倦的那一刻起，他就输给了自己。山本五十六一手导演了太平洋战争的开局，但失去瓜岛时，他已经意兴阑珊。更加悲摧的是，就在他还试图再精彩一把的时候，却从命运那里接到了提前下课的指令。

在《战争从未如此热血3》中，赴前线视察的山本遭到了美机的截杀。就在日本从上至下一片沮丧的时候，美军加快了进攻步伐，太平洋战场也分成三大战区，即麦克阿瑟的西南太平洋战区、哈尔西的南太平洋战区和尼米兹的中太平洋战区。

在西南战区，麦克阿瑟率先推出“蛙跳战术”的新思维，通过“硬币行动”，美军在新几内亚连战连捷。为攻克莱城，麦克阿瑟实施了太平洋战场上的首次大规模空降作战，他还亲自坐飞机在空中进行指挥。随着“硬币行动”的深入，新几内亚的大部分地区尽在美军掌握之中，日军的残留部队也变得毫无力量。

“蛙跳战术”逐渐成为美国战胜日本的关键要素之一。与麦克阿瑟惺惺相惜的哈尔西最初沿用的仍然是逐岛进攻战术，碰壁后也接受和采用了“蛙跳战术”。他指挥部队“跳过敌人的坚强据点，予以封锁，让他们活活饿死”，从而取得了“乐天行动”的胜利。

尼米兹的中太平洋攻势被视为整个太平洋战场的攻击主线。在美国无可匹敌的工业体系的支持下，尼米兹组建了规模更加宏大的第五舰队，并任命“活机器”斯普鲁恩斯为舰队司令。斯普鲁恩斯在马里亚纳海战中大败小泽部队，除击沉两艘日军重型航母外，美军飞行员还取得了“火鸡猎杀战”的辉煌战绩。这一仗结束，日军航母舰队在太平洋上就再也没有什么表演的机会了。

马里亚纳海战的胜利，使得两栖登陆战成为战场上的焦点。在“复苏行动”中，美国海军陆战队损失惨重，许多士兵倒在了“死亡之岛”——贝提奥岛上。这引起了舆论界的轩然大波，阵亡人员家属甚至直接给尼米兹写信，表达自己的悲愤之情。

吃一堑，长一智。在接下来的“燧发枪行动”中，美军增强了火力支援的效率，改进了技术细节，“燧发枪行动”被称为打得最漂亮的一次两栖进攻战。

效率虽在提高，但难度也在不断增大。离日本本土越近，日军的抵抗越顽强，从塞班岛到提尼安岛，再到关岛，没有一个是轻轻松松就能拿下来的。即便是“瓜岛屠夫”陆战一师，也意外地在贝里琉岛遭到重创，伤亡人数已接近日军的阵亡人数。

在进攻日本的线路上，经过激烈争执，麦克阿瑟的菲律宾路线终于得到认可。美军登陆莱特岛，实现了麦克阿瑟当初逃离菲律宾时许下的诺言。为了守住菲律宾，联合舰队动用最后力量，组织栗田舰队突入莱特湾。不料，刚开局就遭逢不利，舰队还没能通过海峡，战列舰“武藏”号就被哈尔西的舰队给击沉了。

关键时刻，立功心切的哈尔西却离开了自己的防守位置，使得栗田有机可乘，莱特湾也再次变得危机四伏……

第一章 拿纸团砸钢盔

分进合击式的夹攻，向来是日本海军的关键战术，在“捷代号作战”中，栗田、西村分开行动，也正是出于这个目的。栗田部队由锡布延海入圣贝纳迪诺海峡，西村部队则由苏禄海入苏里高海峡，由于确信哈尔西会封锁住圣贝纳迪诺海峡，金凯德当天把目光聚焦在了苏里高海峡。

自早上美军搜索机发现西村部队后，西村部队便失去了踪迹。但金凯德坚信，西村部队一定会在第二天凌晨以前的几小时内闯过苏里高海峡。为此，他命令指挥舰炮支援的奥尔登多夫少将全力堵住这一入口。

鉴于机动兵力有限，金凯德临时决定把他和麦克阿瑟共乘的旗舰“纳什维尔”号调拨给奥尔登多夫使用。麦克阿瑟私下一直在阅读和研究海战，说“它的魅力能激起我无限的向往”。他见“纳什维尔”号将被调走，立即要随舰一同前往，还兴致勃勃地表示：“我从未观看过海战，这是毕生难逢的机会。”

金凯德哪里肯答应：“只要总司令还在舰上，我就不动用‘纳什维尔’号。”麦克阿瑟的幕僚也不同意他去冒险，麦克阿瑟只得屈服，把他的司令部转移到了岸上。

西村部队虽然一早就被美机发现，并遭到了投弹攻击，但搜索机发起的只是接触性攻击，炸弹从高空直坠而下，仅仅使“扶桑”号战列舰上的飞机发射器和舰载机受了点儿伤。西村部队的总体损失并不大，与锡布延海上的栗田部队相比，更是微不足道。

西村部队在航速没有丝毫降低的情况下一路前行。傍晚时分，他们距离苏里高海峡已不到130海里。

这时，西村接到了栗田的电报，得知栗田部队因遭到空袭而耽搁了时间，将不能按原计划进入莱特湾与其会合。

分进合击变成了单打独斗，西村首先想到的就是事不宜迟，得乘着夜色，在天亮前加速闯关。

★天罗地网

在西村部队后面30海里，就是自日本出发的志摩部队，但该部队指挥官志摩清英中将一直保持着无线电静默。他与西村之间既无通信联系，对西村的作战计划和意图也一无所知。

西村和志摩曾是海军军官学校的同窗，只是俗话说得好，人心难测，海水难量。自进入仕途，两个人就不知不觉有了明争暗斗的意味。一开始，西村升得较快，后来轮到志摩吉星高照，一路赶超，别看如今他们同为中将，但志摩升中将要比西村早六个月，在论资排辈的日本军界，志摩就相当于西村的前辈了。

自从军以来，西村从未进入过被称为“红砖”的海军省大门，算是从基层一步步爬上来的，论作战经验，要比大部分时间任职于军令部，被人揶揄为“肥胖、愚笨、沾沾自喜”的志摩丰富得多。志摩对此也心知肚明。按照日军的惯例，如果两人合兵一处，志摩因资格老的缘故，就要担任两支部队的战术总指挥，到时西村的脸必然黑得跟乌云相仿。都是同学，志摩就不愿触这个霉头了，干脆各打各的——你走你的阳关道，我过我的独木桥。

西村部队全速前进，很快把它与志摩部队的距离拉到了40海里，离苏里高海峡也越来越近。

当晚，雷电交加，但没有月亮，夜幕笼罩下的苏里高海峡一片漆黑，像坟地一样幽静，只有当闪电掠过，才把附近弯弯曲曲的海岸照亮。单纯从天气条件来看，确实是闯关的绝佳时机，可是西村并不知道，守关人已经在前方为他布下了天罗地网。

根据早晨探测到的情报，指挥扼守海峡的奥尔登多夫认为，己方在兵力上占据极大优势，对西村部队，不光是要击退的问题，还要全歼。

美军第七舰队原定任务为护送陆军登岸，并对其岸上作战进行支援，整个舰队仅携带了少量穿甲弹，各护航航母装载的弹药也不是鱼雷和重磅炸弹，而是爆破弹和杀伤弹。一句话，他们根本就没有准备进行大规模海战，但海峡航道狭窄，适合近距离短促炮击，可以为美军省去缺乏穿甲弹的烦恼。

富不必骄，贫不必怨，有多少棋子就布多大的局。奥尔登多夫按照各舰的作战特点，量体裁衣，用战列舰、巡洋舰、驱逐舰甚至鱼雷巡逻艇堵住海峡出口，组成了一道道日舰不得不钻的巨大火网。

他布设的第一道防线，在海峡南进口附近的岛屿区，那里隐蔽着39艘鱼雷巡逻艇。晚上10点36分，鱼雷艇通过雷达发现了西村部队。随后，这些鱼雷艇便从黑黝黝的海岸边疾驰而出，一批接一批地向敌舰发起攻击。

参加苏里高海战的“宾夕法尼亚”号战列舰（居首者）。太平洋舰队的旗舰，珍珠港事件时因正在船坞中修理未受到鱼雷攻击。1942年进行现代化改装，改建了舰桥，同时撤去全部旧式副炮，改装高平两用炮，强化了防空能力

美军鱼雷艇平时只做巡逻用途，缺乏实战经验，还没等它们驶至适当的鱼雷发射区，就已被日军驱逐舰的

探射灯照得无所遁形，发射的鱼雷不仅没有一条打中日舰，己方反而还有多艘被击伤。

西村部队一边排除鱼雷艇的阻挠，一边以20节的速度继续前进，这样一脚便踏入了奥尔登多夫预设的伏击圈。

根据鱼雷艇的报告，奥尔登多夫已掌握了西村部队的航向、速度和阵形。1944年10月25日凌晨2点30分，在向鱼雷艇队发出撤离战场的信号后，驱逐舰部队兵分两路，沿着苏里高海峡的两边，向日舰驶去。

各舰纷纷开足马力，在滚滚浪涛中勇往直前。在第54驱逐舰中队的旗舰“里米”号上，舰长菲亚拉中校正通过广播进行令人热血沸腾的动员：“大家注意，我是舰长。日本舰队要阻止我军登陆莱特岛，我们一定要截住敌舰，愿主保佑我们！”

★连一块皮也没有擦破

凌晨3点1分，“里米”号一马当先，率领其他驱逐舰快速驶进了鱼雷的射程区域。

海面漆黑一片，日舰瞭望哨的眼力再好，也难以区分舰影和岛上的山影。雷达屏则非常模糊，上面全是来自附近岛屿的复杂回波，根本看不出美舰位置的光点。

菲亚拉通过无线电，向后面的舰只呼叫：“跟随我。”接着下令：“准备发射鱼雷！发射！”

几乎就在第54驱逐舰中队射击的同时，西村部队也终于通过雷达发现了他们。日舰急忙打开探照灯，用强光罩住来袭者，第54驱逐舰中队顿时就像被一架有巨大闪光灯的照相机给拍照了一样。

西村部队的编队方式是四艘驱逐舰在前，两艘战列舰和一艘重巡洋舰居后，前后相隔1000米。整个编队一边迂回前进，以躲开鱼雷攻击，一边在强烈的探照灯光的帮助下，试图瞄准正在攻击中的美军驱逐舰。

幸运的是，由于双方距离太近，日舰无法使用巨炮或鱼雷，只能用高射炮进行射击。第54驱逐舰中队“连一块皮也没有擦破”，就毫发无伤地从对方的围攻中冲了出去。不过，他们的鱼雷也同样偏离了目标，第一轮攻击未能奏效。

直到第24驱逐舰中队赶到，两个中队合力攻击，美军驱逐舰部队才开始收获果实。西村部队担任前卫的三艘驱逐舰被鱼雷准确击中，其中，“山云”号就像烧红的铁块投入水中，在一阵嗞嗞声中沉没了，另外两艘驱逐舰也失去了战斗力。

第54驱逐舰中队一共发射了47发鱼雷，仅有3发击中，但是其中两发很关键，因为它们击中的是“扶桑”号战列舰的舷部。战列舰是西村部队的主力舰，“扶桑”号受创，顿时令西村脸色骤变。

在密集的鱼雷群面前，西村所在的旗舰“山城”号战列舰终于也没能幸免，受到第24驱逐舰中队射来的一发鱼雷的攻击。

凌晨3点30分，西村发出了他的最后一封电报：“在苏里高海峡北口两侧发现敌驱逐舰和鱼雷艇，我驱逐舰遭到鱼雷攻击，‘山城’号中鱼雷一发，未丧失战斗能力，继续航行。”

电报刚刚发出去，又一发鱼雷插入了“山城”号的舰体。这下，任何轻描淡写都不起作用了，“山城”号的航速迅速下降，但在其他舰船的护卫下，仍能像喝醉了酒一样摇摇晃晃地前进。

仗打到这个份儿上，明智一点儿的，应该选择赶紧撤逃。西村却有一个错觉，认为只要冲过美军驱逐舰的伏击圈，即可遇难成祥，胜利到达苏里高海峡的另一头。他发出命令："我舰遭受鱼雷袭击，各舰不要管我，继续前进，见船就打。"

西村部队的残余军舰一边施放烟幕，一边以曲折航行的方式脱离与美军驱逐舰部队的接触，向海峡入口驶去。

西村无论如何也不会想到，他给部下所指的其实是一条彻底的覆亡之路。当时火力最强最猛的伏击圈不在别处，就在海峡入口。那里除了八艘巡洋舰外，还有六艘战列舰，其中的五艘战列舰都是在珍珠港事件中被联合舰队击伤，而后又修复的。这些从珍珠港的泥淖中打捞上来的老战列舰，一直在海峡口来回游弋，等待复仇时刻的到来。

眼见西村自投罗网，坐镇于一艘巡洋舰上的奥尔登多夫下达了开火命令。

美军早已占据最好的"T"字横头阵位。当日舰排成一路纵队驶来时，其航线恰好与美舰成一直角。一字横排的美舰使用舷炮，可集中猛轰为首日舰，而日舰只能通过舰艏的炮塔发炮还击。

开火命令一下，所有的战列舰、巡洋舰几乎同时进行射击。黑暗中，雷达控制的15英寸炮弹像长了眼睛，准确无误地击中了日舰。日舰完全被突如其来的炮火打蒙了，不知道该朝哪个目标还击才好，胡乱射出的炮弹全都打了水漂儿。

这是世界上最后一次战列舰之间的夜海大战。如雨的炮弹映红了天空，爆炸声不绝于耳，一道道令人睁不开眼的曳光弹弧线，就像是一列又一列灯火通明的火车从丘陵上疾驰而过。奥尔登多夫把它称为自己一生中从未见过的最美景色。

美军军官们通过雷达荧光屏观察着射击效果，他们把荧光屏上出现的阴影叫作"幽灵"。当看到一个"幽灵"从荧光屏上消失，人们就知道那是一艘敌舰沉没了。站在舰桥上的奥尔登多夫更是兴奋不已，当时曾有一两发炮弹朝他的军舰飞来，但他根本顾不上去察看炮弹会落在什么地方。他和他的将士们一样，此时的全部心思都投入一件事上：如何完美地结束眼前的这场午夜猎杀。

★惊到没法活了

西村部队并不愿意这样被动挨打，他们所到之处，也能把海面搅到波涛汹涌。然而由于火力不猛，射击不准，所留下的航迹很快就被一发发美军鱼雷毫不客气地斩断了。

西村部队的主力是“山城”号和“扶桑”号，这两艘战列舰舰龄均已超过30年，假使用人来打比方，便是已接近古稀之年的老朽之辈。此前，它们一直待在濑户内海用于海军训练，实在无舰可用，才不管三七二十一地被拉到了前线。

本应退役的老舰防御能力十分薄弱，何况是被当成箭靶。“山城”号的三座炮塔被炸毁，上层结构化成废墟，西村也被炸死了。但这艘战列舰仍机械地执行着西村生前的最后一道命令，继续向前行驶。

离镜头最近的是“山城”号，稍次为“扶桑”号。这两艘战列舰已经老得跟夕阳相仿，如果仍做教练舰，猛一看还有一种厚重美，可要拿出去抢年轻舰的饭碗，就只好丢人了

凌晨3点40分，“山城”号猛地喷吐出大量烟火，随后，一个底朝天翻进了苏里高海峡漆黑的海底，当时西村的将旗还在舰上飘扬。

“扶桑”号舰长接替指挥，然而，他接替的不过是接踵而来的毁灭。在骤雨般炮弹的轰击下，“扶桑”号中弹起火，无法扑灭的烈焰裹罩了整座舰体。不久，弹药舱发生爆炸，“扶桑”号被齐腰炸断。凌晨4点30分，它步“山城”号的后尘，被苏里高海峡收容了残骸。

这是一场完全一片倒的战事。美军在此战中的唯一损失，是一艘驱逐舰被友舰误击，丧失了作战能力。而西村部队则几乎全军覆灭，包括“最上”号重型巡洋舰在内的日舰都做了海底幽魂，只有“时雨”号驱逐舰从弹雨和几乎不落的水墙中逃了出来。

刚刚逃离美舰的炮火追杀，就有一艘大舰朝“时雨”号迎面驶来。这正是“破屋更遭连夜雨，漏船又遇打头风”。“时雨”号上的舰员把魂都给吓飞了，他们战战兢兢地用日语发问：“你们是哪国的军舰？”对方立即用日语回答：“我们是‘那智’号。”

“那智”号重巡洋舰是志摩的旗舰，原来这就是沿着同一航路赶来的志摩部队。

隔着老远，志摩已经看到北面的天空硝烟弥漫，透过烟雾，炮弹的闪光也依稀可见。但由于与西村之间没有直接联系，志摩并不知道西村部队已经覆灭，他还认为这时候冲入战场能捡个漏儿什么的，所以一路并无迟疑。

“时雨”号不知出于什么心态，并没有把自己部队惨败的情形告诉志摩，只是发出信号说：“这是‘时雨’号，舰舵发生故障。”

于是，被蒙在鼓里的志摩继续深入海峡。随后他才意识到自己进入的是西村部队的坟地，漆黑海面上的火光居然全是还在燃烧着的日舰。

志摩部队先是看到了被炸成两截、犹如灼热大铁块的“扶桑”号。因为被炸断的两部分都在燃烧，志摩当时还以为是“扶桑”号和“山城”号两艘战列舰的残骸。10分钟后，他又发现了右前方的一艘起火军舰，后来辨认出是“最上”号。

凌晨5点，“阿武隈”号轻巡洋舰突然遭到鱼雷艇的袭击，航速骤降至10节。黑夜中赤焰到处乱窜，美军的第二个伏击战打响了。

犹如晚上一个人走进坟地看到死尸，本来就已心慌意乱，如果再被人从背后猛击一拳，简直要惊到没法儿活了。一股凉气从志摩的脚跟一直冒到天灵盖，他急忙下令各舰转舵。

就在掉转船头的一瞬间，慌不择路的“那智”号与受伤的“最上”号相撞，将“最上”号的左舷侧撞开了一个大洞。“最上”号的官兵见状破口大骂：“慌什么！瞎眼了，看不见着火的军舰吗？”

要不是这次意外的相撞，“最上”号或许还有存活的可能，但多了这么一个大窟窿，它再也无法逃出生天。

志摩已经顾不上“最上”号的死活了，自己能逃命比什么都要紧。还好，志摩部队是一支规模不大的轻装部队，比较容易脱身。最后，除“阿武隈”号遭重创外，其余军舰都得以退出了苏里高海峡。在其身后，是燃烧的残骸、挣扎的水兵和大片的油迹。

当然，这也是奥尔登多夫没有穷追猛打的结果。因为他收到了一份令人震惊的敌情通报：栗田部队已突破圣贝纳迪诺海域，出现在莱特湾北部的萨马海。

奥尔登多夫立即下令停止追击。考虑到溃逃的志摩部队可能再次突破苏里高海峡，他将兵力一分为二，一半兵力向事发地点赶去，以应对栗田部队带来的威胁。

虽然派出了援兵，但奥尔登多夫很清楚，这对于救急其实起不了多大作用。且不说援兵不可能及时赶到作战海域，就算到了那里，由于舰上的穿甲弹所剩无几，也难以起到支援的作用了。

★万籁俱寂

栗田的去而复返，缘于一个微小的细节。

在哈尔西决定北上之前，有一架美机始终在栗田部队上空时隐时现，极力保持接触。栗田很清楚，这是美军在海空大战中的惯例，对方可以通过这架飞机来了解他的部队的动向。下午4点20分，这架美机突然向东方飞去，从此不见踪影，之后再也没有出现一次空袭。

栗田并不知道哈尔西已经率部离开，他只据此做出一个判断，那就是哈尔西肯定相信胜局已定，所以才停止了追击。

棋才下了一半，所谓胜败还早得很呢。栗田马上想到了要钻这个空子，他下令舰队再次转向东进。

部队退却时，栗田曾向联合舰队司令部发出电报，此时尚未收到复电。参谋们都很吃惊，一再追着栗田说："对于下午的电报，大本营尚未回电！"

栗田只回答了一句话："没关系，我们干我们的！"

在栗田部队东进两个小时后，他们终于接到了丰田发来的训令，上面写道："仰仗神明庇佑，全军猛烈突击！"

栗田在日本海军中的声名并不好，之前就有过坐着战列舰还被鱼雷艇追杀的笑话，并被冠上了"逃之栗田"的绰号。显然，在联合舰队司令部看来，栗田属于旧病复发，他先前的撤退决定也只能归到怯懦胆小的类型。丰田发来这份训令，就是告诉栗田，不管碰到什么困难，也不管付出多大牺牲，都要坚决对莱特湾实施突击。

栗田部队的普通官兵并不知道，部队再次东进其实是栗田的单独决定，还以为这是不得不执行丰田训令的结果，因此，在训令公布后，纷纷对之冷嘲热讽。

这个说："请把战斗托付给我们吧，在陆地上指挥海上实战（指联合舰队司令部一直在陆地上），就是神仙也难以办到。”

那个说：“不了解这种惊人的空袭，才会说这种不负责任的话。什么‘神明庇佑’，倒不如换成‘全军覆灭’。”

栗田正好以上级硬性命令为由，来化解属下们的抱怨，所以对此也未多做解释。10月24日晚上8点，他向联合舰队司令部发报，作为对训令的回复：“本队将置一切损失于不顾，决心于25日上午11时突进莱特湾。”

晚上11点半，栗田部队的22艘日舰以单纵队阵式进入了圣贝纳迪诺海峡。圣贝纳迪诺海峡号称魔鬼海峡，最窄处不足两英里，而当时海流的速度是每小时七到九海里，到处都翻卷着漩涡。舰队要从这里穿过，困难程度犹如用木伐渡过急流。此外，整个舰队早已实行了灯火管制，海峡两岸也看不到一点儿灯影，他们大部分时间都是在摸黑航行。

到了这个时候，林加百日训练终于显现出效果。栗田部队的官兵凭借其出色的目力和坚忍的意志，始终驾驶着舰船稳步前行。对此，美方也感叹不已。一名军官由衷称赞道：“能在漆黑的深夜出色地越过海峡，真是了不起！”另一名美军军官则评论说：“在这种情况下，日本海军显示出来的一大特征是，具有闯过绝望难关的勇气和能力。”

栗田部队是日本海军当时所能动用的最强大阵容，这也是他们能闯过圣贝纳迪诺海峡的重要实力基础

在穿越海峡时，日军其实非常紧张，士兵们一个个蹑手蹑脚，屏住呼吸，唯恐暴露目标，遭到美军的突然攻击。

攻击并未出现。25日0时35分，栗田部队顺利突破圣贝纳迪诺海峡。在星火微闪的黑暗中，日舰像幽灵一般，一艘接一艘地进入了萨马岛。

突破海峡不等于高枕无忧，相反，在穿过海峡的一刹那，栗田还是有一种如履薄冰的感觉。

莱特湾的极端重要性，大家都非常清楚，所谓“老虎喉中讨脆骨，大象口中拔生牙”，栗田部队即便可以侥幸突破圣贝纳迪诺海峡，但从海峡出口到莱特湾这段海域，也一定会遭到美军的全力攻击。

站在美军的角度，栗田设想，对方会先在海峡出口的两岸配备潜艇部队，再利用“T”字横头阵位，将所有巨炮瞄准刚穿过海峡的舰艇射过来。仅仅这一点，就已经够受得了，更不用说拂晓之后，哈尔西航母部队将会展开大规模空袭。

完全可以这么认为，让你毫无阻碍地越过海峡就是一个陷阱，美军的真正意图，是要在萨马海完成一场漂亮的歼灭战。

想到这里，栗田浑身的血液都要凝固了。他没有让舰队立即南下，而是将一字长蛇阵变为夜航的搜索队形，各分舰队之间相隔两海里，继续向东急驶。为了尽快脱离危险海域，舰队中连受伤的“大和”号都保持了最高航速。

让栗田格外吃惊的是，他在海峡出口没有看到一艘警戒的美舰，用雷达扫描，周围50海里的洋面也一无所有。

栗田想不通为什么会这样，但既然已证明暂时安全，在前进大约20海里后，他便传令舰队南转，前往莱特湾。

就在前行的过程中，栗田接到了西村发来的最后一封电报，获知西村部队在苏里高海峡遭到了美军的袭击。一小时后，他又接到志摩的来电：“我部正在撤离战场。”

根据这两封电报，栗田判断出，日军在南面的突击行动已被挫败，再也不用指望西村部队、志摩部队的配合了，只能单打独斗。那么，北面的小泽部队怎样了？有没有把哈尔西诱出去？栗田很想知道，然而，这时他与小泽也失去了通信联系。

四周万籁俱寂，没有美舰突然冲出来，但栗田部队并不相信配备先进雷达，且具有极高搜索能力的美军舰队会真的不知道他们的到来。莫非要等天亮后空袭他们？

战前的寂静，往往是暴风雨即将来临的先兆。恐惧感笼罩着整个舰队，直到天渐渐放亮，官兵们都不敢合一下眼，他们预感到，一场比锡布延海海战还要激烈的大空袭就要到来。

★牺牲战术

10月25日，上午6点27分，太阳升起。栗田马上下令以“大和”号为中心，将夜航的搜索队形变为防空的环形队形。

变换队形的信号刚刚发出，旗舰“大和”号桅楼上的瞭望哨就报告，在东面的水天一线处出现了几个黑点。这时的萨马海海域乌云低垂，雾气弥漫，天色也稍显阴暗，所以视野较为模糊，瞭望哨凭目力观察，一时难以确定那几个黑点究竟是什么。

随着天色不断放亮，黑点逐渐放大，可以看到四根军舰桅杆，接着航母及其警戒舰船的身影也渐渐清晰起来。同一时刻，瞭望哨还发现了远方天空中的美军舰载机。

接到报告后，栗田的参谋们一致认为，这肯定就是第38特混舰队，而且看样子，对方并没有察觉栗田部队的到来，否则空袭早就开始了。

栗田遇到的当然不是第38特混舰队，那是金凯德第七舰队的一支航母特混大队，代号“塔菲-3”，指挥官是斯普拉格少将。

第七舰队与之编制相同的还有“塔菲-2”和“塔菲-1”，后面两支特混大队当时正分别在东南海区和南部海区执行巡逻任务，而“塔菲-3”处于最北端海区。它们的任务都是各守一边，独立封锁住通往莱特湾的去路。

在此之前，斯普拉格也收到了反潜巡逻机的紧急报告。巡逻机发现了栗田部队，但是它自身只配备了深水炸弹，仅能袭击潜艇，无法攻击战舰。

斯普拉格刚收到报告时还不相信，因为他和金凯德一样，都以为有一支强大的水面舰艇部队正在固守着圣贝纳迪诺海峡。

这个飞行员是个新手，会不会误把哈尔西的快速战列舰当成了日舰呢？斯普拉格下令再探再报：“作战室，告诉那个飞行员核实他发现的情况。”

一份简短急促的回复很快传来：“目标肯定是敌舰队，军舰上都有塔式桅楼。”

多层上层建筑和塔式桅楼，是日军大型战列舰的一个标志，所以飞行员才敢拍着胸脯打包票。几乎在同一时间，美军的无线电报员收听到了日本人叽里咕噜的谈话声，雷达屏上也哔哔作响，显示附近出现许多不明舰船。一名信号员急忙拿起望远镜进行观察，最后证实日军舰队果然正朝己方开来。

这正是“闭门家里坐，祸从天上来”。斯普拉格顿时大为紧张，意识到自己“处境危险”。同是航母为主的特混大队，“塔菲”系与第38特混舰队的

斯普拉格少将。日军大型舰队的袭击，让这位“塔菲-3”指挥官陷入了极度的紧张不安

那几支大队有很大区别。斯普拉格的“塔菲-3”虽有六艘航母，但它们都是由商船或油轮改装而成的小型护航航母，几乎没有装甲，火力很弱，基本任务也只是为莱特岛的运输舰队和登陆舰艇提供空中掩护，并不随同战列舰和重巡洋舰一起作战。

与较弱火力相应的是，这些小航母的外壳都比较薄，不能保护易爆炸的汽油、弹药和鱼雷舱。海军水兵们开玩笑地称之为“番茄罐头”，将它们归类为“易燃、易受攻击、可牺牲的舰只”。除此之外，小航母的最高航速仅为16节，只及日军战列舰和巡洋舰航速的一半，比同舰队中的护航驱逐舰还要慢，有“吉普航母”的名号。

面对栗田部队的突袭，“塔菲-3”无疑处于完全弱势的地位。斯普拉格也从来没有设想过，依靠手下这些吨位小、航速低的护航航母和一些战斗力不强的警戒舰，他竟然要同日军的快速水面舰艇部队决一死战。他悲观地认为，一旦交锋，“塔菲-3”坚持一刻钟以上都几乎不可能。

然而，假使“塔菲-3”不主动上前迎击，莱特湾的舰船就将立刻陷入灭顶之灾——在陆军和军需品被送上岸之后，美军运输舰队的大部分舰船都已撤离莱特湾，但还有50多艘单薄的货轮、战车登陆船和两栖舰艇停泊在港湾里。

斯普拉格毅然决定用牺牲战术来拖住栗田部队，他将自己面临的危险情况电告金凯德，并且说：“如果我们能把敌舰队吸引过来，就能延缓它对莱特岛的袭击，直至援兵到来，尽管我们的末日显然会来得更快。”

在接到斯普拉格的电报之前，金凯德其实已经手足无措。当天凌晨，有些心神不安的他曾经通过无线电向哈尔西询问：“圣贝纳迪诺海峡是否已有第34舰队守卫？”

由于哈尔西的旗舰“新泽西”号战列舰上的无线电通信发生混乱，金凯德等了两个多小时后才收到回音，哈尔西的答复只是一个简单的“否”字。

金凯德这才知道，哈尔西原来根本没有编组什么第34特遣舰队，更没有安排力量守卫圣贝纳迪诺海峡。他惊愕万分："哈尔西怎么会放弃执行这个周密的战斗计划呢？这是不可理解的。"

★千钧一发

哈尔西一心要歼灭小泽部队，早已把圣贝纳迪诺海峡完全丢给了金凯德。

在第38特混舰队连夜北上的过程中，航母的夜舰巡逻机曾发来报告，告知栗田部队已转向东进，向圣贝纳迪诺海峡驶来，同时海峡里长期熄灭的航标灯也被点燃。听到这个报告，包括李中将在内的几名将领对继续北进都犹豫起来，但哈尔西依然不为所动。

一干将领中，最可能对哈尔西产生影响的是第38特混舰队司令官米彻尔，可米彻尔自己都被"架空"了。当米彻尔的参谋半夜叫醒他，希望他阻止哈尔西的鲁莽举动时，米彻尔首先问："哈尔西将军收到那个报告了吗？"

得到肯定的回答后，米彻尔便说："如果他要听我的主意，他会来问我的。"随后便回船舱睡觉去了。

哈尔西认为，栗田部队早就被打得半死，就算去而复返，金凯德要对付它也不费吹灰之力。后来在回顾自己的这一决策时，哈尔西仍不承认自己的失策："如果遇到同样的情况，并掌握同样的情报，我还会这么干。"

哈尔西为栗田创造了机会，他立即电告联合舰队司令部："天赐良机，我们正全速前进，准备攻击敌航空母舰。"

栗田和他的参谋们一样，始终认为眼前要攻击的目标是第38特混舰队，或至少是其中的一支航母大队，同时茫茫雾海也为"塔菲-3"提供了包装。在日军瞭

萨马岛海战中的“大和”号战列舰。它集合了当时日本最高的造舰技术，其正式称呼为“军舰大和”，舰名“大和”是以奈良县的旧国名大和国来命名的

望哨的眼中，“塔菲-3”的规模颇为宏伟，这也使得栗田对之深信不疑，他绝对不会想到自己要对付的居然是一支经不起折腾的弱旅。

按照正常的海战程序，栗田应该改变环形队形，以战列舰和重巡洋舰为掩护，派轻巡洋舰和驱逐舰先行实施鱼雷攻击。但有了前一天的经历，栗田深知自己未必能得到友军的空中支援，如果继续整编队形，很可能失去这一先发制人的绝好战机，为此，他下令：“保持现有阵形，立即全速突击！”

这是一个后来看来足以致命的错误。各个分舰队自行指挥，跑得快的猛然蹿到前面，跑得慢的则一下子落在了后面，整个舰队陷入一片混乱。

早上6点59分，“大和”号率先发难，9门18英寸巨炮一齐开火，炮弹在40秒钟内飞越了32英里，接着轰的一声巨响，在美军航母旁边激起了50米高的水柱。

斯普拉格见状赶紧传令舰只转向，全速逆风东驶，这样既可拉大与日舰之间的距离，又便于航母甲板上的航载机起飞。

太平洋战争开始以来的无数次海战都证明，在飞机与军舰的角逐中，军舰取胜的可能性微乎其微。看到舰载机飞来，栗田马上想到，如果不集中炮火抢先对美军航母实施当头一击，他的部队可就危险了。

决不能再有丝毫犹豫，犹豫一分钟，战机就可能被浪费60秒。栗田大叫：

“首先封闭敌航空母舰上的飞机，使之无法离舰，然后一举歼灭敌机动部队！”

所有日舰遵令直接用前炮台开炮，除18英寸火炮外，14和16英寸火炮也加入其中，各种口径的炮弹恶魔般地飞向美军航母。斯普拉格急忙命令各舰施放烟幕，全速规避。

为确定烟幕中的弹着点，日舰开始使用装了染料的带色炮弹，炮弹不断在海面掀起红、黄、蓝、绿各色水柱，水柱哗啦哗啦地落下，构成了一幅极其恐怖的景象。美军水手们惊呼：“他们用彩色炮弹打我们！”

千钧一发之际，萨马海上突然下起暴雨，如有神助的暴雨遮挡了日舰炮击的视线，斯普拉格赶紧指挥各舰驶往降雨水域。

利用瓢泼的雨水做掩护，美军航母飞行甲板上的舰载机终于得以全部起飞。每艘“吉普航母”只可搭载18～36架飞机，在战斗打响后的10分钟内，附近的“塔菲-2”舰载机也赶来支援，这使舰载机数量急剧增加。

虽然数量不少，但所有的美机都奈何不了日军的战列舰和重巡洋舰，因为它们的预定任务是攻击海岸目标，所以机上没有配备攻击水面舰只所必需的穿甲弹或鱼雷，而是携带了杀伤炸弹和深水炸弹。要对付士兵和潜艇，这两种炸弹的确是致命武器，可若用来对付战舰，充其量只能在钢板和大炮挡板上蹭一个印子。

尽管如此，美军飞行员们仍尽了自己最大的努力，扔完炸弹后，他们还不断驾机越过栗田部队的上空，通过这种虚张声势的方式来分散日舰的注意力。

舰载机的攻击力有多少成色，此时此刻，哪里看得出来？栗田能观察到的，只是天空中那密密麻麻的机群，这让他愈加深信自己是在同强大的第38特混舰队交手。

栗田不敢全力前推，他采取了一种消磨时间的战法，即从三面对美军航母进行包围。不过由于必须不断转舵，以躲避美军舰载机的袭击，所以日舰舰炮的命中率暂时还不高。

可是这并不能降低斯普拉格的危机感。随着包围圈的不断缩小，两支舰队的距离减至12海里，美舰已处于日舰大炮的射程内，而美舰的大炮丝毫不能威胁日舰。一旦栗田完全闭合包围圈，里面的“吉普航母”很容易被消灭得一干二净。

一定要想办法将日舰逼远一点儿。“塔菲–3”共有三艘驱逐舰，战斗开始15分钟后，美军以攻为守，在“约翰斯顿”号驱逐舰的率领下，这三艘驱逐舰如离弦之箭一般冲了出去。

★舍命进攻

如果说美军在海战中也有过类似于自杀式冲锋的话，这是第一次，也是唯一一次。一位驱逐舰舰长在发起攻击前对官兵们说：“我们是同绝对优势之敌进行殊死搏斗，不能抱有活下来的希望。”

当驱逐舰队冲锋时，日军的重磅炮弹不断在舰船周围掀起山一般高的水墙，驱逐舰就在枪林弹雨和层层浪花中疾驰，速度快到连舰体都抖动起来。一时间，舰上的官兵就像坠入神话中的梦幻世界，简直分不清这是传说中的演义还是现实中的故事。

“约翰斯顿”号驱逐舰的舰长埃文斯中校是印第安土著，这在当时的美国海军军官中实属罕见。埃文斯具有非常坚强的意志和胆略，听到日军炮弹如隆隆驶过的货物列车一样的声音时，舰桥上的一名水兵忍不住做出了弯腰躲避的动作。埃文斯非常镇定地安慰他：“不用躲，能听到这声音就说明没有命中。”

埃文斯是典型的美国军人的思维：不怕死，但一定要死得有价值。他命令军舰照准着弹点逶迤航行，因为他知道日军炮手在不断调整射击的目标区域，往弹点前进反而不易中招，这样“约翰斯顿”号就可以在沉没之前射出鱼雷了。

很快，埃文斯发现“熊野”号重巡洋舰正处于有效射程之内。“约翰斯顿”号边冲边射，一口气射出了10发鱼雷，其中的一发鱼雷炸飞了“熊野”号的舰艏。“熊野”号立即丧失机动能力，被迫退出了战斗。同样靠边的还有“铃谷”号重巡洋舰，该舰被炮弹炸坏，也陷入了无法航行的惨状。

在这次美军驱逐舰的舍命进攻中，具有决定性意义的还是下面这一幕：正在督战的栗田突然发现有六发鱼雷向“大和”号的两侧袭来，“大和”号急忙规避。事有凑巧，六发鱼雷的速度几乎和“大和”号的航速相同，“大和”号无法折回，只好改变航向，同鱼雷结伴行驶了大约十分钟。

因为这个原因，“大和”号落在了舰队的后面，栗田看不到逃走的美军航母，无法掌握战场局势。“塔菲-3”趁机后撤，双方舰队的距离拉大到16海里以上。

在撤退过程中，断后的“约翰斯顿”号遭到了猛烈报复，从日军“金刚”号战列舰上飞出的三发14英寸炮弹钻入了“约翰斯顿”号的机械舱和锅炉舱。那一瞬间造成的冲击，犹如“一条小狗被一辆救火车撞了”，在其后不到十秒的时间里，“约翰斯顿”号又连中三发炮弹，舰桥后部的舰楼被完全击毁，航速也骤降至15节。

包括“约翰斯顿”号在内的“塔菲-3”官兵大多为预备役人员或刚刚入伍，从没有像样地训练过。在遭到疯狂打击后，一名平时显得很顽强的水兵精神上完全崩溃，他开始一边跑一边哭。还有人进入了一种梦幻般的状态，感觉自己好像是置身事外的旁观者一样。

不过这只是少数人，多数官兵并没有被残酷的现状击垮。舰长埃文斯的脸和胸膛都被弹片擦伤，手指头也被炸断了两根，但他不为所动，用手绢将手包扎后又继续指挥。

一场及时雨让整个“塔菲-3”得到了片刻喘息，也挽救了“约翰斯顿”号，使它暂时从死神手中挣脱出来。

正在追击的栗田部队，最前面的是“大和”号。这应该是栗田最得意的时候

眼见情况紧急，斯普拉格不得不用明码电报请求支援：“如敌大口径火炮对我舰只再继续轰击五分钟，我们的军舰将荡然无存。”

在发出求援电后，埃文斯率部南撤，朝莱特湾方向航行。这是三面包围下的唯一缺口，同时埃文斯也希望奥尔登多夫的舰队能够从这个方向前来营救他。

“塔菲-3”一退，栗田即下令发射军舰弹着观测器进行侦察，这使他得以迅速掌握了“塔菲-3”的去向。栗田部队随后一面向南急驶，一面实施雷控射击。

过去，日军海战时都是用测距仪来测定距离，用炮火把敌舰夹在中间后，再炮击其中央部位，以求击毁目标。现在用了雷控射击，可以自动瞄准，按说准确率应该更高了，但栗田部队是从林加锚地开始才突击学习这一技术，炮手们技术水平不过关，失误太多，以致只能追却射不中。

另一方面，如果日舰协同一致，也可以将撤退中的“塔菲-3”追上并完全围困住。可由于没有调整队序，栗田部队一直显得异常混乱，联络的不畅通又加剧了这种混乱。最后的结果是，在绵延达15海里的横向追击面内，栗田部队这边不知道那边，那边也不了解这边，各舰都只能沿着外圆弧，根据自己的判断自行追击。

看到日舰在两翼和后面穷追不舍，斯普拉格下达命令："驱逐舰发射鱼雷。"

★我们需要的其实是一名号手

驱逐舰"希尔曼"号、"霍埃尔"号以及已受到重创的"约翰斯顿"号，再次遵令杀出，其中"约翰斯顿"号已没有鱼雷，只能用舰炮进行射击。

在阵阵雷雨中，日舰的大口径炮弹像特别快车似的从三艘美军驱逐舰的头顶飞过。为模糊日军的视线，驱逐舰不断用舰艉的烟幕施放器喷出白烟。这些白烟连同烟囱冒出的油腻黑烟，将舰身重重围绕起来。

在向前猛冲的同时，美军驱逐舰还要不时倒退，以免彼此相撞。经过这样舍生忘死的冲锋，它们终于逼近了敌舰。

三艘美军轻装甲舰，要对付的是四艘战列舰、八艘巡洋航和一艘驱逐舰。无论从哪个角度来看，这一战斗场面都称得上惊心动魄，在海战史上，也很少有战舰能在如此寡不敌众的情况下奋不顾身，英勇作战。

"希尔曼"号、"霍埃尔"号发射的鱼雷并没能击中日舰，但是日军重巡洋舰"羽黑"号在转身躲避鱼雷时，船舵被一发炮弹击中，被迫退出战斗。"大和"号也立即停止射击，以避开疾驶而来的美军驱逐舰，随后这艘旗舰便远离了战斗，栗田无法再指挥舰队。

最后一批鱼雷射完了，"希尔曼"号向斯普拉格报告："任务完成。"

打完鱼雷，便只能用舰炮。相对于日军的战列舰和巡洋舰，驱逐舰的小口径火炮并无多少抗衡的资本，用炮手们的话来说，“简直就像拿纸团砸钢盔一样”。“希尔曼”号的舰长对舱面军官说：“从现在起，我们只能虚张声势吓唬人。我们需要的其实是一名号手！”

美军驱逐舰的悲惨时刻随即到来。“霍埃尔”号首先成为日舰集中射击的目标，凡是舰炮射程内的日舰都没忘记向它发射炮弹，一时间弹如雨注，到该舰完全沉没时，它已连续40次被炮弹击中，真正是被打得千疮百孔。

“希尔曼”号也中了多发炮弹，带色炮弹的鲜红染料混合着舰员的鲜血，把舰桥和上层建筑染得一片殷红。“希尔曼”号尽管通过左闪右避逃了出来，但已丧失作战能力，只能用向弹药舱注水的办法才能使自己不沉下去。

血还没有流光的是“约翰斯顿”号。除了舰长埃文斯指挥得当，“约翰斯顿”号一直照准落弹区域的浪花前进，从而避开了一些炮弹外，还得益于舰体钢板非常单薄，击中它的炮弹往往只会贯穿舰体而不会带来致命的爆炸。

驱逐舰无力再战，“塔菲–3”中能继续护卫航母的，便只剩下四艘护航驱逐舰。这些护航驱逐舰只是为反潜战而设计，在航速和机动性上都不如正规的驱逐舰，一旦置身于如此激烈的海战，连自保都很难。

没有别的更好的选择了。在发现日军巡洋舰从侧翼实施迂回后，斯普拉格下达命令：“小男孩们发起鱼雷攻击！”四艘既小又慢的护航驱逐舰于是联合发动了第二次鱼雷攻击。这种攻击谈不上有多少威胁，不过是在拖延时间。攻击结束后，两艘安然返回，一艘受重创，还有一艘再也没能回来，它的名字叫“罗伯茨”。

“罗伯茨”号在射出三发鱼雷后即被日军炮弹击中，日舰的重磅炮弹像罐头刀一般割破它的左舷，自烟囱至舰艉都被轰成一堆废铁，只能一动也不动地躺在水里。

令人肃然起敬的是，尽管前部火炮已被摧毁，但在炮手长卡尔的率领下，“罗伯茨”号仍利用后部火炮继续射击，整整一个小时没有停过。其间，他们共发射了300发炮弹，正式的炮弹打完了，照明弹、实习弹也被填进了炮膛。

连续发射使火炮热到几乎要熔化，到第七次发射时，大炮爆炸，大部分炮手当场丧命。卡尔的躯干被炸断，但这位坚强不屈的炮手长在临死前的最后一刹那，仍试图将一发24千克重的炮弹塞入炮膛。

“罗伯茨”号在这场寡不敌众的战斗中沉没了，继之而上的是本已处于相对安全位置的“约翰斯顿”号。

看到护航舰也无法再实施拦阻，日军巡洋舰正向己方的“甘比尔湾”号航母扑去。“约翰斯顿”号的舰长埃文斯喊道：“打那艘巡洋舰，把它的炮火从‘甘比尔湾’号吸引过来！”

接到命令的炮术指挥官立即回答：“是，长官。”但他随后又小声嘟囔道：“这不是开玩笑吧？”

埃文斯此时充分显示出了自己作为舰长的勇敢和智慧，他指挥“约翰斯顿”号从日军舰队前方横穿而过，同时对日舰实施齐射，以打乱对方的整体部署。

这是战舰编队才会使用的一种战法，但埃文斯在不得已的情况下将它用到了单独一艘舰上。炮手们也都全力以赴，经过不间断的长时间射击，大炮炮身的油漆都被烧得隆起，不时起火燃烧。

埃文斯的战法收到了奇效。日舰本已做好对美军航母发射鱼雷的准备，然而遭到“约翰斯顿”号出其不意的反击后，不等接近目标，它们就不得不将鱼雷发射出去。这些鱼雷在途中失去速度，使得美军航母能够轻易进行规避。

“约翰斯顿”号此举无异于引火烧身，就像苍蝇见到血一样，日军的一艘巡洋舰和四艘驱逐舰立即向它聚拢过来。五打一，舰上已没有一发鱼雷的“约翰斯顿”号等于被判了死刑。

埃文斯不情愿地下令弃舰，“约翰斯顿”号舰艏向下，沉入大海。在古今海战史上，面对强大的敌人，护航警戒舰像这样毫不退缩、挺身护主的事例是很难见到的。

日军受到极大震动。当日军驱逐舰慢速靠近时，他们并没有像以往那样，向漂浮于海面的“约翰斯顿”号幸存者们进行扫射，反而有一名穿着白色军服的舰长在舰桥上举起手，致以庄重的敬礼。

“约翰斯顿”号共有327名官兵，最后只有141人被救起，印第安舰长埃文斯未能生还。

★“病中孤妇”

“吉普航母”前面再没有什么护卫舰可用来遮挡了。在被日军的重巡洋舰赶到下风方向后，它们也无法再利用烟幕掩护自己。

日舰紧紧相逼，大口径炮弹激起一道道高达45米的水柱。“吉普航母”一边左闪右避，一边用“蹩脚舰炮”还击。这些航母舰炮的口径不过5英寸，炮弹打在日军战列舰上只能冒起一股轻烟，打在炮塔上更是转眼就化为一团飞絮随风飘散了。

“吉普航母”不是日舰的对手，不仅进攻乏力，它们那单薄的飞行甲板也很难抵挡住重炮的轰击。

殿后的“甘比尔湾”号最惨，在一个小时内，几乎每分钟都要被炮弹击中一次。直到它沉没时，一艘日军巡洋舰还在不停地向它发炮轰击。

除“甘比尔湾”号外，还有几艘航母中弹受伤。“塔菲-3”之所以没有全军覆没，一方面是由于日军的雷控射击精度不高，美军的损管作业又很得力，另一方面，“吉普航母”的薄舰壳反而救了它们的命——日舰使用的是穿甲弹，这些穿甲弹一般都直接穿了过去，没有在舰体内爆炸。

被日军战舰连续轰击的“甘比尔湾”号，炮击引起的浓烟几乎完全覆盖了这艘可怜的“吉普航母”

不过，“塔菲-3”的覆灭看起来已只是个时间问题。斯普拉格连连向金凯德呼救，金凯德将斯普拉格的电文转发给哈尔西，同时自己也向哈尔西发出了一封明码电报：“请李全速前进保卫莱特，请快速航母立即出击。”这封电报的意图很明显，就是一方面敦促哈尔西组建由李率领的第34特遣舰队并尽快回援，另一方面也借此威吓栗田部队。

然而，金凯德的电报并未能得到他想要的回应，在300海里以北的恩加诺海面，哈尔西正干得热火朝天，眼睛里全都是被他打爆的日舰，既不可能也不甘于分身。

哈尔西本可以兵分两路，在率航母群进攻小泽部队的同时，派第34特遣舰队防守圣贝纳迪诺海峡。但是他认为小泽部队既是航母部队，又一直是联合舰队的绝对主力，若将部队分开攻击，受到的损失将会大得多，倒不如全上。这样既可以把所有舰炮集中起来，以加强航母的对空防御，又可利用航母的舰载机来加强对所有舰只的空中掩护。

然而哈尔西其实是上了日本人的当。直到马里亚纳海战，小泽部队确实还是联合舰队的主力，但在那次海战后，因为丰田要实施“突入作战”，这支部队被一拆为三，栗田、志摩的部队先后分离出去，这使得剩下的小泽部队本部像是“失掉了丈夫和儿子的老妇人一样”。

分走的两支毕竟还都是护卫舰队，对小泽部队而言，更为伤筋动骨的是组建“T”部队。小泽部队共拥有三个航空战队，一航战是虚的，正在编制过程中，连航母都还没能造出来，可以使用就是三航战、四航战，可以说，谁要是从这两个航空战队中抽走哪怕一架飞机，都像是要抽小泽一根筋一样。而丰田为了组建“T”部队，从中抽走了大部分兵力。

“T”部队被投入台湾海峡海面，与哈尔西的第38特混舰队作战，结果是他们在激战中蒙受了巨大损失，抽走的那些航空兵力再也没能回到小泽部队。美国报刊就此讽刺丰田，说这次台湾海峡海面作战，实际上是他的一次赌博，不过是一次大失败的赌博。

眼见得所剩不多的航空兵力犹如一盆水浇到雪地里，连个影子都见不着了，小泽心疼到五脏都差点儿移了位。

就在这个时候，小泽接到了大本营下达的“捷1号”令，命令他们“抓住一切机会，捕捉、歼灭敌舰队”。

拿到命令的小泽哭笑不得。现在他的舰队已经沦落到了快卧床不起的地步，从失欢的老妇人变为“病中孤妇”，而且还是搬迁到贫民区的“病中孤妇”，不仅外面陋巷茅屋，里面打开一看，也是一副一贫如洗、倾家荡产的模样。纸面上小泽虽有八艘航母，但除去尚未建好以及舍不得消耗已留在日本本土的之外，实际只有四艘航母，这四艘航母上没有一架像样的飞机，仿佛是一个又一个空荡荡的衣柜，可谓寒碜到了极点。

为了给自己的航母配备飞机，小泽绞尽脑汁。在把抽到“T”部队的舰载机残余部分收集起来后，他总算凑齐了108架飞机。108架飞机只是美军一艘大型航母所载的飞机架数，并且驾驶这些飞机的飞行员绝大多数都是实习生，只接受过最低程度的训练，连起飞降落有时都不能保证，更不用说适应海空作战的需要了。

什么都能凑，唯独飞行技术凑不出来。没有长年累月的艰苦训练，不管是在甲板上自由地起飞降落，还是有效地对敌舰实施鱼雷攻击，都无从谈起，这些技术可不是实习生们用三五个月或者半年时间就能掌握的。

有人打比方说，小泽就像贫穷人家的主妇，为了办件喜庆的事，好不容易拼凑了一桌饭菜，可是这桌饭菜的质量相当差。

★骗局

如此低劣的舰队一旦与哈尔西部队遭遇，恐怕连千分之一获胜的可能性都没有。左看右看，大本营给小泽部队的命令都更像是：“被敌舰队捕捉，被敌舰队歼灭。”

按照原先的方案，在策应栗田部队后，小泽部队还要继续突入莱特湾。而在小泽看来，这一点更加缺乏可操作性，因为在此之前，他的舰队可能早就被哈尔西打得灰飞烟灭了。

反正都是死路一条，不如死得“有价值”一些。于是，小泽提出了干脆担当诱饵角色“作为牺牲品被吃掉”的想法。他对丰田说：“本舰队的使命是把自己暴露在敌机动部队面前，并把敌舰队诱向北方海域，从而减少栗田舰队的损失。为此，本舰队宁愿置蒙受特大损失于不顾。”

丰田明白小泽的困境，也知道这种困境正是由他一手造成的，小泽一提议，他马上采取了默许的态度。

早在哈尔西对栗田部队实施攻击时，小泽就找到了美军航母的位置。无奈哈尔西没有发现他，小泽只好决定先出动舰载机实施袭击，以便吸引哈尔西的注意。

10月24日，第38特混舰队一天都没消停过，上午是海军中将大西泷治郎的飞机空袭，到了下午，“来访客”就换成了小泽的舰载机。

空袭之前，小泽曾派出两批六架搜索机，但一架都没有返回，这是平时训练不足且通信装备不完善造成的恶果。小泽由此想到，一旦正式展开袭击，在更加复杂的战时状况下，舰载机返回航母的可能性十分渺茫。为防万一，在派机出击时，小泽专门补充了一条重要命令，规定因天气不佳等情况确实不能归舰的舰载机，可以转去菲律宾的陆上机场。

小泽一共出动了58架舰载机，都是小泽通过不同渠道四处搜集来的陈旧飞机，光年代和型号就有七八种，实际上是一个大杂烩。

这些破飞机的飞行员水平也很差，却个个自以为是，出战时全都是一副“天不生无禄之人，地不长无名之草”的表情。他们飞到美军航母上空，发动了一次他们以为的进攻，便草草收兵回营了。汇总到小泽那里的战果是：击中美军重型航母、轻型航母各一艘，并使之起火燃烧。

这自然都是子虚乌有的事情。更糟糕的是，派出去的舰载机只要没被打下去，全都以小泽有令在先为由飞到陆地上去了，只有三架飞机由于没有找到美军航母，中途返回母舰。

尽管上午和下午来袭的日机分属不同的单位，但它们在美军眼里其实都一个样，哪里辨别得出哪个算大西的，哪个是小泽的？哈尔西认为这次零散的空袭大概也是来自陆上，根本没有加以留意。

无奈之下，小泽只好打破禁忌，拼命发送无线电信号，以吸引美军侦察机的注意。也不知发了多少遍，直到哈尔西结束对栗田部队的第五次攻击波时，这件事终于有了点儿眉目。

总算被哈尔西找到了，小泽喜不自禁，急忙向栗田发去一份“诱敌成功”的电报。谁承想，小泽的旗舰“瑞鹤”号航母上的无线电发报机性能很差，栗田压根儿就没收到这封电报，反而先前栗田被哈尔西的舰载机炸得七荤八素的那份告急电，倒是让小泽收到了。

疑心生暗鬼，小泽开始担心自己的诱敌计划并没有成功。暮色将近，再坐等下去就没机会了。小泽打定主意，让前卫舰队高速南下寻找第38特混舰队，他自己也率队紧跟而来。

25日晨，当栗田部队从圣贝纳迪诺海峡前往莱特湾的时候，小泽已驶至恩加诺海域。恩加诺原是西班牙文，它的意思就是“引诱”或者“骗局”。

这场骗局的主谋者小泽为他的舰载机做好了打算。既然舰队的使命就是充当“牺牲品”，并且超过一半的舰载机都没有返回母舰，那么剩下一点儿可怜的飞机还能有什么作为？与其在与哈尔西作战时白白损失掉，还不如做个顺水人情，一道儿送给大西算了。

早上6点10分，除留下直接护卫航母的战斗机进行象征性防守之外，小泽将用于攻击的战机全部派往菲律宾陆上基地。其实也不多，一共才十架，这十架舰载机颤颤巍巍地扇动着翅膀，在空中发出“再见”的信号后，就凄凄惨惨地飞走了。至此，小泽部队已完全丧失了航空作战能力。

上午7点12分，小泽看到美机从东南方向飞了过来，诱饵生效了。

★体无完肤

哈尔西并不知道小泽部队只是个内囊极其虚弱的空架子，更没想到会因此中别人的圈套，当战机向他报告已锁定敌舰时，他还认为自己咬上了一条大鱼。

上午8点15分，120架美军舰载机分成两路向小泽部队冲杀过来，小泽也立即指挥麾下仅剩的29架飞机派上前迎战。这是力量对比天差地别的一场空战，美军飞行员打起来跟玩儿似的，几乎把日机当成了可以随意射击的标靶，空中到处传来他们兴高采烈的声音：“小伙子，拣一个吧，叫他们尝尝滋味！”很快，日机便被扫得一干二净。

8点20分，在一阵阵惊天动地的爆炸声中，数发鱼雷和炸弹击中了小泽的旗舰“瑞鹤”号航母。当年参与偷袭珍珠港的日军舰母，之前都一个个完蛋了，“瑞鹤”号是仅存的一个。这艘老舰的飞行甲板被炸得四处冒烟，舵机损毁，只能手动操舵，航行速度也随之降了下来，已落到舰队后面。

在幕僚们的再三劝说下，小泽被迫离开燃烧的“瑞鹤”号，转移到一艘轻巡洋舰上继续指挥战斗。

仅仅第一次攻击，便把小泽打得没了脾气，这颇有些出乎哈尔西的意料，但同时也让他更加豪气勃发。第38特混舰队拥有10艘航母、787架飞机，完全有能力和资本发动一次更猛烈的攻击。而以哈尔西的性格，今天不打得小泽一佛出世，二佛升天，是绝不会收工的。

TBF鱼雷机正在向“瑞鹤”号发动攻击。事实证明，缺乏舰载机保护的航母在战场上没有存在价值

偏偏就在这个时候，金凯德发来了呼救信号。哈尔西一开始没搭理，按照他的想法，无论是扼守圣贝纳迪诺海域还是保护莱特湾，都与他无关，那是金凯德的分内活儿。他应该做和正要做的，是在守了一夜并击败小泽部队之后，来个乘胜追击。再说了，恩加诺作战海域距离莱特湾足足有225海

里，九个多小时的航程，岂是说回就能回的。

哈尔西告诉金凯德，实在不行，可以让苏里高海峡的奥尔登多夫增援斯普拉格。奥尔登多夫舰队有战列舰，难道还对付不了一个已经残破不堪的栗田部队？

可是之后金凯德仍然呼救声不断，并且坦白了自己的窘境：奥尔登多夫舰队此前对莱特岛实施了连续五天的炮击，弹药已所剩无几。苏里高夜战又用去了部分穿甲弹，现在不仅老战列舰缺少弹药，就连驱逐舰也没有多少鱼雷，且很多舰只燃油不足。以这样的状态，即便援兵能及时赶到，也起不了多大作用。

哈尔西一下子被激怒了，他认为金凯德真是够无能的，这也不行那也不济：要是我有那么多护航航母，在奥尔登多夫的援兵到达之前，用舰载机就足以自卫！是，我的快速战列舰和舰载飞机确实阵容强大，弹药充足，但这不是离得太远嘛，哪里来得及赶回去？

为了打发金凯德，哈尔西只能给正从加油地赶回的麦凯恩大队下达命令，要该部以“最快的速度”援助斯普拉格，除此之外，他觉得再也不能为金凯德做什么了。

哈尔西摩拳擦掌，准备发动第二次攻击。眼看着小泽部队已是三更油尽的灯，再晚也得灭，处于这种危机之中，小泽却并无忧色，相反还很高兴，因为他来这里的目的，本来就不是要打哈尔西，而是挨哈尔西的打！

就在被美机攻击得体无完肤的时候，小泽还没忘记向栗田发出电报：“敌舰队已被我诱至北方，目前敌人正集中火力向我机动部队进攻。”

让小泽事后感到吐血的是，栗田居然还是没有收到这封极其重要的电报。自始至终，栗田都以为自己是在孤立无援的情况下，与“哈尔西部队”苦斗呢。

真的哈尔西来不了，假的哈尔西已经支撑不住。斯普拉格的舰船或沉或损，

“甘比尔湾”号上的飞行员与他的“野猫”战斗机。虽然“甘比尔湾”号被击沉，但飞行员仍可驾机作战，他们的英勇表现挽救了“塔菲-3”

面临全军覆没的危险，同时栗田部队距离莱特岛登陆滩头也已相当接近。

上岸指挥的麦克阿瑟虽不能亲临海战现场，但他通过远方隆隆的炮声，就知道海战进行得多么激烈。他还看到，由于“塔菲-3”的航母或被击沉，或甲板被炸裂，原有舰载机不得不飞往杜拉格机场，有的油不够就一头栽入了附近海湾。麦克阿瑟既痛心又焦虑，却无计可施，只能在心里默默祈祷。

与此同时，斯普拉格已经感到了绝望。他知道，自己就是打得再好，到这时候“也该在海里喝水了”。

眼看“塔菲-3”灭亡的时刻就要到来，一名美军信号员突然大声喊道：“该死的，伙计，他们竟溜了！”听到信号员的喊声，斯普拉格赶紧上前观察。他简直不敢相信自己的眼睛，因为日军舰队确实是在后退。

斯普拉格的大脑已近乎被残酷的战斗麻痹，他害怕这只是幻觉，直到在空中盘旋的飞机送来一连串报告，才确信眼前发生的事是真的。后来，他将之归结为神的护佑：“全能的上帝特别眷顾我们。”

这当然不全是运气。对于栗田来说，到了嘴里的肉就没有咽下去又吐出来的道理。问题是打了这么久，他不仅没尝到肉味，嘴边上还被烫了无数个泡。

且不说美军护舰群的英雄主义举动有多么震撼，就说天空中越来越多的舰载机，就够壮观的了。当时，“塔菲”系列三支舰队的舰载机大部分都飞了过来，所有飞行员接到的命令只有一条，不要盯住一艘受伤的日舰穷追猛打，也不要全力去炸沉一艘舰艇。相反，要化整为零，分头出击，像蚊子一样不停地骚扰敌人。

按照这条指令，美机实行交替作战，想尽一切办法对日舰进行干扰。用一名飞行员的话来说，是在“用武器库里的不论什么东西，包括门把手，来打日本舰队”。

“塔菲”舰载机的弹药和鱼雷大多已经消耗在支援登陆上，所剩不多，一旦用完，飞机便回去加油，加了油又飞回来，做出模拟俯冲动作，通过这种假动作来钳制日舰。

在美机一浪高过一浪的波浪式空袭下，栗田部队的“鸟海”号、“筑摩”号和“铃谷”号三艘重巡洋舰遭到重创，开始逐渐沉没。到了这个时候，感到阵阵肉疼的栗田才如梦初醒似的说了一句：“是啊，我必须立即进击莱特湾！”

★全世界都想知道

美军舰船和飞机的英勇反击，让栗田对眼前之敌是“哈尔西部队”这一点更加确信无疑。同时，海面上美军施放的大量烟幕弹以及瓢泼的大雨，都妨碍了他对战场情况的观察。换言之，栗田并不知道自己对“塔菲-3”造成了多大损失，只知道自家舰队已经受伤不轻。

对“哈尔西部队”的全速追击已持续了两个小时，哈尔西的航母全是30节速度的快速航母，就算己方已占据主动，这么没完没了地追逐下去，也不可能追得上。

别忘了，上级的命令是进莱特湾打“空船”，而不是和哈尔西缠斗。本来小泽应该负责把哈尔西给引开的，结果他没完成任务，倒让我在这里给他擦屁股！

上午9点11分，栗田向他那些零零散散的大舰发出信号，要它们退出战斗，“以每小时20海里的速度向北与我靠拢”。

栗田不是说不打，他是要重整队形后向莱特湾进攻。不过，这一关键时刻的松劲，真像是“全能的上帝”从九重天给“塔菲－3”发下了一张赦书——当栗田下达命令时，他的两艘重巡洋舰与“吉普航母”已近在咫尺，几乎可以直接瞄准，而在巡洋舰后面跟进的两艘战列舰同样也距离美舰很近。

“塔菲－3”意外得救了。斯普拉格也顾不得猜测对方心思，赶紧率部向莱特湾驶去。

向北225海里，同样处于绝境的小泽部队就没这么走运了。

9点45分，哈尔西发动第二次空袭，130架飞机横冲过来。这次美机可以在无空中拦阻的情况下，直接攻袭日军舰队。小泽急忙部署高射火力网，试图用凶猛炮火来弥补空中劣势。

历史学家如此描绘当时的场景：在明朗的晴空中，日军的炮火筑起一座火焰吞吐的殿宇，殿宇的列柱五彩缤纷，绚丽夺目。殿宇下面，各舰以Z字形左闪右晃，以躲避劈头盖脸而来的炸弹以及飞窜的鱼雷。

面对猛烈的空袭，这种抱着脑袋钻地洞的办法显然是徒劳的。轻航母“千岁”号冒出阵阵浓烟且严重倾侧，最后在水中无法动弹，轻巡洋舰“多摩”号亦多处中弹，落到了求生不得、求死不能的境地。

原来航母作战这么有劲！在“新泽西”号的指挥台上，哈尔西乐得手舞足蹈，他命令李中将的战列舰扑上去，用重炮对小泽部队进行轰击。

美军战列舰离小泽部队仅52海里，在哈尔西看来，大获全胜已成定局。

就在这时，金凯德又发来了电报，还是叫救命：“李在哪里？”在近三小时的电报往来中，这是金凯德第二次用明码发电，可见他已经慌乱和愤怒到了什么程度。

看到这封十万火急的求援电报，哈尔西惊讶万分：不是已经让麦凯恩大队去增援了吗？

哈尔西忘了，麦凯恩大队离莱特湾足有300多海里，比恩加诺到莱特湾还要远，就算麦凯恩接到命令后马上行动，也得好几个小时后才能到达战场。

几分钟后，哈尔西又收到了尼米兹发来的电报。太平洋舰队总司令亲自下达战术指示，这是前所未有的，哈尔西不得不予以重视。

尼米兹发这个电报也是出于不得已。之前金凯德向他发来了雪花一般的告急电，参谋们也认为尼米兹应该出面干预，命令哈尔西派兵增援斯普拉格，但都被尼米兹拒绝了。尼米兹一向很尊重前线指挥官的现场处置权，如果不是极特殊的情况，他反对越级进行干预。

然而，随着金凯德的呼救信号越来越尖锐刺耳，尼米兹终于接受了参谋们的建议，即至少问一问哈尔西：第34特遣舰队现在何处？

电报中就是这么一句话。不过出于保密，夏威夷的密码员还会在正式电文前后添上几句混码。前面一句是“火鸡在水边跳舞”，后面一句是“全世界都想知道”。

“火鸡跳舞”，谁都知道这跟正题毫无关系，“全世界都想知道”就未必了。“新泽西”号上的译电员一看，还以为这几个字是正文的一部分，就原封不动地译出来交了上去。

尼米兹和哈尔西私底下是老朋友，尼米兹从不会以训斥的口气跟哈尔西说话，然而给译电员这么一画蛇添足，这句话简直就像是在含蓄地责备哈尔西了。

“蛮牛”好像脸上被重重地打了一记耳光，整个人晕头转向，情绪也顿时从惊讶转为愤怒。他摘下帽子，狠狠地摔在甲板上，然后大声骂了一句听起来让人脸红的话。一名部下赶紧抓住他的胳膊劝解：“别这样，你究竟怎么啦？

要镇静！”

哈尔西认为自己受到了尼米兹的侮辱，气得一个劲儿咳嗽。同幕僚们闷闷不乐地合计了近一个小时后，他才无可奈何地下达命令，决定组成第34特遣舰队，再加上博根航母大队，由自己率领着南下增援金凯德。

哈尔西一心想留下来痛宰日军航母，但现在不可能了。他后来始终对此耿耿于怀：“我放弃了我从当军校学员时起就梦寐以求的机会。对我来说，这场战争中的最伟大的一次战斗结束了。”

★秋风扫落叶

对小泽的攻击改由米彻尔负责，由他指挥的部队分别是：谢尔曼、戴维森两个航母特混大队以及杜博斯水面舰艇群。

米彻尔被称为当时美国海军中最懂海军航空兵的将领，空袭自然是他的拿手好戏，他当即率部继续向北追击，以便对残余的日军航母实施空中打击。

将近中午，米彻尔发动第三轮攻击，由200余架舰载机组成的突击机群如同秋风扫落叶一般从日舰上空刮过。奄奄一息的“瑞鹤”号连中三发鱼雷，倾覆沉没时，舰上还飘着一面巨大的战旗。

午后，在第四轮突击机群的猛攻下，轻航母“瑞凤”号葬身海底。“瑞凤”号在圣克鲁斯海战中就被重创过一次并侥幸逃脱，这次是连本带利都还给人家了。

继两艘航母之后，小泽部队的两艘战列舰“日向”号、“伊势”号成为最主要的目标。这是两艘三万吨级的战列舰，但因为缺航母，它们的后甲板被撤去四门14英寸大炮，改成飞行甲板，各可装载不同类型的飞机24架。这样就成了航空战列舰，而且号称是可以炮空两用的“双刀名将”。

实际上弄巧成拙，小泽并无飞机来供两舰装载，结果大本营只好重新发出指令：“‘伊势’号和‘日向’号两舰作为战舰使用！”

空荡荡的飞行甲板反而为美机轰击提供了方便，飞行员们都把炸弹往那里扔。“日向”号、“伊势”号不断受到轰炸，舰腹洞穿，飞行甲板也被炮弹掀起的大量海水淹没。

不过，这两艘航空战列舰的命倒很硬，如此反复轰炸，居然都没有沉。小泽见状，急忙指挥它们以及其他残余舰只逃离恩加诺海。

五轮空袭结束，米彻尔命令杜博斯水面舰艇群实施追击，不惜夜战，也要消灭被舰载机击伤掉队的日舰。

杜博斯率四艘巡洋舰和十二艘驱逐舰发力猛追，下午5点，他们追上并击沉已失去动力的轻航母“千代田”号。天黑之后，又撵上了三艘正在抢救落水士兵的日舰，将“初月”号击沉，另外两艘日舰则乘机逃脱。

杜博斯见好就收，没有继续深追。事实证明这是一个十分明智的决定，因为小泽逃至中途又折返了回来，当时他还拥有两艘航母战列舰、两艘巡洋舰、六艘驱逐舰，加上日军夜战经验丰富，一旦交火，杜博斯未必能占到什么便宜。

到了深夜，“多摩”号巡洋舰由于受伤落后，被美军潜艇击沉，成为在恩加诺海损失的最后一艘日舰。小泽不得已打道回府，他完成了诱饵使命，损失也比预计的要小得多，遗憾的只是没有成果，因为栗田未接到过他一个字的电报。

如果第34特遣舰队不南援，如果米彻尔仍拥有诸多快速战列舰，美军在恩加诺海海战中的战果肯定不限于此，所以哈尔西一直到死都坚持认为，他真正的错误在于“命令舰队掉头转向”。

这一消极情绪从哈尔西决定南援起就一直纠缠着他，到当天上午的11点15分他才最终拍板南下，而在五分钟后，栗田部队的阵形集合调整完毕，开始向莱特湾直线挺进。

这时栗田部队虽已遭到较大损伤，但仍具有强大攻击力，莱特湾的形势瞬间变得空前紧张。

得到栗田部队接近莱特湾的报告，麦克阿瑟不由得大惊失色。他知道，一旦栗田部队占据莱特湾的入口，凭海上炮火即可将这个区域所有的运输舰摧毁殆尽，大量堆积在滩头的补给品也将被破坏。至于已经登岸的陆军部队，遭致日军海陆两方面的夹击更是毫无疑问了。

他赶紧向哈尔西和金凯德发报："立即驶返莱特湾，保护登陆滩头！"

哈尔西距离遥远，根本没有收到麦克阿瑟的电报。金凯德倒是收到了电报，可是他根本无能为力，不管是精疲力竭、支离破碎的"塔菲–3"，还是从苏里高海峡赶回的援兵，都不可能挡得住栗田部队。

在前往莱特湾的路上，栗田部队曾遇到过美军的小股舰队。对方一看栗田部队的规模，就知道不是对手，赶紧转舵向南，而栗田也不予理睬，继续指挥舰队向目的地进发。

在作战报告中，栗田写道："我军的作战目的不在于攻击敌航空母舰，而是决心完成突入莱特湾的作战计划。"

只要再过两个半小时，栗田部队就能到达莱特湾，并看到那些束手待毙的美军运输舰。全部日舰都做好了准备，所有的大炮、鱼雷也已装填完毕，处于一触即发的临战状态。

"捷1号"似乎胜利在望，然而从出发地南行一个小时后，栗田突然下达了"舰队全体舰只左满舵，北上突击"的命令，决定停止向莱特湾进击。

栗田平时沉默寡言，除了情报收集外，他往往都是亲自做出决断。这一命令下达后，全军为之愕然，官兵们纷纷猜测究竟发生了什么意外。

★得便宜处失便宜

在距离莱特湾仅仅只有40海里时，为什么栗田会突然掉转船头不战自退，这成了世界海战史上的一个难解之谜。

有人认为栗田是病糊涂了。他的登革热一直没有痊愈，中途落水又加重了病情，所以无法做出清晰判断。日后栗田自己也承认了这一点，当时他已经三天三夜没有合眼，神经始终高度紧张，身体和大脑也都处于麻木的状态，只是在硬撑而已。

那栗田怎么没有稀里糊涂地往前走，而是掉头呢？原因是他受到了错误情报的影响。

金凯德和斯普拉格在上午都曾用明码电报求救，其用意就是为了让栗田听到并吓唬他。栗田果然截听到了，而且确实有些心虚。他随即做出判断，除败退的“塔菲–3”外，哈尔西还有主力没来。

在如此急如星火的电报催促下，哈尔西主力必然会快马加鞭地赶到，这是可以预计的；另一方面，“塔菲–3”没有战列舰和重巡洋舰，栗田断定在即将赶到的阵容中会装备战列舰和重巡洋舰。

接近中午，栗田又从马尼拉方面得到一个“重要情报”：美军强有力的机动部队正抵达附近洋面，距此100海里。

当时哈尔西才动身不久，这显然是误报，但栗田根本没有时间去分析情报是否准确。他只知道自己面临两个选择，一是继续突进莱特湾，牛刀杀鸡一样地去捕捉那些“空船”，二是放弃莱特湾，转而北上迎击哈尔西。

打“空船”看似简单，其实未必。两年前，栗田在印度洋作战时就碰到过这种事，他下令用舰面炮火对准盟军空舰船开火。炮弹成功击中目标，但充其量只是在船舷上炸开几个和炮弹口径大小差不多的洞，很难将其击沉。

栗田部队的另一个任务是炮击滩头阵地。栗田也觉得不太靠谱，麦克阿瑟的登陆已经基本结束，滩头阵地肯定很稳固了，就是拿三式弹来轰，又能轰出什么结果？

最主要的是，如果被拖在莱特湾，万一赶来的哈尔西主力趁势掩杀，堵住退路，栗田部队势必陷入包围，结局只能是葬身海底，而获得的补偿最多不过是击沉几艘空的美军运输舰而已。

如果说锡布延海海战让栗田大吃苦头的话，击退并追击“塔菲–3”则给他带来了信心。看看吧，不论多么威武坚韧的美军航母，也经不住“大和”号的一发炮弹吧？至于那些警戒舰船，只要“大和”号紧盯着射击，两三发炮弹过去，必定粉身碎骨。

栗田相信，“塔菲–3”即便不是哈尔西的主力，起码也是其航母特混大队中的一支。既然“塔菲–3”都能搞定，哈尔西主力难道就碰不得？

栗田部队中，仅以“大和”号为例，共携带18英寸炮弹1080发，迄今为止仅使用了81发，8%都不到。以现存炮弹的数量，再应付四五次大型海战绝没问题。

“和空舰船同归于尽，恕不从命”“宁可把尸体沉入西太平洋海底，也不让它暴晒在莱特湾的沙滩上”，正是出于这些考虑，栗田在事先没有请示大本营的情况下，就决定采取第二种选择，即推迟突入莱特湾的计划，先与哈尔西主力对阵再说。

“大和”号的舰桥由圆形和椭圆形的铁块铸成，栗田在上层坐镇指挥全军；参谋们在下面的作战室里收集和整理情报，通过参谋长小柳富次少将送交给栗田。对栗田的命令，小柳也有些疑惑，但在栗田向他说明意图后，他立即对此表示赞同。

旗舰“大和”号的桅杆上升起了战斗信号：“本舰队决定同位于苏禄安岛灯

塔5度113海里处的敌机动部队决战。”

看到这个信号，各舰发出一片“万岁”的欢呼声。栗田部队的官兵本来就不愿跟莱特湾里的“空船”作战，是栗田硬压下去的，现在栗田改弦更张，自然很受大家的欢迎。

栗田其实并没有真正理解“捷1号”计划的目的。这个计划就是要引开哈尔西，突入莱特湾，最后摧毁麦克阿瑟的登陆部队，哪怕是同归于尽。要不然，小泽、西村、志摩不全变成打酱油的了吗？

得便宜处失便宜，栗田一个念头，那些沉入海底的日舰算是白做“牺牲品”了。这位日本海军将领可能完全没有想过，如果他摧毁了莱特湾里的舰船和美军沿岸临时搭建的机场，即便麦克阿瑟已经完成了登陆，美军庞大的登陆部队也会立刻陷入被动局面，他们会失去补给，失去增援，甚至失去空中掩护。说得更可怕一点儿，山下甚至有可能全歼美军登陆部队！

后来，栗田终于承认自己错失了良机：“我只能依据我看到的情况采取行动，我根本没有意识到自己离夺取胜利是那么近。”

★这叫挨打

中午12点30分，栗田部队掉头往北，以便决一雌雄，结果搜寻了半天，连“哈尔西主力”的影子都没有见到。

栗田倒也不用太过失望，舰船没有，舰载机可以有。派出舰载机的，是奉哈尔西之命第一个出发的麦凯恩大队。下午1点15分，由麦凯恩派出的约70架美机编队向栗田舰队袭来。

本来够栗田喝一壶的了，只是这些舰载机远道而来，携带着副油箱，所以无法挂较重的鱼雷，仅挂了炸弹。光是炸弹，无法给栗田部队造成多大的损伤，但麦凯恩大队锲而不舍，接连发动了几次攻击，一直到下午3点，还有美机频繁向栗田部队实施攻击。

栗田心里发毛了。幸亏没有一头钻进莱特湾啊，要不被堵住了还出得来吗?

至此，他完全放弃了重新突入莱特湾的任何念头，现在他考虑的是还要不要继续与“哈尔西主力”拼杀下去。

从航载机飞来的方向判断，可知美军航母应在偏东北方向的海域。但栗田部队没有配备侦察机，无法探知麦凯恩大队的准确位置，倒是麦凯恩大队把他们的位置给锁定死了。也就是说，美军航母可以安全地处于栗田部队巨炮的攻击圈外，并从攻击圈外自由自在地派舰载机前来空袭。

如同完全不对称的棒球比赛，一方连续地打，连续地得分，另一方却像个睁眼瞎一样，既看不到也触碰不到对方，甚至连击球的机会都没有。这叫打仗吗?这叫挨打!

眼看距日落只有三个小时，栗田还剩下一个机会，那就是实施日本海军最拿手的夜战。可是要打夜战的话，也必须在天黑之前查明麦凯恩大队的动向和位置才行。

应栗田的再三请求，将近傍晚时，吕宋岛上可以参战的日本陆基飞机几乎全部出动，以对其进行空中支援。这正是这么多天来栗田一直苦苦企盼的，但让他始料不及的是，第一个挨炸的不是美军航母，而是他的“大和”号!

日军飞行员的水平太差了，居然把“大和”号当成了美舰，栗田气到恨不得一掌过去，把这帮菜鸟给打个满天星。

弄清炸弹扔错地方后，陆基机群赶紧用无线电询问，美军舰队究竟在哪里。栗田只好按照自己的推测提供了一个地点。陆基机群飞了出去，但过了没多久就返回栗田部队的上空，通报说并没有发现美军舰队，就扬长而去了。

栗田空欢喜一场，此时他的官兵已经精疲力竭，情绪也开始低落。更糟糕的是，舰队的燃料快用光了。

还说什么与“哈尔西主力”决战，只有赶快避开美军舰队的空袭，逃回去才是正经。下午6点30分，栗田决定放弃整个行动，撤出战斗，随后这支舰队便朝着圣贝纳迪诺海峡急驶而去。

晚上7点25分，栗田收到了联合舰队司令部发来的一封电令，这实际上是对栗田放弃突入莱特湾报告的回复。收到栗田的报告后，包括丰田、草鹿等人都面面相觑，做声不得，显然对此也是一筹莫展，无计可施。

他们给栗田的回复是：“若今晚有机可乘，当进行夜战；若无夜战希望，由司令官决定向补给基地前进。”

真会说话啊，有机可乘，你们自己来看看，我还有什么“机”可“乘”？既然联合舰队司令部会说便宜话，栗田就依葫芦画瓢地也给大西发去一封电报，说他根据可靠情报分析，美军舰载机还会追上来进行报复，“我认为这是贵队发动先发制人的攻击，夺回制空权的大好机会”。

在连续几天的海战中，栗田部队始终没能得到大西陆基航空兵的任何实质性援助，既无直接护卫，侦察也是瞎侦察，提供的情报没有一个是靠谱的，栗田对此非常愤懑。他不知道大西会不会“先发制人”，但他十分希望能拿这些菜鸟飞行员堵堵枪眼，在帮自己解脱危机的同时，也能出点儿胸中的闷气。

晚上9点30分，栗田部队大部分进入圣贝纳迪诺海峡，只有“野分”号驱逐舰落在了后面。在与“塔菲-3”的交锋中，“筑摩”号重巡洋舰受到重创，这时正在下沉。“野分”号落后，就是为了把“筑摩”号的舰员接出来。

战场上，落后一步往往就意味着死亡，人如此，舰亦然，真正的哈尔西追上来了。

★暗黑战法

哈尔西本可以直接率战列舰和航母兼程南下，但又带上了需要加油的驱逐舰，驱逐舰一加油便拖累了整体，行程几乎可以用慢如蜗牛来形容，直到下午4点，舰队才把速度提上去。

进入萨马海海域后，哈尔西兵分数路，他自己率直辖部队向圣贝纳迪诺海峡疾驶，想抢在前头，把栗田部队的退路给堵住。午夜刚过，他终于到达了离圣贝纳迪诺海峡不远的地方，但还是晚了一步，栗田部队已经通过海峡撤了出去，回到锡布延海，尚未进入海峡的只有一艘“野分”号。

北上未竟全功，南下又是如此结果。向北300海里，向南300海里，敢情我这一天都白忙活，就剩给你们跑腿了？哈尔西气不打一处来，他把一股无名火全都发泄在了“野分”号身上，炮击加上鱼雷，很快就把这艘倒霉的驱逐舰给打了个底朝天。

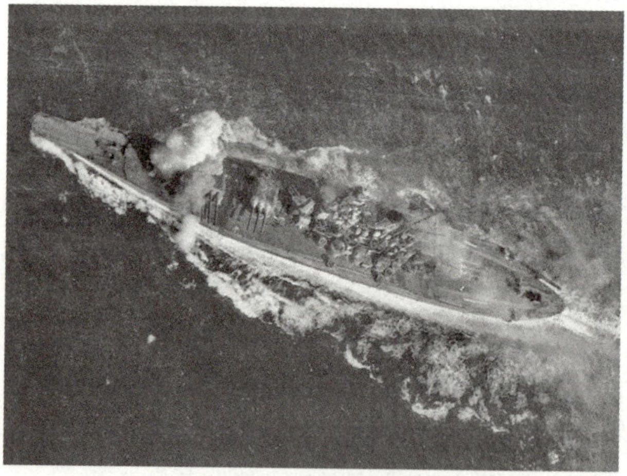

炮塔被击中冒烟的“大和”号。姊妹舰“武藏”号的沉没，给之前相信大和型战列舰为不沉舰的日本海军带来很大冲击。不少人相信，“武藏”号是代替“大和”号毁灭的，而“武藏”号的悲剧也一定会轮到“大和”号

钻进锡布延海就算完了吗？做梦！第二天天刚亮，哈尔西向锡布延海派出战机，对仍在逃窜中的栗田部队接连实施了三轮空袭。

栗田已经给大西发去了电报，但与前三天一样，当他遭遇天样大、火样急的困境时，陆基飞机仍然连半个面都没露。栗田部队除了光着膀子挨炸，毫无办法。

美军的第一轮空袭就击伤轻巡洋舰“能代”号，并使其失去航行能力，“大和”号也被两发炸弹击中。从第二轮起，美机目标重点对准“大和”号，出动的是B-24“解放者”。B-24是四发重型远程轰炸机，号称“空中霸王”，500千克的大炸弹威力惊人。

在B-24的猛烈轰炸下，“大和”号连中两弹，第一发炸弹在舰体外部炸出个大洞，“大和”号锚室进水，这意味着它再也不能抛锚，即使回到港湾，也只能在港面漂泊了。另一发炸弹则击中了“大和”号第一号炮塔左前方的水线部位，炸开了一个黑乎乎的大洞。在挨炸的过程中，“大和”号巨大的舰体就像遭到地震的建筑物一样剧烈摇晃着，舰身周围炸弹激起的水柱有大楼的一两倍高，落下来的海水好几次都溅到了栗田身上。

第三轮空袭接踵而来。“能代”号就此被送入海底，尽管“大和”号施展浑身解数，以最大航速行进，仍被三发炸弹连续命中，涌入的海水达到3000吨。

“武藏”号已葬身海底，莫非这次要轮到“大和”号了？为使这艘超级战列舰保持平衡，舰员拼命注水，“大和”号的后部被注水2000吨，加上涌入的海水，“大和”号总共容纳了5000吨海水，相当于一艘巡洋舰的重量。

还好，这个肚子胀得鼓鼓的大胖子还能坚持。在跌跌撞撞地航行大约1000海里后，它和其他残兵败将一起逃出锡布延海，踉踉跄跄地返回了基地。

从林加锚地出发时，栗田部队共有35艘军舰，等到达基地时，已锐减至15艘，幸存舰只除“雪风”号驱逐舰奇迹般地完好无损外，其余全都不同程度地受到了损伤。最明显的标志是，由于舰体铆钉松动，造成了重油泄漏，导致各舰返回港湾时，舰艉都拖着长长的重油尾迹，看上去就好像是满身血迹的陆军部队败退到了营地一般。

舰只被折腾坏了，舰员更没少受罪。连续三个昼夜，栗田及其部下长时间置身于浓浓硝烟中，即便回到港口，衣服上仍散发着一股硝烟的臭味，他们出发时身上的那股杀气也完全被垂头丧气替代。

日后检讨，栗田承认，停止突入莱特湾，是莱特湾大海战的根本转折点，也确实是他犯下的一个巨大错误，他就像是“一名棒球比赛中失败的投手”。不过，栗田同时表露了自己的委屈：“我的舰队是经受敌空袭的世界纪录的创造者，‘大和’号连续遭到敌机19次空袭……”

栗田部队的作战海面是陆基航空兵活动的最佳区域，陆基航空兵协助舰队作战，本来也是“捷1号”计划中的重要环节，可是在长达三天的海战中，栗田却没有从航空兵部队那里得到任何援助，既无直接护卫舰队的战斗机，也没有搜索机帮助他进行侦察，栗田为此深感愤懑。

公正地说，在这件事上，栗田倒真有些错怪大西。对援助舰队作战，大西不是“不想为”，而实在是“不能为”。

早在莱特湾大海战开始之前，大西曾就掩护栗田部队突击一事，向联合舰队司令部拍发请求电，表示以他现有的条件，要为栗田部队配备战斗机，起码得等上两三天才行。

台湾地区还有福留繁指挥的第五基地航空部队，大西的想法是用这两三天时间将台湾地区的航空兵调过来，这样他的兵力就充裕多了，也才能为栗田部队提供直接的空中掩护。可是联合舰队和栗田部队都等不了，特别是栗田部队，老担心燃料不够用，中途根本不敢停留，这使陆基飞机要找到舰队位置都不太容易。

另一方面，大西也考虑到，就算派战斗机直接掩护，他的那些菜鸟兵也非美军飞行员的对手，与其白白地让美机给打掉，还不如组成“神风敢死队”继续去撞美军航母。在大西看来，这等于是间接援助了栗田部队——美国人的舰载机得在航母上停飞吧，我把航母击沉，不就减少了在空中受到的威胁吗？

10月24日的那天早晨，大西派海军“神风敢死队”对哈尔西的航母部队实施第一次攻击。这次突袭击沉了“普林斯顿”号航母、“伯明翰”号巡洋舰，但既然是自杀式攻击，就是有去无回，大西当时无从知晓战果。

不知道结果，并不影响大西对“特攻作战”的热衷。“特攻作战”本身就是一种暗黑战法，而且是黑到一定级数的那种。10月25日上午11点，“神风敢死队”再次向莱特湾飞去。

当时栗田部队正好北上去寻找“哈尔西主力”，莱特湾与斯普拉格的“塔菲-3”均绝处逢生。在岸上忧心如焚的麦克阿瑟长长地松了口气：“上帝啊，你保佑了我！”他抑制不住内心的喜悦，立即登上附近的一艘运输舰。

站在运输舰上，他看到了距离不远的“塔菲-3”。只见海面上到处都是冒烟或正在下沉的战舰，救援船只不停地穿梭往来，有的把受伤的舰船往岸边拖，有的打捞落水的海军官兵。

突然，天空出现了五架“零”式。起初，无论麦克阿瑟还是斯普拉格，都没有把它们放在眼里，毕竟才孤零零的五架“零”式，派几架“地狱猫”就可以轻而易举地把它们给揍下来。

让人意想不到的是，还没等美军舰载机上去迎敌，这些日机就首先爬升到1000英尺的高空，然后咆哮着俯冲下来。

大家都有些摸不着头脑，这究竟是战斗机，还是俯冲轰炸机？

一架“零”式一边用机枪扫射，一边向“基特昆湾”号的舰桥冲下来。人们以为飞行员随即就会把战斗机拉升起来，不料它朝航母左舷的狭窄通道直冲下来。

飞机没有撞在航母上，它在舰旁50米处栽入了大海，一声爆炸，激起百米高的水柱。水兵们被惊得目瞪口呆，这才想到今天的“零”式有些反常，是一些“邪恶的俯冲机”，驾驶这种飞机的飞行员是“恶魔俯冲者”。

又有两架日机向斯普拉格的旗舰“方肖湾”号航母冲来，看样子显然也是要

一架日机被美军航母的高射炮击中后起火坠落。“神风敢死队”在莱特湾的作战还只是开了个头，之后的自杀式进攻将愈演愈烈

同归于尽。“方肖湾”号急忙用高射炮进行拦阻，最后一刻，两架日机被当空打爆，带血的残骸甚至溅到了舰员们的身上。

第四架日机看错目标，掠过一艘航母后，在远处的海面上爆炸。

还剩最后一架，众人眼睁睁地看着它撞穿了“圣洛”号航母的飞行甲板，燃起的大火引爆了舰上的弹药和航空汽油，随后发生的一连串爆炸几乎把“圣洛”号截为两段。快到中午时，这艘曾在上午顶住日军大口径火炮射击的小型航母沉入了海底。

这幕场景被麦克阿瑟尽收眼底。海空大战是如此残酷激烈，令久经战阵的老麦也悚然心惊，他嘴里不停地咕哝着：“罪孽！罪孽！”

得知麦克阿瑟居然站在运输舰上观看敌机的自杀式攻击，金凯德急忙向该舰舰长下达命令，要求迅速驶回，以保证这位总指挥的安全。

回到岸上后，麦克阿瑟得知，整个莱特湾大海战已经结束，日本人的自杀式攻击虽对“塔菲-3”造成损失，却无碍大局，不由得喜上眉梢。他当即给尼米兹发去一封报喜电报，感谢他领导下的第三舰队在这次海战中提供的“友好合作”。

由于哈尔西的过失，不仅海战险遭惨败，莱特岛上的美军也一度面临危局，海陆军内部不可避免地会对哈尔西有一些怨言。为了让自己的老朋友不至于难堪，尼米兹和麦克阿瑟都不约而同地竭力为哈尔西辩解。尼米兹写信给金格：

“我从不认为，哈尔西是在知道锡布延海日军兵力部署的情况下，扔下圣贝纳迪诺海峡不管的。”

面对司令部人员的纷纷议论，麦克阿瑟敲着桌子说：“行啦，不要再对‘公牛’说长论短了。在我的名册上，他仍是一个善战的海军将领。”

的确，没有人可以从不犯错误，尤其是在莱特湾大海战中。这是一场史无前例的海战，从作战规模、区域、时间、投入兵力，甚至所包含的大小战役上，都创造了难以超越的新纪录。

相对于哈尔西所犯的错误，栗田等人的错误更大，导致的后果就是，日本海军在此战中几乎被全歼，总体力量消耗超过了开战以来的四分之一。

皮里走了肉，说被掏空就被掏空了。自此以后，联合舰队的水面舰艇部队完全丧失活动能力，航母再也没有携带舰载机作战，这种具有巨大容积的浮动舰只竟然只能充当运输舰，干干搬运工的活儿了。

第二章 血管在哪里

就在莱特湾大海战激烈进行的同时，山下已从吕宋抽出了精锐的第1师团、第26师团，准备增援莱特岛，并计划在10天内夺回塔克洛班。面对这一利好消息，直接指挥莱特战役的第35军司令官铃木宗作中将却并不领情。他放出话来："我们快要走上舞台中心了。这是莫大的荣誉或特权，我们甚至不需要他们正派来的援军。"

铃木和辻政信都曾担任过山下的部属。在马来西亚、新加坡战役时，铃木是山下的参谋长，辻政信是作战主任参谋。在日本陆军内部，铃木的名声一直是正面的，很多人称他"人格高洁""正直坦率"。对辻政信却是毁誉参半，欣赏的人说他办事干练，与其不和睦的人说他处事傲慢、冷酷无情。

马来西亚、新加坡战役时，辻政信因对山下有意见而大闹司令部。铃木因此也倒了血霉，他半夜里被辻政信从床上拖起来："前边在打仗，你怎么还在睡大觉？"

铃木没有发火，还像往常一样客客气气地对待辻政信，得到的回应却是对方十倍的怒火："我从前线回来报告，你却穿着睡衣，这是什么意思！"

任凭辻政信如何吵闹，铃木依然一脸平静，好像什么事都没发生一样。事后，铃木被赞有君子风度，能够容人。但后来铃木在离开马来西亚时还是大骂了一通辻政信，说他是"下克上的化身"，还说"消灭这些毒虫是压倒一切的最重要问题"。可当初为什么会对辻政信如此宽容呢？铃木也说了实话："我建议山下将军严惩辻政信并解除其职务，但是他假装不知道。"

★强心剂

初看上去，辻政信和山下、铃木不太一样，前者是那种一见到就能辨别得出的坏人，后者喜欢掩藏自己的真实面目。实际上，这三个人都差不多，比如在对待新加坡华人大屠杀事件的态度上就如出一辙，过后又不约而同地互相推卸责任，也就是铃木所说的“假装不知道”。

一朝天子一朝臣，随着山下被调至中国东北，铃木也受到冷遇，一度从一线的作战指挥官沦落到了只能管管后勤、跑跑运输的地步。直到山下复出，他才被重新起用。

就战略眼光而言，铃木比他的老上司要差得多。山下南来时就对战争前途不抱多少希望，铃木则是摩拳擦掌，以为从此可大干一番了。

10月25日，莱特湾大海战结束的这一天，铃木在他的第35军司令部驻地宿务岛抬头仰望，没有一架美机飞过，他认为这是美军空中力量已被全歼的结果。

到中午时分，传来了萨马海海战的消息，说栗田部队如何如何神勇，不仅击沉了美军航母，还袭击了莱特湾。这当然又是一个假消息，可是铃木信以为真，这使得他对“决战莱特”的信心比以往任何时候都更足，扬言“走上舞台中心”以及不需要山下派援兵的大话，

在莱特岛海岸边，运输舰正源源不断地将大量物资运送上岛

就来源于此。

铃木毫不怀疑自己可以把美军打得落花流水，他所虑的是麦克阿瑟会不会又像在巴丹、科雷希多陷落时那样，都举手投降了还“耍赖皮”，只肯让局部地区的部队投降。铃木对他的参谋长说：“我们必须要求麦克阿瑟的所有部队投降，除莱特的部队外，还包括新几内亚和其他地方的部队。”

在铃木有滋有味地做着他的春秋大梦的时候，已解除后顾之忧的麦克阿瑟正在集中精力从正面实施突击，当然，他面临的问题和困难确实也不少。

过去麦克阿瑟实施“蛙跳战术”，凡要攻取的岛屿，都在美军陆基飞机的航程之内。而莱特战役的一大困难，就是此地远远超过了他的飞机作战半径——原先第五航空队从莫罗泰岛出发，还可以勉强进行远程支援，不过因为台风的影响，这一飞行路线并不正常，经常被迫中断。

麦克阿瑟开始加紧整修塔克洛班机场。10月26日，美军工兵利用从运输船上卸下的成吨钢板，在莱特岛东岸的沼泽地进行铺设，但在连绵不断的季风雨袭击下，机场成为泥潭，钢板就像铺在松土上一样，整个工程进展缓慢得令人泄气。

要打好莱特战役，光靠舰载机不行，只有一个杜拉格机场也不够用，大家都了解这一点。因此，第二天，工兵们又彻夜奋战，终于在天亮前铺完了塔克洛班机场的最后一段。

10月28日，肯尼第五航空队的P-38“闪电式”飞机前往塔克洛班机场，除了有一架飞机坠毁外，其余33架全部安全着陆，这意味着“白杨树部队”也可以得到航空队的部分就近支援。

从登陆之日一直到10月底，让麦克阿瑟头疼的主要是机场建设，“白杨树部队”的推进一直很顺利，在他们的猛攻下，牧野率领着第16师团残部不断溃退，停都停不下来。

麦克阿瑟坚持不绕过菲律宾的一个重要理由，是美军在当地可以得到民众和游击队的支持。这一点正如事先所料，麦克阿瑟在菲律宾民间享有良好声誉，他们把美军潜艇偷偷送去的一种巧克力的包装纸视同珍宝，因为包装纸上印着那句著名的口号："我一定要再打回来——麦克阿瑟。"

不管"白杨树部队"攻到哪里，菲律宾游击队都会通过无线电向美军提供关于日军的可靠情报。相反，铃木就没有这样的便利了。他住在宿务岛上，与莱特岛隔海相望，但除了一些零星片断的信息，美军究竟已经推进到了哪里，他几乎一无所知。

信息如此不透明，让铃木不免心慌，对连援兵都不要就可以迫使麦克阿瑟全军投降的想法，也变得有些不自信了。

山下对这位部下的心理可谓琢磨得很透。就在铃木坐立不安的时候，山下派作战参谋从马尼拉直飞宿务岛，为的就是给铃木带来好消息：原增援计划变更，第一师团将提前几天于奥尔莫克港登陆。

听到这一消息，铃木像被打了一针强心剂，顿时劲头又足了起来。

山下并没有骗他。11月1日傍晚，第一师团乘坐大型运输舰到达了莱特岛。从山下那里接到命令时，第一师团就知道美军已经在莱特岛大批登陆，他们的任务就是阻止美军继续进军，并会同第16师团和即将登陆的第26师团，重新夺回塔克洛班。

第一师团通称"玉师团"，参加过中日甲午战争和日俄战争，是日本陆军中最老的一个师团。该师团原驻中国东北，是关东军的一部分，此次奉调前往菲律宾之前，曾作为紧急增派部队在上海受训，因此士气也比较高。在前往莱特岛的途中，军官就鼓动士兵："我们早就在准备着这一天，拿出我们所受的训练和技能的时候到了。"

在奥尔莫克港岸上，已经有人在焦急地等待着第一师团，此人是第35军参谋长友近美晴少将。

★二号公路

因为无法掌握莱特战事的准确情况，友近特地先于铃木赶到了莱特岛。来了之后，他就听到报告：第16师团几乎全军覆灭，美军第24师稳步西进，目前已进入通往莱特北部卡里加拉的二号公路。

虽然多少有了点儿心理准备，但友近还是惊愕不已，他此时才意识到铃木真是乐观得过了头。日军在莱特岛的形势已不是好不好的问题，而是援兵再不到，就快要崩盘了。

看到第一师团，恰如在黑夜里拾得一颗明珠。在迎接师团长片冈董中将及其幕僚登岸时，友近就急忙下达命令，要求第一师团以最快速度沿二号公路急行军，在卡里加拉东南地区集结，准备对西进的美军发动进攻。

日军运输船队。运输船队是海上作战的后勤命脉，打击运输船队，就如同陆上端掉对方的粮仓一样

片冈是骑兵部队出身，特别注意沿路搜索警戒这一套。他发现在抵达卡里加拉之前，要经过一个叫利蒙的地方，那里附近有山区。他担心仓促实施急行军，会在利蒙山区遭到伏击。

友近哪里还顾得了这些：“朝卡里加拉前进，没有什么可担心的。”

官大一级压死人。片冈尽管疑虑难消，但也只好一边嘀咕着“是这样吗”，一边督促运输舰加紧卸下部队和物资。

11月2日凌晨，卸货尚未结束，东方天际露出了粉红色的朝霞。远处突然传来一阵嗡嗡声，接着嗡嗡声又成了怒吼，美军的B-24轰炸机排成队形一批批地飞了过来。

杜拉格、塔克洛班机场皆为简易机场，暂时无法作为重型轰炸机的基地，所以这些B-24全部来自莫罗泰岛。

B-24一出现，为运输舰护航的日军驱逐舰立即用高射炮对空射击，在上空飞行的“零”式也冲了过去。只是如今日军飞行员的技术都太过一般，“零”式也早已褪去昔日空战不可战胜的光环。随着B-24机关炮的打响，三架“零”式几乎同时冒出烈火，像彗星一样向地面坠去。

B-24机群从运输舰上空掠过，一串串炸弹形成一条条巨大的抛物线，毫不留情地砸了下来。其中有一发炸弹掉进了“能登丸”的烟囱，只听一声闷响，“能登丸”被炸得哀鸣不已。

“能登丸”燃起熊熊烈火并随即沉没，这艘运输舰所装的卡车、马匹和武器弹药都还没有运上码头。面对这一情景，友近急得直搓手，但又无能为力。

“能登丸”沉没，大大地削弱了第一师团的战斗力。友近为此心事重重，即使踏上二号公路也是如此。只有不知道这些情况的普通士兵还很亢奋，一个个急于上阵，以显示他们这个精锐师团的威风。

所谓二号公路，是一条用碎石铺成的狭窄道路。第一师团的兵员有11000人，行军时拉开了数千米长的队列。这么长的队列，白天不可能不引起美机的注意。在美机的轰炸和扫射下，还没到目的地，就有200多名士兵被打死了。

到了晚上，虽然美机不会再来光顾，但日本兵仍不轻松。当他们在公路两旁躺下睡觉时，蚊虫代替美机实施了新一轮袭击。早上醒来，那些没盖好脸就睡的人，眼睛都已肿得睁不开了。

11月3日拂晓，提前出发的第一师团先遣队已接近卡里加拉。就在这时，他们意外地遭遇了对面开来的美军第24师。一阵短暂交火后，日军先遣队撤进了山中。

发生遭遇战的地方，就是片冈曾提到的利蒙附近。利蒙是一个有几十间茅屋的村子，它的北面是巍峨山岭，翻过山岭，就可以看到海岸和卡里加拉。

片冈到达后，见山岭地形险要，便临时决定依山防守，阻止美军前往卡里加拉。

已到达利蒙的第一师团官兵沿着盘旋公路登上山岭。他们看到从莱特湾方向走来许多伤员，有的相互搀扶，有的一瘸一拐，还有的全身都裹着白色的绷带，看上去十分凄惨可怕。这些伤员全都是第16师团的官兵，于是一个事实得到了确证，那就是：这个不中用的师团确实被美军歼灭了。

在第16师团残兵背后，是逐渐追上来的“白杨树部队”。这支部队的总指挥官、第六集团军司令克鲁格已经查过地图，但他没有找到利蒙这座山岭的名字，只能暂时叫它“无名岭”，而且他还从空中侦察情报中了解到，日军一支大部队已进入了“无名岭”。

现在，克鲁格不仅要对付突然杀出的这个不速之客，还要提防可能从卡里加拉登陆的其余日军。为慎重起见，他命令前卫师第24师停止前进，暂时不要向山岭进发，等待后续的第一骑兵师（骑一师）赶上来后，两师再进行配合作战。

11月5日上午，按照克鲁格的指示，第24师派部队登上“无名岭”，对日军实施侦察性攻击。

因为空袭等原因，第一师团大部队迟迟无法到达指定地点。片冈只能让已到达部队先行对“无名岭”的山顶进行控制。箱田小队来得比较早，它的三个分队作为前驱，一大早就拨开树丛，朝山顶攀登。但是还没等日军到达山顶，就有一颗手雷飞了过来。紧接着是更多的手雷。它们就像一筐筐被打翻的苹果，沿着山坡乱滚，炸得周围的泥土不停翻腾。

这是美军扔出的手雷，他们扔手雷的距离通常比日军远一倍，简直跟扔垒球差不多。神子小分队被炸得鬼哭狼嚎，一名曹长被炸断了腿，分队长神子清伍长上去摸了摸，手上全是黏糊糊的血。

神子以前是小学教员，珍珠港事件后不久才应征加入第一师团，尚未经历过实战。正当他不知如何是好的时候，又听到了迫击炮的捶击声、机枪的嗒嗒声以及同伴们惊慌的叫喊声。

真的开练了，这名伍长吓得两腿发软，挣扎半天，好不容易才喊出了“开火”的命令。

★断头岭

神子小分队完全被压制，甚至作为分队长的神子自己都不知道美军在哪里，他只能一发发地胡乱射击，然后就是躲炮弹、躲子弹。

美军的子弹非常密集，跟下冰雹一样，神子就是搞清楚对方射击的具体位置，也不敢硬碰硬地还击。实在无法，他便用刺刀把自己的钢盔挑着举起来，立刻，那顶倒霉的钢盔就被打得像风铃一样叮当作响。

美军很快就停止射击并撤出了山顶，但日军已受到很大损失。另两个分队遭到迫击炮和机枪的包围射击，总共只有三个人活下来；神子这个分队还算好，包括他在内，活了六个人。

美国陆军的打法和海军陆战队有很大不同，喜欢一步步地按程序做事。比如在这次战斗中，前线指挥官就过于机械地执行了上级关于侦察作战的命令，未能一鼓作气地控制山头。要放在陆战队，肯定是不依不饶，打到日军灰飞烟灭为止。

日军由此得到宝贵的喘息机会。到了晚间，又一个分队登上了山顶，还拖上来一门山炮。就连神子也回过神来，把附近的地形都侦察了一遍。

11月6日上午9点，第24师重登山顶，正式对“无名岭”上的日军展开进攻。但此时战机已失，战斗难度和需要付出的代价都大大增加。

箱田小队用山炮连发四发炮弹，基本摧毁了美军的重机枪阵地。接着，小队所属的八寻中队主力增援上来，山炮也由一门增加到五门，可以组成具有相当威慑力的炮队。

有了主力增援，本来已觉得快顶不住的神子顿时活跃起来，他端着刺刀，带着部下朝美军重机枪阵地冲去。美军重机枪阵地已经面目全非，机枪手们的身体被炸开，皮带上的子弹像鞭炮似的响着，而子弹的爆炸又引起了手雷的爆炸。

失去机枪掩护的美军士兵争先恐后地退下山岭，撤退途中，不时有人被子弹打倒在地。

在“无名岭”山顶参与防守的日军实际只有一个小队，但他们依靠山炮和中队主力的支援，挫败了美军的强势进攻。为表彰参战的八寻中队，第一师团专门

日军在实施登山训练。这种训练非常严格，要求士兵携带武器，瞬间冲上山头

将他们据守的山岭命名为“八寻岭”。

神子在这一战中立了大功，大队长佐藤大尉把他叫去，在功劳簿的第一页记下了其战绩，同时让他顶替战死的箱田准尉，担任小队长。神子喜不自禁，用他的话来说，这是一件可望不可即的事，是一种难以想象的光荣和“梦之花”。

天快亮的时候，神子以新任小队长的身份，和另外两名小队长一起向中队长八寻中尉进行汇报。八寻告诉他们一个坏消息：除八寻中队外，佐藤大队的其余各部都在开赴前线的途中遭到伏击，几乎被全歼。

片冈担心的伏击一事真的被言中了。后来，神子在撤退时曾经过一个充满尸臭的山谷。山谷里有数以千计的日本兵尸体，全都又肿又烂。一开始，神子还以为这些日本兵是被蛇咬死的，仔细一看，“蛇”原来只是防毒面具的橡皮管子。

这座山谷被称为“死亡谷”。就在这座山谷，美军以极其准确的炮火将开赴前线的日军杀了个干净，其中就包括佐藤大队。

大队主力这么一完，在其他增援部队到达之前，“八寻岭”就只能靠三个小队，确切地说，是80名日本兵来防守了。

此时，美军骑一师也到达了前线，与第24师合兵一处。这两支部队同属第十军团，由军团长赛伯特少将直接指挥。按照赛伯特的命令，第十军团以“八寻岭”为重点，向日军防线发起了更大范围的攻击。

“八寻岭”上到处长满齐肩高的茅草，易于隐蔽。藏在茅草和掩体中的日本兵没有一个人随便开枪，全都瞪大眼睛看着美军往山顶攀爬，直到相距60多米，八寻才喊了一声：“射击！”

美军猝不及防，纷纷被射倒在地。经过在中国东北几年的严格训练，第一师团的官兵不仅拥有良好的作战纪律，而且枪法精准。不过，三八式步枪打起来比较慢，每打一枪就得把五发弹夹压一下。神子怕这样压不住对方的冲锋，就让机枪手把火力集中到美军进展减慢的一侧，同时投掷手雷。

美军阵脚大乱，不得不再次溃退下山。经过这次战斗，八寻中队仅剩25人，但美军损失更大。自此，美方对利蒙这里的山岭有了一个新的称谓，叫作“断头岭”，日军在利蒙一带所设的防线则被称为“山下防线”。

莱特战役开始陷入僵持局面，连麦克阿瑟也被惊动了。像麦克阿瑟这样的人，一旦置身战场，就如同仙鹤遇到蛇洞，闻闻气味就知道洞口在哪里。他马上便做出判断，“断头岭”将成为两军争夺的关键，不夺下这片山岭，美军就无法深入莱特北部山区。更重要的是，日军还可以凭借无名岭为掩护，从另一侧的奥尔莫克港继续源源不断地运来援兵和补给。

在几名幕僚的陪同下，麦克阿瑟亲自赶到第24师主阵地。在山坡下临时搭设的帐篷里，他找到了赛伯特。

当天下着雨，临时帐篷内的积水已到了膝盖，一名士兵不停地用钢盔往外舀水。赛伯特则坐在用弹药箱支起的桌子上，一边察看地图，一边嚼口香糖。

按照麦克阿瑟的计划，他要在月底前拿下莱特岛，以便腾出手来进攻吕宋。时间相当紧张啊，你老兄居然还嚼口香糖，这么沉得住气？麦克阿瑟顿时就火了。

赛伯特没想到总司令会亲自来到自己的指挥所，赶紧上前敬礼。麦克阿瑟哼了一声：“哦，你倒轻松。我问你，你为什么停下来？”

赛伯特试图辩白：“报告将军，敌人的抵抗太顽强了，这鬼天气也——”

麦克阿瑟打断了他的话：“我不管这么多，我要你在一个星期内必须到达山那边，夺取奥尔莫克港，否则你就回家养老吧！明白吗，先生？”

麦克阿瑟说这番话的时候背着双手，眼睛紧紧盯着赛伯特，如同凶神恶煞一般。

包括赛伯特在内的一干部属都很少见麦克阿瑟如此大发雷霆，哪儿敢再打马虎眼儿，连连说："是，是！"

送走麦克阿瑟，赛伯特把团长们都召集到他的帐篷里，劈头盖脸地发了一通火，然后宣布解除一名团长的职务，由自己的情报官维尔贝克上校接替。

维尔贝克是一个比一般一线步兵指挥官更具进攻意识的幕僚军官，这也是赛伯特对他委以重任的主要原因。维尔贝克先指挥部队从侧面进攻"断头岭"，但日军早有戒备，攻击失败了。维尔贝克并不气馁，他决定第二天早晨继续发起大举进攻。

★战壕足

11月8日拂晓，台风夹着雨点席卷了整个"断头岭"。山上一人多高的茅草被大风一吹，就像怒涛汹涌的大海一样，有些棕榈树甚至被拦腰折断或连根拔起。

这不是一个适合进攻的天气，但维尔贝克还是按原定计划发起了进攻。迫击炮开始猛烈轰击"断头岭"，炮声中，美军士兵沿着泥泞的山坡，迎着暴风雨向山顶冲去。

正在躲避日军机枪扫射的美军士兵。在并不比别人多一条命的前提下，善于隐蔽和保护自己也是战场上必须遵守的法则之一

八寻中队在山顶的阵地被迫击炮摧毁，被迫撤下山

顶，躲进了二号公路附近的掩体内。眼看美军即将占领他们的“八寻岭”，八寻命令部下集中火力朝大雾笼罩的山顶射击，不管射得中射不中，先制造一个火力猛烈的氛围，让美军不敢越过山顶。

美军果然没有出现，出现的是一辆M4“谢尔曼”坦克。这辆坦克沿着公路行驶，从背后向日军掩体射击，八寻中队被包围了。

见势不妙，两名日本兵跃出掩体，将炸药包扔在了坦克履带下面。当他们返回时，炸药包发出了沉闷的爆炸声，坦克也抖动了一下。

“谢尔曼”没有什么大碍，但谨慎起见，坦克车手还是掉转车头，绕过公路转弯处撤退了。

在日军掩体的正面，已经有美军士兵登上山顶。神子等人索性冲上山顶，用手雷将不多的美国兵炸倒后，再下山躲进掩体。如此反复几次，加上失去了坦克的掩护，美军终于撤围，再次放弃了“八寻岭”。

维尔贝克也并不是一无所获，他曾攻下距离“八寻岭”几百米远的另一座山头。然而整个“断头岭”有很多座这样的山头，大部分仍在日军手里。

维尔贝克决定在已占据的山头上就地宿营，以便寻机再战。美军以山上的岩石作为壁垒，上面盖上一层帆布遮雨，然后在周围拉上铁丝网，同时布置了严密的岗哨，防备日军随时进行偷袭。

尽管配备了一些防雨装备，但一直没有停歇过的滂沱大雨还是让美军苦不堪言。作为补给路线的二号公路已成泽国，工兵不得不运来一车一车的沙石垫路。住在山上的很多美军士兵都患上了“泡脚病”，脚变成了所谓的“战壕足”——长时间处于低温、潮湿的环境，使得双足冰冷、肿胀，有的甚至皮肤剥落，痛得刺骨。

这种苦在日军那里是要乘双加倍的。美国大兵们住在遮风挡雨的掩蔽所里，温饱至少不成问题。日本兵却缺吃少喝，也无任何御寒用具。因为全身湿透，冷得发抖，他们只好把防毒面具上的橡皮管子割下来，用以生火取暖。

11月10日，雨下得更大了。美军从早上起对“断头岭”实施炮击，地面随之不断颤动，八寻中队的掩体出现塌方，那一刻，神子甚至想起了他在国内曾遭遇过的可怕地震。

炮击通常是进攻的前奏，意识到这一点，神子急忙率队冲上“八寻岭”。“八寻岭”上已布满弹坑，面目全非，好像变成了另外一座山岭。

神子从山顶上望去，一群群美军已经爬到半山腰，看上去人数非常多，而跟随在神子左右的日本兵已寥寥可数。面对如此巨大的实力差距，神子等人又从山顶撤下来，退到掩体中与美军对抗。

打了没多久，八寻中队长就阵亡了，临死前他发出了撤退的命令。整个八寻中队包括神子在内，现在只剩下十几个人，这些人在用完最后的子弹和手雷后，逃到了联队后方。

“八寻岭”丢掉了，神子所在的佐藤大队也不复存在。但接待神子的军官向他表示祝贺，说佐藤大队取得了“伟大胜利”。

神子非常疑惑，他们在“八寻岭”坚持了这么久，难道联队里就没有一个人知道前线的真实情况？

同样焦虑不安的还有坐镇“樱兵营”的山下和武藤章。他们认为这样下去，不仅莱特战役没有成功的希望，就是吕宋的防守也将受到拖累，陷入困难的境地。

可是大本营和南方军总司令部对“决战莱特”并不死心，仍然宣传莱特岛防御战乃战争胜负的关键。这令山下、武藤十分郁闷，两个人商量后，决定由武藤去找南方军参谋长饭村穰中将，当面陈述意见。

见到饭村后，武藤说明了意图，希望能叫停“决战莱特”。饭村也不含糊，直接把大本营的命令搬出来做挡箭牌：“大本营说在莱特岛作战是天赐良机，既然命令已下，你我照着执行就是。”

武藤先前对莱特在哪里都不知道，但跟着山下混了这么多天，他早已明白局势有多么严峻。饭村的太极拳非但没堵住他的嘴，还把他给弄得急了起来：“大本营所说的天赐良机早已不复存在，而且对莱特岛上的守军来说，从来也没有过什么天赐良机！”

说到这里，武藤的声音都有些颤抖了，情绪十分激动：“现在停止这种无谓的作战，为时还不算晚！”

饭村仍然是一副慢条斯理的样子：“在此之前，我军已在多处玉碎，特别是塞班岛，真是丢尽了面子。大本营把莱特岛作为战争的关键，必有难言的苦衷。”

听饭村的意思，好像南方军跟这件事浑不搭界。武藤气得脸色发白：“你知道为什么成立南方军总司令部吗？南方军的任务，就是调停驻外部队和大本营之间的关系。接连不断的玉碎，已经让大本营失去了理智，不可能灵活地改变指导方针，等于患了‘动脉硬化症’！”

为了进一步说服饭村，武藤继续一口气说下去：“大本营好像着了什么魔，因为他们的一纸命令，多少生命白白地丧失了，而且还在继续丧失着。这一切，南方军总司令部每天都是能亲眼看到的！”

无论武藤发急也好，动情也罢，饭村都像岩石一样无动于衷。面对这么一块“无脑石”，武藤毫无办法，又咆哮一阵后，他踢开自己坐的椅子，愤然离开了南方军总司令部。

人来投主，鸟来投林。当初奉命给山下当参谋长，武藤还觉得挺幸运，以为建功立业有望了，他从未料到自己会面临如此窘境。一想到从明天起，还要陪着山下一道继续毫无指望地熬下去，坐在汽车里的武藤便禁不住要流眼泪。

傍晚，武藤把详细情况向山下做了汇报。山下似乎对这一结果早有预料，他听完后点了点头："一切都是命里注定的。实在对不起，正因为我信赖你，才让你受累的。"

一句客套话，听在武藤和其他人的耳朵里，更增加了凄凉的气氛。大家都明白，就算"马来之虎"也回天乏术了。

★门外汉

按照日本陆军不成文的规矩，作战参谋分量很重，陆军内部流传着一句话，叫"到了战场上，参谋做主张"。尤其是参谋长，有时往往能帮助军事主官下决心，在决策可能出现偏差时也能及时予以纠正。正是了解这一点，武藤才会找上饭村。饭村这个人虽然还不至于和饭桶画等号，却属于庸碌型高官。这位缺乏实战履历的参谋长，整天只知道跟在寺内屁股后面唯唯诺诺，没有多少自己的胆识和主见。有人说饭村所做的事，充其量也就相当于一个中尉或大尉级的专职副官。

武藤走后，饭村倒真有些惴惴不安起来。他早已习惯这样数黄道白、指东话西地打马虎眼儿，可此事事关重大，又唯恐因此而担责。

想来想去，饭村还是跑去向寺内进行了汇报。

寺内一听，马上答道："继续莱特岛作战，这是既定方针。"

寺内怕山下、武藤不服管束，11月11日，将他们召到南方军总司令部，只简单地说了一句话："我已听了你们第14军的意见，但莱特战役还是要继续进行！"

山下、武藤条件反射似的回答："是，我们全力以赴！"山下又随后补充道："我完全了解您的意图，我一定执行，务求成功。"说完，两个人向寺内行了个礼就走了。

目睹这一情景的饭村对寺内佩服得五体投地："命令没用一分钟，总司令官的威力可了不得。"

寺内如此自信满满，是因为继第一师团之后，第26师团也已在奥尔莫克港顺利登陆。除此之外，当天还有一支运输舰队向莱特接近，上面载运了一万名日军。

这么多部队登上莱特岛，寺内就不相信决战会失败，不过早一天晚一天的事嘛。

寺内做梦都不会想到，有关运输舰队出行的电报，早已被麦克阿瑟的"卡斯特"密码破译队破译。当天早晨，日军运输舰队驶入奥尔莫克湾，但尚未进港，便被美军第38特混舰队给盯上了（当太平洋舰队由斯普鲁恩斯指挥时，称为第五舰队，而在哈尔西统帅时称为第三舰队，第58特混舰队的番号也随之更改为第38特混舰队）。约200架舰载机呼啸而来，经过三轮攻击，美军以损失九架飞机的代价，炸沉了所有运输舰和四艘护航的驱逐舰。海面上鲜红一片，运输舰上装载的一万名日本兵，除少数人游泳得以生还上岸外，其余全部给海龙王做了食材。

一万日本兵，已接近一个师团，就这么一弹未发地损失掉了。对于美军舰载机的无情攻袭，日本海军及其航空兵早已显得无能为力，能够组织空中反击的只剩下陆军航空兵，而其战术仍然是"特攻作战"。

当初东条独揽大权时，提拔了一些亲信帮自己分掌各个部门。后宫淳大将是东条在陆军士官学校时的同窗好友，他为东条监视反对派，遭到很多人的不满，称他是"后宫上等兵"。为酬谢后宫，东条任命他为参谋本部高级次长和航空总监。

后宫是陆军出身，当高级次长问题还不是很大，航空总监就不一样了，因为他既未学过航空，从前也未在航空部门任过职，根本就是一个门外汉。

越是门外汉，越喜欢不懂装懂，出各种各样稀奇古怪的馊点子。后宫一到航空本部，就标新立异地提出了所谓的“后宫战法”，要陆军航空兵带机撞击，效仿步兵进行肉搏拼命。

后宫虽位居航空总监，但航空本部毕竟还有一些内行，所以最初“后宫战法”并没有马上推广开来，直到海军航空兵迅速崩溃，这一战法才最终占了上风。参谋本部随即制订了“特”号作战计划，“特”就是特别攻击，也就是“敢死”的意思。

海陆军航空敢死队都以带机撞击为目的，不过细节上有所不同。具体来说，海军是用普通飞机硬撞，陆军则在原有飞机的机头上加装了引爆管，飞机所携炸弹也比平常轰炸机多一倍，而且是固定在机身上的，飞行员想投放都投放不下去，被称为“拼命飞机”。

驾驶“拼命飞机”的“特号部队”由富岳机队和万朵机队组成，指挥他们的是第四航空军。这支陆军航空队原驻新几内亚，败退至菲律宾时已被歼灭了大半，不得不进行重编。新任司令官富永恭次中将原任陆军省次官兼人事局长，此人也是东条的亲信，与东条、后宫乃一丘之貉，绰号“富永上等兵”。

富永在航空方面同样是个“彻底的外行”，让这个外行出任航空军司令官，是陆相杉山元的主意。杉山重新出山后，第一件事就是清除东条一派，正好富永担任次官时，曾把陆军省的汽车提供给东条私用，杉山找到由头，把富永一脚给踹了出去。

杉山要的就是在派系斗争中排除异己，至于富永指挥航空军是否称职，会不会因此影响战事，则全不在他的考虑范围之内。

富永做事跟东条、后宫完全一样，沽名钓誉，重形式过于内容。上任之初，他大白天就在马尼拉市中心举办了防空演习。演习当天，一群飞机在马尼拉上空盘旋、俯冲，并向地面发射火箭炮。富永从窗口伸出脑袋，看得兴致勃勃：“干得好啊，真来劲，好极了！”

他转过头问副官：“这是哪个部队？”

还没等副官答应，一个高级参谋急匆匆地跑了进来：“敌机空袭！”

空袭嘛，有什么可怕的，我们有这么多威武的飞机，还怕对付不了？富永一副泰山崩于前而色不变的样子，他指着窗外一架飞得很低的深绿色飞机，随口问这名参谋：“你知道那是什么飞机？”

参谋看了看说：“那是F6F舰载战斗机，看来，来袭的飞机是F6F和TBF的几个编队……”

富永这才感到有哪里不对劲，他赶紧打断参谋的话：“原来这不是我们的演习？”

参谋哭丧着脸说：“今天的演习还没有开始！”

★此地无银三百两

富永在菲律宾可谓出尽洋相。航空部队指挥官没有亲临一线的必要，他却硬要跑到前线去指挥。他又喜欢让飞行员向他当面报告，这一举动不仅于战事无益，还徒增了许多伤亡。

在前线待了不到十天，富永就像霜打的茄子一样蔫了下来，因为他发现，被追击、被击溃的永远是日军，他再怎么大喊大叫、大声训斥，也不能改变败局。

富永逐渐失去了他那本来就如同空中楼阁一般的自信心，“特号部队”成了他手中唯一的王牌。

尽管富永在航空作战上是个睁眼瞎，可在哄人为他卖命方面很在行。他做过陆军省的人事局长，懂得如何收买人心。每次敢死队员出发前，他都要亲自接见和握手，接见前他已背熟了每个敢死队员的名字和履历，谁谁谁，都能随口喊出来，这让许多敢死队员激动不已。

接见时，他还会朗诵自己为敢死队写的歌词，最得意的是结束语："我绝不会仅仅让诸位去带机撞击，做出牺牲。第四航空军的所有飞机都将步诸位的后尘，富永也决心乘坐最后一架飞机去拼命！"

"拼命飞机"要起飞了，富永固定的作秀时间也到了。他每次都要站在机场跑道边上，拔出战刀在头顶挥舞，并且大喊："前进，前进，前进！"那滑稽的样子，就好像在枪林弹雨中指挥地面部队进攻一样。

富岳机队、万朵机队很快就在自杀式攻击中毁灭了，大本营又把八纮机队派往菲律宾。

前面两个机队的成员并不都是技术生疏的新手，其中甚至有作战经验丰富的老飞行员，他们对这种自杀式攻击有很强的抵触情绪，只是敢怒不敢言而已。有人出战时便不管效果如何，只求一死，还有人私自在"拼命飞机"上加装了可以投下炸弹的钢丝绳，竭力避免与飞机同归于尽。

八纮机队不同，成员多数是少年飞行兵，全是20岁上下的年轻人，当然也更好哄骗。一说"你会成为活着的军神"之类的鬼话，这些年轻人就信以为真，像喝了迷魂汤一样乖乖地被驱使着

特攻队员的平均年龄只有17岁。照片中的特攻队员均属于海军"神风敢死队"，其自杀机的设计不像陆军"特号部队"那样搞得有去无回，但生还者仍旧寥寥，图上仅佐佐木俊夫（最右）一人在战争中幸免

送命去了。

大本营的原计划是让海军“神风敢死队”攻击美军航母和战列舰，陆军“特号部队”攻击美军运输舰。但好大喜功的富永把攻击目标也改成了和海军一样，从富岳机队、万朵机队到八纮机队，都是优先寻找美军航母和战列舰进行撞击。

“特号部队”确实给美军舰队造成了一定损失。仅在11月一个月里，“拼命飞机”就撞上了哈尔西的第三舰队的七艘航母，炸死近三百名舰员，几百人受伤。同一时间，金凯德的第七舰队也未能幸免，共被击伤两艘战列舰、两艘巡洋舰、七艘驱逐舰和两艘运输舰，其中一艘军舰还被撞沉了。

当然对美军舰队而言，这种飞蛾扑火般的自杀式攻击除了有些吓人和不可思议外，并无伤筋动骨的效果，更无法帮助山下改变其运输线实质上被卡住的现状。

山下越来越深刻地认识到，莱特岛是保不住的，增兵莱特，犹如是拿雪去填井，就没有能填满的时候。11月13日，南方军和第14军举行会议，他在会上再次提出了停止莱特决战的意见。

可是寺内的想法没有根本改变，只是在山下的要求下，勉强同意可安排吕宋岛的兵力部署，前提是不能影响莱特决战。

要说寺内麻木不仁，对战场形势的变化完全没感觉，又不是这么一回事。在号召下属坚持作战的同时，这老小子当天便离开马尼拉，后撤到了西贡，给出的冠冕堂皇的理由是，他事先跟大本营商讨过，不是因为有危险才逃跑的。

这真是“此地无银三百两”。有知晓内幕的人一针见血地指出，寺内其实就是怕死才跑的。跑到西贡后，一旦战败，他还可以继续逃到陆地相接的中国，与驻中国的日军会合在一起。

寺内原本就是一个无能的庸才，到太平洋战争的中后期，南方军总司令部更是失误频频。而寺内之所以能始终霸住这把交椅，只是由于东条在任时，怕他会与自己争权，所以才把他一直摁在了南方军。

寺内和南方军总司令部的转移，对山下的那些年轻参谋来说，是件值得敲锣打鼓庆祝的事。当然，如果这件事能来得更早一些就好了。一位同样对寺内不满的司令官对山下说：“总司令部的转移，为时晚矣。”

山下回答：“寺内能撤出去，还算不错，再慢了，他就会陷在菲律宾动不了了。”尽管山下表面上竭力装出毫不在意的样子，但他的话里话外已不再对这个逃跑的上司客气了。这位司令官听后赶紧恭维道：“说得对，与菲律宾共存亡，有阁下一人就足够了。”

先前按照寺内的意思，山下已向第35军司令官铃木发去电报，要求主攻部队离开二号公路东进，从陆路直接穿过莱特岛，朝塔克洛班进发。这时，他又向铃木增发了一封电报，说如果他不再向莱特运来援兵的话，吕宋将成为今后的主战场。

铃木哪里知道上层这么多盘根错节的纠葛，他的第一反应是被弄晕了，不知道山下究竟要他怎样，还要不要再进攻塔克洛班。

隔层肚皮隔座山，铃木也不好明着去问。思量一番后，他决定让片冈的第一师团发起反攻，这样不但能守住“山下防线”，而且万一越过山头进击，还能分散美军的注意力。

★新式武器

“白杨树部队”一直未放弃对“断头岭”的攻击。骑一师原先是为吕宋战役准备的，现在也全力以赴投入了战斗。各个山岭得而复失，失而复得，反反复复要冲杀几十次，美军才能最终掌握控制权。

到铃木下令第一师团发起反攻时，除了东南端的几座悬崖，美军占领了“断头岭”的全部山头。

几座未失的悬崖由神子所在的第57联队控制，守卫山头的主要是后卫部队，其余人马已乘夜色向后撤退。撤到半途，他们接到了片冈转发的反攻命令，于是只好又返身折回。神子作为补充兵员，也被重新派到前线，在安田中队带领一个分队。

所谓反攻，只是上层指挥官闭门造车的产物。比如安田中队，当时兵力已减员到不及原来的四分之一，而且弹药食品奇缺，八个人只能吃一个饭团。

饥饿比恐惧更令人难受。士兵们全都饿成了皮包骨，守住阵地都够呛，哪里还有力气向美军发动进攻？

山下不是没有向莱特岛运送物资，但是在美机的空袭下，80%的作战器材和粮食都在途中沉入了海底，计划送到岛上的7000吨大米，真正登岸的不过1000吨。就是这1000吨大米，大部分也在部队接收之前被美军的炸弹或炮弹毁掉了。

日军没能发动反攻，而美军的攻势越来越猛，火焰喷射器等武器都用上了。最让神子害怕的一次是一发炸弹落到了他前面几米远的地方，但没有立即爆炸，而是深钻到了地里。神子当时还以为是一发哑弹，突然，他前面的地面如火山一样爆发开来，掀起了成吨的泥土。

其实，这发“哑弹”装了迟发信管，是发可以控制爆炸时间的炮弹。神子并不知情，他坚持认为美军用了某种新式武器。

神子在爆炸中受了伤，被送往后方。他被送走时，第57联队已减员到不足400人，并在美军的压力下逐渐解体。

11月23日，美军终于突破了日军在“断头岭”的防线，除零星抵抗外，这座山上已没有什么仗可打了。片冈唯一能做的，就是率领师团残部拖着美军，不让其沿二号公路南下。

“山下防线”变得岌岌可危，铃木先前不知天高地厚，到这个时候也开始垂头丧气。当山下派出的参谋与他联系时，他只能一个劲儿地哀叹：“仗打得这么糟，很对不起山下阁下。”

虽然击破了日军的反攻企图，并占领了“断头岭”，但美军要继续往前突进也遇到了极大的困难。菲律宾群岛的雨季到了，季风雨一下起来就没完没了，莱特岛上的降雨相当于往年降雨量的两倍，整个岛已变成了一片无边的泥沼。

原先的几条重要道路都要穿过沼泽或水稻田，经过重型车辆的不断碾轧，全都成为泥河，前线部队急需的给养面临减缓甚至中断的危险。日军则利用沼泽地形继续进行防御，美军的伤亡因此达到了惊人的程度。

说“白杨树部队陷入了泥潭”，无论是比喻还是字面意义都恰如其分。美军在莱特岛的进展十分缓慢，进攻吕宋的计划也被迫一再拖延。如果可以，按照麦克阿瑟的一贯性格，不光是赛伯特，他恨不得把克鲁格的职务都一并撤掉。

光急没有用，麦克阿瑟被迫改变了原先速战速决的想法。他从设于塔克洛班的司令部出发，蹚着没膝深的泥水，亲临前线进行视察，现场解决各种问题。为此，麦克阿瑟曾一连数小时召开军事会议，有时会议开到中途，日机前来轰炸，他也不

正在视察前线的麦克阿瑟。老麦从来就不是一个纸上谈兵的将领，在菲律宾战役中，他沿续了这一风格

离开，而是继续主持会议，向幕僚人员下达各种指示。

会议室不止一次挨过日军的炸弹，里面弹痕累累，千疮百孔，有好几次麦克阿瑟都差点为此送命。提及这段往事，他的部下幕僚对主帅当时的勇敢镇定无不表示由衷地钦佩。

在调查了解中，麦克阿瑟发现了一个更严重的问题。

出于减少损失的考虑，金凯德那些身形单薄的“吉普航母”都已撤离莱特湾，从海上进行支援的主要是哈尔西的第三舰队，但他们也面临着日军第四航空军以及“特号部队”的疯狂攻击。

要阻止自杀式攻击，最好的办法是用舰载战斗机进行空中警戒，在“拼命飞机”飞到舰队上空前就予以击落。发现日机后击落不难，难的是盯住它，往往十几架舰载机才能盯住一架“拼命飞机”，这是一个非常累人的活儿。哈尔西的飞行员们个个精疲力尽，给养也所剩无几。哈尔西在犹豫徘徊数日后，被迫返回加油点进行补给，已无暇再派飞机对地面部队进行支援。

那段时间正是台风肆虐的时候，莫罗泰岛机场也不能实施远程支援，于是所有压力都压在了塔克洛班机场身上，这个简易的机场里挤满了从新几内亚调来的战斗机。

山下很快就意识到了塔克洛班机场的重要性，他从台湾岛和日本本土调来了尽可能多的飞机，以吕宋岛为基地，不断对塔克洛班机场实施空袭。仅仅在一次空袭行动中，美军就有27架飞机被炸毁，弹药库和油箱更是几乎每晚都遭到毁坏。在麦克阿瑟的印象里，除了科雷希多，盟军驻地还从来没有遭到过如此猛烈、持久和有效的空袭。

11月26日，日军第四航空军配合空袭行动，派代号为“熏”的空降部队（“熏空挺队”）在塔克洛班机场强行着陆。“熏空挺队”是一支受过特殊训练的空降兵敢死队，有80余人，队员全是被强征的台湾岛高山族青年。尽管这支空降兵敢死队着陆后即被全歼，但还是把美军吓出了一身冷汗，机场在使用上也受到了很大影响。

山下手里的运输舰固然少得可怜，不过他正是趁着对手空中力量严重不足的机会，采取类似瓜岛战役时“东京快车”的方式，连续不断地向莱特岛进行增援。

一次不多，积少成多，数量就可观了。到11月底，原定增援莱特岛的第一师团和第26师团大部分都上了岛，他们与第16师团的残部会合在一起，拥有了五六万人马。

“马来之虎”并非浪得虚名，还是有两下子的，所以麦克阿瑟称山下是日军“最优秀的军人”。面对这样的对手，麦克阿瑟丝毫不敢掉以轻心，在增建机场的同时，他决定把第32师、第11空降师也调到前线，以增强己方的攻击力量。

★叫花子兵

山下已经看出，麦克阿瑟的软肋就是莱特岛上的新建机场，只要能摧毁机场，美军就难以发起吕宋战役，要对付莱特岛上的美军也会变得相对容易。反过来，机场不除，同样也会成为他山下的软肋——这些简易机场不仅威胁着整个菲律宾，还威胁着日本本土与南方之间的运输线。

这是生死存亡的一刻。谁要想占得先机，就要比对方先一步走出妙着。为改变局势，山下向铃木下达了“WA行动”计划，预定将部队全部调往一个叫布劳恩的村庄附近，对美军新建的北机场发动进攻。

“WA行动”计划的战略意图够阴毒，但它是一个匆匆制订出来的作战计划，并没有充分考虑天气等复杂的客观因素。面对暴雨成灾的恶劣天气，担任主攻的第26师团质疑，认为他们根本不可能按照规定时间到达布劳恩。

铃木据此向山下提出请求，希望延期两天行动。山下不让：兵贵神速，都这个时候了，还畏难怕苦不成？

到了12月3日，离规定的时间还有三天，马尼拉的气象观测员发出预告，说前线将有狂风暴雨。山下这才感到有调整的必要，于是下令铃木推迟一天进攻。

第16师团残部也奉命参与“WA行动”，但这个师团一直处于支离破碎的状态，大部分人都在为寻找食物发愁，通信联络已完全断绝，所以自始至终都未能收到推迟进攻的命令。

12月6日，按照原定计划，第16师团天亮后不久就向布劳恩进发。虽然仍号称师团，实际上他们只凑足了300人，因为有人开小差，到正式出发时连300人都没有，而且个个破衣烂衫、精疲力竭，称他们是“叫花子兵”也毫不为过。

北机场本身没有防卫，当“叫花子兵”们端着刺刀冲进停机坪时，只看到了一群露宿的美国工兵。工兵们干了一天的活儿，累得不行，对日军的突袭也完全没有心理准备，而且，他们中的大部分人从未开过枪，见此情景，只得撒腿就跑。

不过工兵也不是好惹的，有个炊事兵躲在厨房里，五个饥不择食的日本兵进去抢东西吃，结果全被这烧饭的哥们儿给宰了。

接着，附近的美军闻讯赶到，一通猛揍，把突袭者赶到了北面的树林里。

按照原来的计划，白井伞兵联队会来北机场与“叫化子兵”会合，但是因为行动推迟，伞兵联队并未前来支援。“叫化子兵”们不知内情，他们一边挖工事，一边对伞兵破口大骂。

伞兵联队共有700人，此时还在吕宋待命。下午三四点，天气好转，其中的356人登上了双引擎运输机。为避免被发现，由战斗机掩护的运输机在莱特绕来绕去，兜了老大一个圈，到黄昏时，运输机群才朝布劳恩飞去。

在布劳恩的上空，机群遭到了美军高射炮火网的拦截，26架运输机中有4架被击毁，其余的及时降低飞行高度，才避开了高射炮的追杀。

晚上6点40分，伞兵开始跳伞。他们原定在北机场集中，然而由于天黑看不清楚，只有联队长白井恒春中佐及60名伞兵在目标地点着陆，主力落到了北机场以东的圣巴勃罗机场，距目标地点超过2000米。

北机场早有美军防守，白井那点人难成气候，如何突得进去？他们转而与躲在树林里的“叫化子兵”会合。另外一边的主力伞兵着陆后，马上对圣巴勃罗机场实施冲锋，一面冲一面还用英语大喊：“喂，你们的机枪哪里去了？”“投降吧，你们已经挡不住了！”

圣巴勃罗机场驻着一些守军，但没有人想到敌人会从天而降，一时都不知道该如何应付，日军伞兵趁势点燃了机场上停放的飞机和油库。

直到点火的时候，日军才发现机场上的飞机非常之少，一共也没几架，显然这不可能是北机场。破坏圣巴勃罗机场后，这部分伞兵又前往北机场找到了白井。

白井检点全部人马，已有500人左右。重新进行部署后，他们对北机场发动了进攻。12月7日，上午10点，北机场被日军占领。

占领不等于完全巩固，白井还需要等待第26师团的到来，只有得到这个师团的接应，“WA行动”才能算是取得成功。

★意料不到的棋子

第26师团能不能来，还得一个人点头答应才行，这个人就是麦克阿瑟。

麦克阿瑟将第32师、第11空降师调到前线，就是为了弥补力量上的真空和不足。第26师团难以穿过美军的防线，一个大队好不容易接近布劳恩，又被第11空降师给截住并击退了。

白井的另一个期待是第二批伞兵能够空降北机场。不料恶劣的天气再次笼罩莱特，运输机无法起飞，第二批伞兵来不了了。

美军调集整整四个营对北机场里的日军展开围攻，日军孤立无援，在坚持三天后，大部分战死，为数不多的幸存者逃进了山里。

指挥官高不高明，有一个客观标准，那就是当战局陷入僵持状态时，他能不能用自己的想象力和胆略来打破僵局。山下的“WA行动”尽管失败了，但这步棋不可谓不妙，若是成功，完全有可能翻盘。同样的，不走出一着让对方意料不到的棋，老麦也就不称为老麦了。

当白井拂晓袭击北机场时，一支美军运输舰队突然出现在奥尔莫克湾，运输舰上载运的是刚增援上来的第77师。

麦克阿瑟亲赴前线解决补给问题，不是为了作秀，是因为他深知后方补给线的重要性，那是一军之命脉，一旦有失，就等于堵住了前线部队的血管。

日军的血管在哪里？不用说，自然是奥尔莫克港，莱特岛日军的所有物资和援兵几乎都从那里来去。麦克阿瑟早就留意到了这一点，也早就想通过两栖登陆将其切断，但是原来这样做的条件并不具备，主要是缺乏足够的护航战斗机和登陆艇，若仓促上马，难免失败。

12月初，所有技术性难题基本得到解决。在麦克阿瑟的请求下，尼米兹派来了几个中队的海军陆战航空队助阵，登陆艇之类的工具也已逐步备齐。

海军陆战航空队参加过艰苦的贝里琉岛战役，飞行员不仅技术高超，而且与陆军航空队相比，对地面部队支援的意识更强，也更熟悉太平洋上岛屿的地形特点。

这几个飞行中队本来驻扎在所罗门群岛，任务是不断重复性地轰炸被“蛙跳”绕过的那些岛屿，这一工作自然是再单调枯燥不过，因此在接到新任务后，飞行员们个个精神抖擞，干劲十足。

有了这些强有力的空中力量支援，麦克阿瑟认识到，关闭莱特后门的时机已到。接下来，他只需在莱特岛西海岸猛击一掌，就够山下受的了。

12月7日，在美国人的概念里，它是珍珠港事件的三周年纪念日。就在这一天凌晨，美军从莱特岛东海岸出发，绕过莱特岛南端，向奥尔莫克港发起了两栖登陆战。

天亮之前，日军一架战斗机飞至奥尔莫克湾时，发现下方集结了无数大小船只，数量超过百艘，飞行员立即判断这是美军的运输船队。一架战斗机根本没有能力向一支庞大的运输舰队发起攻击，这架日机急忙掉转机头，全速返航，向上级进行报告。

早上6点40分，天已大亮，12艘美军驱逐舰一齐对奥尔莫克港下方6000米处的海滩实施炮击。随后，第77师的第一批部队乘坐登陆艇冲上了滩头。

莱特岛西海岸与铃木所在的宿务岛仅一海之隔，宿务岛上有日本海军基地，铃木以为可用以保护，所以既没有在海岸滩头增加防守兵力，也没有设置障碍物，第77师登陆时未遇任何抵抗。接下来，他们便沿海岸北上，向奥尔莫克市挺进。

得到返航日机的报告，铃木忙令尚未到达布劳恩的第26师团主力后转，以解救奥尔莫克。同时，山下也迅速调整了部署，除命令原定空降布劳恩北机场的第二批伞兵着陆奥尔莫克外，他还派出了另外两支日军舰队进行紧急增援。

在所有这些援兵到达之前，奥尔莫克附近所有能参战的后勤兵全部被组织起来，阻止美军向城区接近，以争取等待救援的时间。

★背后插刀

对双方来说，这都是性命攸关的一搏。日军后勤兵虽然缺乏训练，装备低劣，却也凶猛无比。他们光着上身，端着刺刀进行白刃冲锋。美军则用机枪扫射，一排排地将这些悍不畏死的家伙扫倒在地。

等到机枪都不够用的时候，火焰喷射器也被拿出来，直接朝着密密麻麻冲上来的日军喷火，阵地上到处充满了火药味和烧焦的尸体气味。

除了机枪和火焰喷射器，美军也没有更多的重武器，加之缺乏足够的空中火力，战斗打得异常激烈和艰难。这个时候，如果日军援兵能够及时赶到，第77师将面临极大压力。

麦克阿瑟在决定发起两栖登陆战时，自然不会不考虑这些因素。第26师团主力首先被第11空降师给拖住了，前进不得，后撤亦不能。

12月8日黎明，日军伞兵在奥尔莫克以北的丛林中着陆。但他们那一小撮兵力与第77师相比，实在算不了什么，破身子轻轻一捏就碎了。

第77师在击溃由日军后勤兵组成的防线后，又几乎全歼了第26师团留守奥尔莫克市区的一个大队。12月10日，美军成功突入奥尔莫克市区。此时市区内触目所及的，全是冒烟的瓦砾和燃烧着的建筑物，浓黑的烟雾将这个地区完全包围起来。

当天早上，山下派出的第一支增援舰队进入莱特岛西海岸。美国海军陆战航空队第12大队早已等候多时，飞行员们立即驾驶着F4U“海盗”式战斗机杀了过去。

海军陆战航空队所用战机都不是最新式的，除战斗机用“海盗”外，轰炸机他们还爱用“无畏”。很多人认为这些机型略显陈旧，与“地狱猫”“地狱俯冲者”相比，还有些寒酸，但陆战航空队的脾气就跟陆战队一样，不管什么时髦不时髦，实用就行。

手动的春田步枪怎样，看起来似乎没有半自动、自动那么带劲，可是它打得准，一枪一个，陆战队员就舍不得丢。航空队也是如此，“海盗”到他们手里，那就是见谁灭谁的风火轮。

美机一顿拳打脚踢，日军五艘运输舰当即被击沉三艘，舰上载运的士兵和弹药等物资全部落水。海面上浮满了落水者，700名日本兵在惊慌中被飞机扫射打死或淹死。剩下的两艘运输舰急忙夺路而逃，但在陆战航空队的追击下，又被炸沉了一艘。

第二支增援舰队侥幸未被美军发现，并在午夜过后接近奥尔莫克港。就在此时，美军驱逐舰发现目标并立即向日舰开火，一艘护航驱逐舰被击沉。

有替死鬼当盾牌，日军运输舰继续前进，当其中的一艘运输舰停在码头，要让部队下船时，突然被岸上的炮弹包围。

日本人哪里知道奥尔莫克市早已落入美军手中，还以为是城里的第26师团误会了，一个劲儿地喊：“别打，别打！”

但对方打得更猛了，随着运输舰的沉没，舰上的日军连同坦克、迫击炮全部葬身大海。

这支增援舰队一共两艘运输舰，沉了一艘，只有一艘得以卸下援军和给养。对莱特岛的日军而言，实在是杯水车薪，山下援救奥尔莫克的计划彻底失败了。

奥尔莫克登陆，等于是在日军后方阵地之间打进一个楔子。麦克阿瑟得到报告后欣喜若狂，他向正在司令部里等待消息的记者们大声宣布："我们已在'山下防线'的背后插上一刀，敌人已成为瓮中之鳖，我们的胜利不久就会到来！"

麦克阿瑟这背后一刀插得真是够深够狠的，美军虽然还未能完全突破"山下防线"，但在补给线被切断后，铃木第35军已逐渐处于崩溃边缘，武器和粮食不足的情况也一天比一天严重。

没有谁愿意坐以待毙，不到最后一刻，山下也不可能放弃求生策略。他积极策划，准备组织新的援兵再次登陆莱特岛。但他没有料到的是，12月15日，麦克阿瑟再次实施"蛙跳"绝技，绕过菲律宾中部许多防备森严的岛屿后，突然一拳打在吕宋岛正南面的民都洛岛上。

民都洛岛上守军不多，美军未遇抵抗即顺利登岸，接近傍晚时分，已向内陆推进11千米。占领民都洛，美军就获得了打开吕宋岛大门的钥匙，形势变得对麦克阿瑟十分有利，这使山下不得不下决心放弃莱特岛。

山下向南方军总司令部报告后，寺内急忙派参谋长饭村赶到马尼拉了解情况。饭村不听不知道，一听吓一跳：第35军已有八万人命丧于莱特岛，幸存官兵也被饥饿、疾病折磨，只能在痛苦和死亡中挣扎。另外，日本海陆军又损失了1000架飞机，其中很大一部分都来自于第四航空军以及"特号部队"。

一记当头棒喝，让饭村从"良机已到"的幻想中回到了现实。经过他的转述，躲在西贡的寺内也明白大势已去，只能以南方军的名义向大本营如实汇报。

★圣诞攻势

东条被迫辞职后，出任首相的是小矶国昭大将。小矶长居朝鲜，只是一位预备役大将，在陆军里缺乏前任东条那样强大的势力和盘根错节的关系，所以真正掌控大本营实权的并不是他，而是参谋总长梅津美治郎。

虽是空头首相，但小矶绰号“朝鲜之虎”和“日本的秃头冠军”，在朝鲜和中国这些弱国上强势惯了，根本就没有低调的习惯，在对战争进展缺乏足够了解的情况下，他就信誓旦旦地公开表示，日本必将取得莱特之战的胜利。在一篇向全国发表的广播讲话中，他还把莱特战役比作是“天王山之战”。

天王山之战是日本战国时代的一次经典战例，后来日本人将所有起关键作用的战役都叫作“天王山之战”。小矶以此作比喻，意味着莱特战役被抬到了半空中，舆论一散播开来，连裕仁天皇都认为只要莱特战役打赢，日本就能赢得太平洋战争。

放弃莱特的消息已在参谋本部传得沸沸扬扬的时候，小矶还被蒙在鼓里，直到进宫觐见天皇的途中，相关消息才姗姗来迟地传到了他的耳朵里，这让他措手不及，并且尴尬万分。

气急败坏的裕仁天皇没给老家伙一点儿面子，当即问小矶，现在怎么向国民解释莱特的失陷——保住莱特，说是可以赢得战争，失了莱特，莫非就是战争失败的证明？

诚惶诚恐的小矶只好嘴里不停喃喃着，说他将采取措施，尽力挽回局势云云，然而他心里非常清楚，除非有奇迹发生，否则天皇迟早会让他滚蛋。

就在山下向上报告的时候，美军登陆民都洛岛的部队还在继续往内陆扩展。12月19日，他们控制和新建了岛上机场，为地面进攻提供了一个新的航空基地。山下知道再也不能坐等下去了，他电告铃木，在停止“莱特决战”的同时，让铃木重新部署部队和选择地点，以便与美军打一场持久的牵制战，实际上就是允许第35军撤出莱特。

这封电报三天后才到达铃木手里。在此之前，麦克阿瑟指挥从奥尔莫克登陆的第77师继续向“山下防线”后背发动攻击，同时从正面进攻的美军也加强了攻击力量。处于夹击之下的日军，就像被孙悟空的金箍棒压着，纷纷成了肉饼。

12月21日，第77师的先头部队与第24师在“断头岭”上胜利会师。“山下防线”彻底崩溃，第35军被切割成孤立的若干段，不是在孤军挣扎，就是溃散于群山之中。

还没等收到山下的电报，铃木就急忙命令残部往帕隆蓬集结。帕隆蓬是日军在莱特控制的最后一个主要港口，也是确保他们能够逃出莱特岛的最后一个据点。

无论是山下的电报，还是铃木的反应，都太晚太慢了。12月25日晨，麦克阿瑟发动“圣诞攻势”。第77师一个加强营乘坐登陆艇在帕隆蓬港上岸，并在中午前后攻下了这个港口。已到达港口的日军残部除被美军就地消灭以外，其他全部沿莱特西海岸向北逃进了山里。

当天下午，麦克阿瑟向记者宣布：“除了少数地方要肃清残敌外，莱特战役可以说是结束了。山下大将遭遇的，可能是日本陆军历史上最惨重的失败。”

莱特战役开始以来，麦克阿瑟和山下在这座岛上斗智斗勇，现在终于分出了高下。美军原先的最高军衔是四星上将，为了鼓励在二战中做出贡献的将帅，美国国会专门设立了一个新的特级军衔，即五星上将。因在莱特战役中的杰出表现，麦克阿瑟被提升为五星上将。同时被列入这一名单的，陆军中有马歇尔、艾森豪威尔，海军中有金格、尼米兹。

既然莱特这里已经十拿九稳，麦克阿瑟就把莱特岛的扫尾战交给了新成立的第八集团军，以便克鲁格的“白杨树部队”能为已经推迟的吕宋战役做准备。

第八集团军奉命进入莱特北部的崇山峻岭作战，至次年4月清剿才大致结束。第35军参加莱特战役的部队前后达到七万之多，除第一师团、第16师团、第26师团外，还包括第102师团等部，最后生还的只有5000人左右。

★虚构的幻影

日本投降后，裕仁天皇当面告诉麦克阿瑟，自从“山下防线”崩溃，日本政府就知道战争失败了。当时对裕仁和日本政府形成强烈刺激的，除了莱特战役的一败涂地，还有美军轰炸机对日本本土的持续空袭。

在夺取马里亚纳群岛之前，中国成都是美军用于空袭日本的主要基地，选用机型为B−29。

B−29是一种比B−17、B−24的航程更远的重型轰炸机，有“超级空中堡垒”之称。二战中，美国对轰炸机的研制投入了巨额费用，其中投资最大的莫过于B−29，每架轰炸机价值60万美元，全部加起来，乃“30亿美元的豪赌”，而后来美国在原子弹上也只不过花了20亿美元。

水涨船高，B−29飞行员的薪水也不是一个小数字，年薪达到1700美元。在当时的美国，一个哈佛大学学生的学费不过1000美元；纽约一家上好的酒店，一晚上房费也只需要3美元。一名B−29飞行员的收入，已经足以养活一个四口之家。

B−29并不是一夜间冒出来的。早在珍珠港事件之前，美国军方就认为需要生产一种长距离飞行的大型轰炸机，以保卫美国免遭纳粹德国的威胁。不久，珍珠港事件爆发，B−29被匆匆赶制出来，正常情况下需要几年才能完成的工作，几个

正在等待装弹的B–29轰炸机。B–29不仅是二战时各国空军中最大型的飞机，同时也是当时集各种新科技的最先进武器之一。它可以在万米高空进行高速飞行，当时轴心国的大部分战斗机都很难爬升至这种高度，就算勉强能爬上去，也追不上B–29的速度

月之内就搞定了。

有人这样形容B–29与其他飞机的区别：就像步枪之于弹弓。这种超豪华的飞机有30米长，就像家里的客厅一样宽敞，里面能舒舒服服地坐上10个人。当飞机飞到万米高空时，温度会骤降至零下50摄氏度。这时其他机型的乘员就要穿厚衣服，戴笨重的氧气罩，但B–29不需要，它备有机组人员密封箱，飞行员可以照旧穿着日常服装待在里面。

舒适的环境，整齐的铆钉，强有力的发动机，新型的轰炸瞄准器……从外到内，B–29都漂亮新颖，说它是“空中的凯迪拉克”毫不为过。

然而，由于赶了工期，B–29也存在一些机械问题。比如发动机过热会导致起火等，所以一开始它并不受飞行员们的欢迎，没有人愿意驾驶B–29。此后，缺陷逐步得到解决，但实战效果究竟如何仍然是一个未知数。作为试验，美军首先用B–29对泰国曼谷的日军营地进行了轰炸。98架B–29从印度起飞，其中刚刚起飞就坠毁的，中途发生故障返回的，没有飞到目标地点的，不一而足。等到真正接近曼谷时，整个机群已经乱得不成样子了。

与成都到日本相比，印度到曼谷的航程要短得多，此次任务表明，要将B–29这种空中的庞然大物用于实战并空袭日本，面临许多现实困难。尽管如此，美军还是认为空袭曼谷“从作战角度看是成功的”，用B–29袭击日本也值得一试。

1944年6月15日，即在美军登陆马里亚纳群岛的同一时间，B–29做了空袭日

本的第一次尝试。当天午夜前后，92架B-29从印度飞往成都，在成都加油后，直飞九州岛的八幡制铁所。八幡制铁所是一家大型钢铁厂，日军在太平洋战争中使用的军舰、坦克等重武器，很大一部分都采用八幡制铁所生产的钢材。

就行动本身而言，这次轰炸也不能算成功，因为只有一发炸弹击中八幡制铁所，但不管怎么说，空袭日本的火炬已经被点燃了。

攻取马里亚纳群岛，使得原先的许多困难，比如需要飞越驼峰航线、后勤供应棘手等问题不复存在。11月24日，在奥唐奈准将的率领下，第73轰炸机联队的111架B-29从塞班机场出发，向东京实施首次空袭。自此以后，东京以及日本的主要城市不断受到空袭。

每次突袭时，B-29机群都将兵工厂作为袭击的重点目标，东京的中岛飞机公司、名古屋的三菱飞机公司屡被轰炸。炸弹命中率之高，迫使这些工厂开始把设备转入地下。

B-29的连续突袭让联合舰队意识到，他们停泊于东京湾的军舰也不安全了。

别的倒也罢了，日本人最舍不得的就是“信浓”号。建造之初，“信浓”号曾被设定为“大和”号、“武藏”号的姐妹舰，但在珍珠港事件后，联合舰队又决定将它改成航空母舰。这么一改，使得它的完工时间比“大和”号迟了近三年，直到1944年11月11日才宣告建成。

“信浓”号是当时世界上最大的航空母舰，其飞行甲板由两层钢板制成，上面还铺设了混合板，可抵御500千克炸弹的直接命中。从理论上讲，这是一艘最难以击沉的航母。可是从当年的“威尔士亲王”号，再到后来莱特湾大海战中的“大和”号、“武藏”号，几乎所有现代海战的实践都表明，所谓“不沉战舰”不过是一个虚构的幻影。

为了确保“信浓”号不被B-29击沉，联合舰队让它赶快逃离东京湾。11月28

日下午，在三艘驱逐舰的掩护下，“信浓”号匆忙启程，前往相对还比较安全的濑户内海。

11月29日凌晨0点30分，“信浓”号的观察员发现水天一线出现了一个黑影。这名观察员判断不准这究竟是云朵还是美军潜艇，其他舰员也各有各的看法，无法达成统一意见。

值班军官和副舰长获报后，轮换着用望远镜观察了一会儿，言之凿凿地判定：“是云彩。”

既然长官都说是云彩，大家就放了心，“信浓”号继续破浪南下。

黑影哪里是什么云彩，那是美军潜艇“射水鱼”号！

“射水鱼”号原来的任务是营救落入海中的B-29飞行员，但是因为当天的空袭临时取消，“射水鱼”号获准离开指定海域，可自行选择攻击目标。“射水鱼”号的艇长恩赖特中校于是决定到东京湾外的海域碰碰运气。

在东京南面100海里的海面上，潜艇雷达发现了目标，恩赖特举起望远镜，镜头里出现了一艘日军的“油船”。“射水鱼”号朝“油船”开过去，当距离拉近准备下手时，恩赖特才看清楚那是一艘航母。

即便是中了百万彩票，也未必有这么幸运。“射水鱼”号迅速潜水，从惊涛骇浪底下包抄到“信浓”号附近。

凌晨3点17分，恩赖特一声令下，六发鱼雷以每八秒钟一发的间隔速度，向这艘巨型航空母舰扑去，其中四发笔直地扎进了舰身。

四发鱼雷几乎都在同一部位炸响，海水穿过受伤部位，汹涌地灌入船舱。

这要放在普通航母，舰长可能早就慌了，至少也应降低航速甚至停下来，“信浓”号的舰长阿部俊雄大佐却丝毫不以为意。

“信浓”号不是普通航母，这是一艘赶超“大和”号、“武藏”号的超级舰。在莱特湾大海战中，结构基本相同的“武藏”号是被击沉了，可那是中了19

发鱼雷和许多炸弹，全身被打成筛子才沉下去的。区区四发鱼雷，能奈我何？

阿部下令，“信浓”号继续以20节的速度航行，他相信舰上的损管队很快就能阻住进水。

阿部想不到的是，因为“信浓”号采取了突击施工的办法，内部的水密性很差，有些舱室都没有安装密封门，加上损管队没来得及进行充分训练，没有抢险经验，导致涌进舱里的水一直有增无减。“信浓”号闭着眼睛开一整晚，舱里也就灌了一整晚的水。

到拂晓时，连普通舰员都看出“信浓”可能要沉了，阿部这才下令减慢速度，但已经太迟了。

上午10点18分，“信浓”号严重倾斜，阿部下令弃舰。半小时后，这艘超级航母带着阿部及1000多名舰员沉入海底。

从正式服役出航到成为残骸，仅仅维持了17个小时，在大型舰船的寿命史上，“信浓”号创造了最短的世界纪录，而且直到沉没，也没有发射一炮，没有载运过一架飞机，等于设计者赋予它的双重使命一个都没能完成。

“信浓”号航母。在美国核动力航母“企业”号服役之前，“信浓”号保持着最大排水量纪录。但由于缺乏舰载机、防空火力、训练有素的水兵，它同时也在日本海军已建成航母中创造了最短命纪录

“信浓”号一度被日本人认为是海军复兴的象征。得知“信浓”号沉没，许多人根本就不敢相信：“那么大的军舰，竟然也会被打沉吗？”

岂止是大军舰，事实上，日本的整个战争机器都将被打沉。用麦克阿瑟的话说，失败的阴影正以空前的速度遮没着日本所谓的太阳，“全日食的日子已经不远了”。

战争从未如此热血4：二战美日太平洋大对决

第三章 奇妙的冒险

早在莱特战役刚刚展开的时候，山下就对在战役中取胜不抱多大希望。他把莱特方面的作战当作纯粹执行上级命令，交给参谋长武藤章中将具体操作，与此同时，暗中命令参谋副长西村敏雄少将："莱特岛最终难保，从现在起，必须考虑在吕宋岛战斗到底！"

山下是一个老奸巨猾的人，如此安排有其深刻用意。西村和武藤的私人关系不睦，让西村准备吕宋作战，一方面既可以防止秘密外泄，另一方面为了与武藤竞争，西村也必然会使上吃奶的力气，不用他再去多督促、多提醒。

山下当时就选定了战场，他告诉西村："要以北部的碧瑶市为中心，构筑阵地，运进弹药。"

山下认为，马尼拉市区的大部分房屋都是木质结构，容易燃烧，地下水又浅，无法构筑地下坑道和地下阵地。因此，不能在马尼拉市进行防御作战，而应退至吕宋岛北部山区进行持久防御。

从1944年12月17日起，山下即宣布马尼拉市不设防，同时开始转移市内外的物资和人员，然而转移过程并不顺利。

此时南方军和大本营都已改变方针，不再阻挠山下的决定，影响转移的困难和阻力主要来自第14军内部。

★越左越好

山下到菲律宾就任时，曾有部下建议他留在马尼拉，但因为听说前任黑田的一大罪证就是“过于享受马尼拉的舒适生活”，所以山下马上拒绝了。

山下的司令部“樱兵营”位于马尼拉郊外，与市区相距有10千米。山下、武藤和大多数新任命的幕僚一直生活在“樱兵营”里，很少去马尼拉。山下自己只去过市区两次，一次是到任后巡回拜访，另一次是出席寺内的招待宴会。

山下或许觉得放弃马尼拉没什么了不得，驻扎在马尼拉的日军官兵就不会这么想了，他们知道只要一离开这座都市，自己就将从此告别夜夜笙歌、吃喝玩乐的日子，天天饿着肚子去钻山沟。

山下决定亲自示范。12月26日，麦克阿瑟在莱特岛发动“圣诞攻势”的第二天，山下将司令部先行迁往马尼拉北部约50千米处的怡保。这样一来，官兵知道放弃马尼拉已经铁板钉钉，遂不得不跟着撤离。

山下准备等马尼拉全部撤离后，再将司令部迁往碧瑶，但有一个人始终不肯挪窝，这个人便是第四航空军司令官富永恭次，此君一直嚷嚷着要航空决战。

实际上，第四航空军的飞机已经全部损失了，日本国内补充的飞机又经常中断，哪儿有什么能力进行空战？这一点即便富永这样的外行也看得出来，他这么说，不过是像一般贪图享受的官兵一样，无心离开马尼拉而已。

没了飞机，燃料就多余了，而山下因为转移物资的需要，正好缺乏燃料，便提出进行调剂。与第四航空军一接洽，富永的高级参谋答应了，不过他不知道富永能不能同意。

趁着富永高兴的时候，这位参谋提心吊胆地提出了这个问题。富永听后脸色立刻为之一变，用鞭子敲着桌子训斥道：“岂有此理，方面军（指第14军）为什么要逃到山区去？我能给逃兵加油吗？”

训完部下，富永连带山下都给骂了：“应该把山下捆住，让他死守马尼拉，我第四航空军今后还要继续进行航空决战！”

空架子的第四航空军既不肯给山下的转移帮忙，自己也不愿撤出马尼拉，这让南方军总司令部和大本营都着急起来。南方军参谋长饭村穰中将、参谋本部第一作战部长宫崎周一少将先后来到马尼拉进行协调，但富永像一头拽不动的老牛一样，无论谁做工作都充耳不闻。

第四航空军原由南方军总司令部直辖。见富永油盐不进，饭村只得采取强硬措施，临时将第四航空军划归山下指挥，要求富永必须服从山下的命令。

饭村以为这下可以解决问题了，不料适得其反。富永自恃做过陆军省次官，又是“东条派”，对遭东条排斥的山下既不屑又敌视，现在南方军要他服从山下的指挥，犹如在刮他的老脸皮，如何忍受得了？

富永一边拒绝划归山下部队，一边提出辞职。上面不许辞职，他就装病，连第四航空军的司令部也很少去了。让人哭笑不得的是，从山下到饭村、宫崎都对此束手无策，原因就是按照日本陆军的习惯性思维和传统，向来是“越左越好”，富永的那一套虽然不切实际，但谁也不敢对他过多指责或处分。

撤往怡保之前，武藤决定前往第四航空军司令部，最后再劝富永一次。武藤和富永是陆军士官学校的同窗，私人关系也不错，武藤认为自己应该能打动富永。不料他刚刚开口，富永就火了，骂声一直传到屋外。

吵着吵着，这二位索性爬上铺着大地图的桌子，盘腿坐在地图上互相瞪着对方。

富永唾沫星子横飞：“我决不离开马尼拉，打算死在马尼拉，以此向敢死队谢罪！”

武藤则说，山下放弃马尼拉是为了打持久战，是为了尽可能把美军拖在北部山区，推迟其进攻日本本土的时间。说到激动处，武藤直接批驳富永所谓的死守马尼拉，只不过是为了顾全他个人的面子罢了。

富永被人触动心思，腾地站了起来，他穿着长筒靴站在地图上拼命反驳，声音都发抖了。

一直到傍晚，除了对骂，两个人并没能争出任何结果，富永始终不肯改变他死守马尼拉的主张。

★可耻的逃兵

送走“特号部队”最后一批敢死队后，富永依旧没忘记重复那句他常挂在嘴边的话：“不光是你们去死，我富永也将驾驶最后一架飞机去拼命！请放心出击！”现在加上他这种态度，人们都以为，富永就算不像他说的那样，真的驾机去拼命，至少也会在马尼拉指挥防守。孰料，此君不但没有这么做，反而以“视察”为名，在同一时间驾机逃到台湾岛去了。

富永逃去台湾岛，不要说大本营，就是南方军总司令部也没有同意。起先是富永自己有要逃跑的意思，参谋们看出来了，他们知道，富永不逃，自己也逃不了，于是就伪称南方军总司令部要让富永去台湾岛。富永连正式文件都没看到，就来了个顺水推舟。于是，一群平时耀武扬威，恨不得把每个敢死队员都逼到死路上去的家伙果断扔下部属，全部做了可耻的逃兵。

富永临阵脱逃，按理说是非常严重的一件事，但大本营和南方军总司令部除了给予行政处分外，未再进行其他严厉追究。这也不奇怪，在日本陆军高层，大家其实都彼此彼此，寺内不是逃得比富永还快吗？又经过谁的同意了？

山下竭力劝富永撤往山区，是想从第四航空军那里得到一些残存的航空力量和燃料等战略物资。没料到富永先是拖着不走，接着擅离职守，导致第四航空军残部完全崩溃，撤到山里的全是一些失去飞机的飞机员，而且个个情形狼狈，很多人连鞋子都破了，只能光着脚走路。

山下在大失所望之余，也愤恨至极。正好富永派了一名作战参谋来联系，说他去台湾岛之后还准备以台湾岛为基地，重振战斗力云云。

这时候，富永总算把自己当山下的部属了，可事到如今，还顶什么用呢？山下怒不可遏："什么？他去了台湾岛？丢下士兵，自己找借口逃跑？真是岂有此理！"

把先前富永泼给他的脏水全部倒回去后，山下对着那名参谋大声叫喊道："这是怎么回事？让我来给他擦屁股，我才不干！"

那名参谋自知理亏，一直低头不语。武藤在旁解劝道："即便现在把富永召回，也损害了第四航空军的威严，我觉得这样做有害无益，不如默许为好。"

武藤的意思，今后可能还有用得着陆军航空队的地方，得饶人处且饶人吧。山下不肯罢休，他气哼哼地说："对置士兵于不顾的司令官，还有什么话可说！"

甩下这句话，山下拔腿就走，再也不愿跟富永有任何联系和接触了。

1945年1月2日，山下回到"樱兵营"住了一夜，接着奔向碧瑶。第二天，他便接到报告，美军舰艇和船队正大批北上。

这次的两栖登陆部队是扩大后的"白杨树部队"，总共有陆军28万，是太平洋战争开始以来投入兵力最大的一次战役。担任直接支援的是金凯德的第七舰队，海军舰艇达到1000艘以上。

1月4日，麦克阿瑟登上新旗舰"博伊西"号轻巡洋舰，率领舰队沿着菲律宾西海岸深蓝色的海域，浩浩荡荡地向吕宋驶去。

四周只有引擎声和海浪拍击舰体的声音，气氛平静而又紧张。置身这种情境中，麦克阿瑟仿佛又回到了三年前那个漆黑的夜晚，乘坐着鱼雷艇在波涛中起起伏伏，他与死亡擦肩而过，但同时也抱定了重返的决心。

山本五十六不是说过吗？战争就是赌博，这些赌徒中间还奉行着一句格言，叫“一去不复返”——骰子一旦掷出去，就没有回旋的余地。

麦克阿瑟不是赌徒，他不会用骰子，但他在给自己的大烟斗加烟丝的时候，会轻轻地说上一句：“小赌徒们，有时你们说的话也可能是错的，告诉你们，我不仅回来了，还要连本带利把失去的东西全都拿回来！”

尽管实施了严格的无线电静默，但是在舰队出发的第二天，还是有几艘日军的小型潜艇突然闯了过来，其中一艘还向“博伊西”号发射了一发鱼雷。

眼见鱼雷穿过海水，直冲舰体而来，“博伊西”号舰长急忙发出“各就各位”的口令，通过左躲右闪的规避动作，将鱼雷那道致命的白色水纹化为无形。

护航驱逐舰和舰载机随即蜂拥而上，对闯进来的日军潜艇进行清除。日军出击的潜艇除一艘逃脱外，其余皆被摧毁。

整个过程中，无论多么扣人心弦，麦克阿瑟始终没有离开过甲板，他站在舰桥上，抽着烟斗，镇定自若地观看着这场海上遭遇战的每一个场面。

对于美军舰队来说，最危险的不是潜艇，而是日本海军“神风敢死队”的自杀飞机。仅在民都洛，短短一星期内，“神风敢死队”就击沉“吉普航母”一艘、驱逐舰两艘，包括麦克阿瑟原来的旗舰“纳什维尔”号在内，三艘巡洋舰和其他许多舰船受到重创，几百名水手死亡或受伤。

1月7日和8日这两天，麦克阿瑟的这支远航舰队也受到了“神风敢死队”的连续攻击。有人担心，在进攻部队还未到达滩头之前，就可能被自杀飞机“屠杀”得干干净净，甚至还有人建议

遭到“神风敢死队”攻击的“埃塞克斯”号航母。可以看到飞行甲板上散落的日机残骸以及奔忙的消防队员

重新考虑登陆问题。

★山下地雷

无论“神风敢死队”的威胁有多么严重和可怕，麦克阿瑟都不会转舵回撤，因为撤退不仅意味着战役的失败，也等于“给自杀飞机戴上了胜利者的桂冠”，这绝不是他的风格。

原本，哈尔西准备再次空袭台湾岛，以阻止日军从台湾岛派飞机支援吕宋岛。但在麦克阿瑟的要求下，哈尔西推迟了这次攻击行动，转而为美军舰队提供力所能及的空中援助。

另一个收到紧急增援令的是肯尼，他从民都洛岛上派出了所有飞机。

民都洛岛是麦克阿瑟在吸取莱特岛的教训后，精心选择的攻击目标。这座岛上的土质坚实而干硬，修建机场最为理想，美军登陆当天就开始修建两个简易机场。五天后，肯尼就把战斗机转移到民都洛，从而形成了与莱特岛迥然不同的支援环境。

美国海军舰载机和陆军飞机不间断地进行空中巡逻，加上舰队本身严密的防空火网，把日机造成的损失降到了最低，舰队逐渐接近吕宋岛西海岸。麦克阿瑟凭栏远望，他看到了陆上熟悉的界标，那是马尼拉、巴丹、科雷希多，一个个曾饱含着悲伤、孤独和献身精神的地名。

美军选择的登陆地点，是菲律宾西北部的仁牙因（一译林加延）海滩，三年前，本间正是在大致相同的地方抛锚的。在某种程度上，这也再次体现了麦克阿瑟要改变“一去不复返”格言的决心，他要在同一个地方，用同一种方式实施自己的复仇计划！

麦克阿瑟认为“没有比这更完美的计划了”。为了成功实施这一计划，麦克阿瑟在战役发起前采取了一系列疑兵手段，试图把山下的注意力移向吕宋岛的南部。

该做的和能做的都做了，这些疑兵之计究竟有没有效果，还得看登陆时日军的反应。

1月9日拂晓，1000多艘美军舰船挺进至仁牙因海岸外。按照通常的两栖作战程序，舰炮和舰载机先对滩头来了一番“刷洗”，沙滩上的沙土被炸起几十米高，飞机尖厉的呼啸声足以震痛在场每个人的耳膜。

上午9点30分，登陆部队乘坐着2500多艘登陆艇，向海滩发起冲击。海上景象立刻变得壮观无比，视野内密密麻麻的全是舰船，除了普通登陆艇，还有履带登陆车、“鸭子”、登陆炮艇、水陆两用坦克等各种登陆装备，这些装备不仅能把士兵送上岸，还能直接参加抢滩作战。

麦克阿瑟做好了大打一场的心理准备。日军大本营把吕宋战役称为“决定性的战斗”，东京电台更是已经绘声绘色地描述了美军登陆吕宋岛的意图，并且说这一行动将遇到“战争史上最热烈的一次迎接”。

实际情况却是日本人的反应出奇地平静，毫无“热烈欢迎”的迹象，与几个月前莱特岛登陆的情形相

“鸭子”。正式名称为DUKW，一种六轮两栖卡车，同时也是第一种可在驾驶室内改变轮胎气压的车辆，它的轮胎可完全充气以应付硬地路面，亦可降低轮胎气压以适应沙滩那样的软路面

比，有天壤之别。在美军看来，仁牙因滩头的防御阵地哪里是不堪一击？简直就是空的。

麦克阿瑟由此判定，他先前采取的疑兵手段已经成功，山下受骗上当，肯定已经把部队向南移动了，否则仁牙因滩头的防守不会如此空虚。

然而，这次他低估了对手，山下不仅没有受到干扰和迷惑，相反还准确地预计出麦克阿瑟的主要突击方向，甚至连发起登陆的具体日期都猜到了。

山下不是没想过加强滩头防御，但他缺乏防守滩头阵地的重武器，比如大炮。之前，他一时大脑膨胀，曾想发明一种反登陆武器，专门用以炸坦克，并命名为“山下地雷”。

所谓“山下地雷”，其实就是在细长圆筒里装上炸药。做完之后，有没有用也不知道，得先试验。试验那天，司令部、兵器部来了近千人捧场，山下站在了最前面，迫不及待地要向众人展示自己的智慧成果。

整个操作过程是，日军出动一辆“活坦克”，向另一辆被飞机炸坏、无法动弹的“死坦克”驶去。靠近后，坐在“活坦克”里的士兵从炮塔里探身出来，向作为假想攻击目标的“死坦克”投掷“山下地雷”。

单纯从炸药的装填量来看，试验是成功的。在一阵爆炸声和黑烟里，“死坦克”被炸得四分五裂。不过也正因为炸药填得太多了，爆炸气浪一下子吹向旁边的观众，好几个人都被炸药的碎片击伤了，其中就包括站得最靠前的山下。

山下受伤的是腿部，伤势虽不算太严重，但这是他一生中唯一的负伤。为保住自己的面子，同时也是为了避免动摇军心，山下一边按着腿，一边低声关照来搀扶他的人：“稍微碰了一下，没什么大不了的，对谁也不要讲。”

没有哪一辆美军坦克会一动不动地让你投炸弹或地雷，更重要的是，撤到吕宋的日军根本就提供不了用于装填的足够炸药。“山下地雷”供观赏可以，但实在难以应付实战需要。

★向马尼拉冲刺

缺乏空中支援，缺乏必需的粮食、武器弹药，这都是三年前麦克阿瑟面对本间部队登陆时所遭遇的困境。当时就有军事分析家认为，麦克阿瑟没有必要死守仁牙因海滩，结果不但没有守住，还空耗了兵力。

山下在莱特已经投入了太多力量，到莱特战役结束时，第14军只剩下9万"拖泥带水"的部队。为组织吕宋战役，大本营派来了第10师团、第19师团等部。山下也就地进行征集，把受过军事训练的日侨以及海空部队的地勤人员都收罗起来，使兵员达到27万。

对于这27万人马，山下认为应该精打细算，不能像莱特战役时那样用于一次性决战。具体来说，就是打持久消耗战，能拖多久就拖多久，"菲律宾地区广大，我们可以尽情地打"。

原先，山下曾想学麦克阿瑟，将部队集中于巴丹作战。但巴丹面积太小，容纳不了这么多人。他因此将所辖日军分成三个作战集团，分别防守三个不同的山区。仁牙因海滩没有发生激烈战斗，实乃山下有意为之，他要"把敌人放进来打"，到预定山区予以消耗。

两栖登陆战的配方都差不多，要做出不一样的味道，还要靠指挥策划者事先事后的精心准备

当美军登陆时，形成阻碍的主要不是步兵，而是朝海岸俯冲过来的几架"零"式。美军早已做好了

应付的准备，滩头上用高射炮组成了牢固火墙，“吉普航母”上的飞机也如猛虎扑食一般扑过来。不一会儿工夫，搅局的这几架日机便冒着黑烟栽进了大海或沙滩。

整个上午，麦克阿瑟都站在“博伊西”号的舰桥上观看两栖登陆战，直看得他热血沸腾，激动不已。

五个小时后，他带着部下和幕僚们上岸了。这时海军已抢修好了一个水泥面凸堤码头，麦克阿瑟一行完全可以沿着这个码头上岸，但上次莱特战役的经历，让他认识到涉水上岸的举动不仅足够拉风，还能引起新闻舆论的兴趣和高度关注，于是他重复了这一场面。

傍晚时，5万多陆军及其装备安全登岸，一个宽27千米、纵深达到6千米的延伸滩头堡也随之建立起来。麦克阿瑟对此很满意，他发表了一份公报：“解放菲律宾和控制西南太平洋的决定性战役已经到来！”

与当初本间的作战计划相似，美军在仁牙因海滩登陆后，随即沿中央平原南下，向马尼拉实施攻击。

中央平原地势开阔，交通四通八达，无险可守。山下也早已放弃了这一地区，日军全都躲在两侧的山里。麦克阿瑟了解菲律宾的地理，过去防守菲律宾时，他同样也没有在中央平原屯兵作战。若按麦克阿瑟的脾气，他就会长驱直入，大步突进。然而，克鲁格在性格上是与麦克阿瑟相反的人，他平时作风谨慎，不喜冒险，而且作为前线负总责的指挥官，他必须考虑两侧的日军会不会乘机攻其侧翼，甚至袭击美军侧背，切断前线部队与仁牙因供应基地的联系。

宁可慢，不可险。基于这一宗旨，克鲁格采取了稳扎稳打的战法，一边前进一边等待后续部队上来。登陆后的四天里，克鲁格部队只向前推进了16千米。

马尼拉尚在185千米之外，按照这个速度，起码需要两个月才能到达马尼拉城外。而在进攻吕宋之前，麦克阿瑟向华盛顿做出的保证，是登陆后两周内就能解放马尼拉。

两周与两个月，时间相差实在太多。这时，已有盟军战俘侥幸从集中营逃出。据披露，几周来，处于歇斯底里情绪下的日军已开始对战俘展开秘密屠杀，在巴拉望集中营，有150名美军战俘被残忍杀害。当事人讲述的细节惨绝人寰，闻所未闻，军方负责记录的情报官员尽管见多识广，但在倾听的过程中也不由得露出了惊骇的表情。

从“巴丹死亡行军”起，类似的报告都对麦克阿瑟造成了极大的精神折磨。三年来，只要在他面前一提“巴丹老兵”，他的心就会像针刺一样痛。他知道，解放马尼拉的进程每延误一天，“巴丹老兵”就会增加一天的危险，如果真是两个月，很可能没等美军冲进马尼拉，战俘们就已被杀得精光了。

此外，海军那边的硫黄岛战役急等着开张。尼米兹向麦克阿瑟提出要求，借给金凯德的舰船一个月后要送还，他好用来进攻硫黄岛。

过早把舰船还给尼米兹，麦克阿瑟担心日本海军会从背后攻击他的滩头阵地，而光凭民都洛机场的飞机，又不足以应对这种威胁。因此，麦克阿瑟计划在拿下克拉克大型机场，拥有相当数量的飞机后，再归还舰船。

克拉克机场在马尼拉，到不了马尼拉，就别想占据机场，弄不好硫黄岛战役还得再次推迟，这样麦克阿瑟的责任就大了。

他要的不是慢条斯理，四平八稳，而是决定性突破，是向马尼拉冲刺！

麦克阿瑟不断向克鲁格发去命令，要他加快进度，并很直白地批评了“白杨树部队”的表现：“非常缺乏干劲。”

克鲁格很是委屈。他争辩说，“白杨树部队”的特长是缓慢而小心翼翼的丛林战，要快，找巴顿，人家走路不用脚，用履带，每天可以前进二三十千米乃至八十千米。

克鲁格还提到，日军在破坏桥梁，他没有足够的浮桥来代替这些桥梁，这也影响了前进速度。

麦克阿瑟并不是一个很有耐心的人，他要的也不是理由，而是结果。克鲁格不能执行命令，让麦克阿瑟遇到了他在太平洋战争中最为棘手的指挥危机。为此，他一度考虑是否要采取果断措施，解除克鲁格第六集团军司令官的职务。他的参谋长萨特兰也随声附和，建议把克鲁格“打发回国”，由自己来接管“白杨树部队”。

麦克阿瑟虽然有时脾气暴躁，却是个绝顶聪明的人，他深知克鲁格的能力和水平，不是一个可轻易取代的指挥官。思前想后，他还是决定换一种方式来解决问题。

★这家伙准是个疯子

1月14日，麦克阿瑟把司令部从“博伊西”号轻巡洋舰上迁到达古潘镇，开始亲自上岸督战，同时派人通过私下关系去见克鲁格。

来人劝克鲁格：如果麦克阿瑟不得不亲自来催促他加快行动，那老爷子肯定会大发脾气，到时就顾不得老同事的脸面了……

麦克阿瑟除了擅长演说，还经常喜欢耍一些小手段，并且屡屡得手。克鲁格在压力下终于改变打法，他指挥第14军沿中央平原向前推进，争取尽快夺取马尼拉和克拉克机场，同时派第一军沿侧翼并进，以肃清山里的日军，保护第14军的后方和侧翼。

相对于第14军，第一军的任务非常重。在山下的副参谋长西村的主持下，日军提前在山坡上挖掘了大量洞穴，用以储存弹药和其他补给品。这些洞穴与山脚下的坑道工事相连，构成了许多既能够独立防守，又可以相互掩护与支援的防御体系。

日军缺火炮。山下手里正好有一个坦克师团，明知自家的小坦克抗衡不了美国人的大家伙，“山下地雷”也用不着了，山下就把一些坦克埋在地下，只露出一个炮塔，从而形成阵地内的暗堡。

可想而知，要突破这样的防御阵地绝非易事。在阵地里据险防守的日本兵同样如岩石一般顽固，几乎每个人都拒不投降，似乎必须被炸碎脑袋，或用被刺刀捅个透亮才能最终解决问题。

麦克阿瑟深知战斗之艰难，他没有光坐在司令部发号施令，而是乘上敞篷吉普车，深入第一军的前沿阵地，直接当起了战术指挥官。

有一天夜里已经12点多了，麦克阿瑟才从吉普车上下来。炊事兵给他准备好了晚餐，但肯尼见他没吃几口，于是赶紧问：“您怎么了？”

麦克阿瑟回答：“乔治，我累极了，吃不下。”

第二天黎明前，肯尼准备动身，正想向麦克阿瑟辞别。值班军官告诉他：“总司令两小时前就上前线去了。”

肯尼失声叫了起来：“什么？这家伙准是个疯子！他如果一直这样干下去，迟早会失去工作许可证的。”

麦克阿瑟完全投入进去了。他的父亲在这里成名，他也在这里驰骋，他熟悉这里的每一寸土地，甚至是岩层上的每一条纹理。这些优势使他相信自己能够避开一个个陷阱，识破各种诡计，因此他才要赶到前线，亲自为士兵们设计一些极微小的技术细节，全然不顾敌军的子弹在周围呼啸。

在切实了解前线的需求后，麦克阿瑟把M4“谢尔曼”坦克和火炮都调了上来，并给菲律宾游击队发放武器弹药，让他们辅助作战。

菲律宾人在打游击战方面很有些天分，在三年的游击战中，各支大大小小的游击队让驻菲日军伤透了脑筋。据说，他们平均每杀死八个日本人，才会损失一个自己人，水平相当高。

游击队接到麦克阿瑟的统一命令，四面出击，通过狙杀日军后勤部队和巡逻队、割断电话线、炸毁军火等方式，搞得前线日军鸡飞狗跳。更重要的还是他们提供的情报，没有这些情报，美军在很多地方几乎是寸步难行。

正是依靠游击队的指引，美军飞机对日军防御阵地进行了准确的空中轰炸，被当作暗堡的日军坦克多数被炸毁。麦克阿瑟给其中一支游击队的评价是："起到了前线作战师的作用。"

吕宋战役前，山下在会见记者时屡次声称，要把美军放进来打。然而这么多天了，都是被美军打，被美军攻，而且还有越来越顶不住的趋势，山下的脸上实在有些挂不住了。武藤领会了他的意思，便让作战参谋制订反击命令。

吕宋岛的日军除了人数还能凑合一下外，其他都穷到彻骨，哪儿有本钱和美军对打？作战参谋很老实地说："进行反击实在勉强，能阻止敌人的攻击，再给予一些杀伤，就很不错了。"

武藤也认为是这个理儿，可是山下不同意：就算咱们兜里只剩下一块钱，都得装出一百块钱的样子来。

武藤没有办法，只好再次劝告那位不愿起草命令的参谋："难道你不应该也考虑一下山下阁下的面子吗？"

★展现绝活的时机

为了照顾山下的面子，由山下直辖的"尚武集团"对第14军展开了反击，参战部队除一个步兵师团和一个步兵旅团外，还包括坦克师团的一个连队。

结果当然只能是偷鸡不成蚀把米，仅1月16日和17日两天，日军就被打掉了9辆坦克，阵亡250人，而美军仅死伤了85人，外加损失3辆卡车。

第14军向前推进的速度大大加快，至1月21日，已抵达打拉，此地距马尼拉只有一半的路程。麦克阿瑟对这样的进度基本是满意的，当记者要他对何时结束战斗发表评论时，他也变得从容自信了许多："我没有确定的时间表。这次作战的进展速度是迅速的，而且远远超过了所有的希望和预计。"

"九七式改"（右）击毁美军的M4A2。九七式坦克安装的是短炮管，主要用于支援步兵，反战车能力很弱。为对抗盟军的新型坦克，才在炮塔上安装了长炮管，谓之"九七式改"。吕宋战役中，日军用三辆"九七式改"实施伏击，全部损失后击毁了三辆M4坦克。这是该型坦克最成功的一次战例，此后它在对阵M4时即完全处于被动挨揍的地位，原因还是双方在性能上相差太大。"九七式改"要在接近200米时才能贯穿M4的正面装甲，而M4在1000米外就能击破"九七式改"

不满意的是山下。他已经打急了眼，在第一次反击失败之后，又在1月23日晚发起了第二次反击。

这次更惨，面对已经装备齐全重型坦克和火炮的美军，日军很快就变得只有招架之力。坦克师团的旅团长重见伊三雄少将乘着指挥车往前冲，"谢尔曼"迎上前去，几发炮弹，就将重见连人带车给炸飞了。

到1月24日，第14军又前进了16千米，已靠近克拉克机场。

起头易，到底难。距离目标越近，地面战斗也越激烈。负责防守克拉克的是山下三大战斗集团中的"建武集团"，该集团突然出动一个坦克旅，几十辆坦克密密麻麻地冲过来。在缺乏坦克支援，且重武器和火箭筒不足的情况下，突前的第161步兵师被迫撤退，整个战线也随之后移了近两千米。

第14军遭遇到了自登陆以来最顽强的抵抗。接到报告后，麦克阿瑟急忙驱车赶来，在他的调度下，一批无后坐力炮和火箭筒被紧急运至161师阵地。利用这些反坦克利器，161师在将日军坦克一辆接一辆地击毁的同时，乘势前推，重新填补了战线上的缺口。

稳住阵脚后，第14军又继续向“建武集团”发起进攻。“建武集团”是三个集团中战斗力最弱的一个，陆海空部队的地勤人员都杂乱无章地混在里面。特别是第四航空军的残部，因为富永的出逃，人心散乱，连阵地都没能构筑起来，加之集团长官冢田理喜智中将又刚刚到任，不熟悉情况，导致该集团渐渐失去了抵抗能力。

到第四天，麦克阿瑟终于将克拉克机场收入自己囊中。克拉克机场是日军在菲律宾群岛上最大的空军基地，当肯尼前来察看时，机场附近仍有600多架日机，其中的500架已经被炸得体无完肤，但另外100架因为藏在树林里，或完整无损，或只受到轻微损伤。

美军工兵部队迅速填平了跑道上的弹坑，没多久，整个机场便整修一新，从战斗机、重型轰炸机到运输机，均可在这里起降。这时，即便减少海上舰队，麦克阿瑟也不用过分担心滩头阵地遭到袭击和地面部队缺乏空中支援了。

1月28日，第14军距马尼拉仅48千米，其战线已拉得足够长。不过由于几次反击的失败，山下已失去了切断美军进攻线的信心。在他的三个作战集团中，“建武集团”已陷入崩溃状态，“尚武”“振武”也逐渐受到压迫，所有日军都想趁美军先行占领马尼拉的机会，在山里暂时喘息一下。同样，第一军除了保障第14军和堵住日军的下山道路外，一时也难有更多作为。

当一个新的僵持状态出现时，高手再次展现绝活的时机也就到了。

正在莱特岛负责清剿的第八集团军司令艾克尔伯格中将奉命抽出部队，加入吕宋战役。1月29日，该集团所属的第11军在克拉克以西海岸登陆，封住了日军往巴丹半岛逃窜的道路。两天后，艾克尔伯格又亲率第11空降师在马尼拉以南登陆。

尽管在指挥过程中，因为性格及看法不同，麦克阿瑟与艾克尔伯格之间时有冲突，但作为麦氏手下的第一猛将，艾克尔伯格还是越来越受到重用，到新几内亚时期的比亚克岛之战结束，艾克尔伯格即升任新成立的第八集团军司令。由此也可以看出，战争时期的将领要获得提升，主要靠的是能力和战功，而不仅仅是人脉关系。在一定程度上，可以说，艾克尔伯格的风头已经超过了麦克阿瑟的老同事克鲁格。

让艾克尔伯格以集团军司令的身份，亲率第11空降师在敌方背后登陆并发起冲刺，是麦克阿瑟的安排。山下已经宣布马尼拉为不设防城市，这就意味着，除了马尼拉外围会遭到一些零星抵抗外，市内本身无防卫力量，艾克尔伯格可以毫不费力地率部胜利进城。

艾克尔伯格以前基本上担当的都是啃骨头的角色，前段时间在莱特岛负责扫尾，干的又是一项不引人注目但又非常吃力的苦活累活。麦克阿瑟将心比心，作为一种补偿，他希望把解放马尼拉的殊荣“送给”艾克尔伯格。

由于日军正在全力对付第14军的进攻，第八集团军的两次登陆都很顺利和轻松。第11空降师在没遇到什么抵抗的情况下就上岸了，之后他们夺取了一条曾经用来运糖的小铁路。利用这条小铁路，部队迅速直插马尼拉，速度之快，使得日军连破坏桥梁的时间都没有。

直到进至塔盖泰岭时，第11空降师才遇到了真正意义上的抵抗。这时空降部队发挥了自己的特长，该师第三旅的伞兵从天而降，塔盖泰岭防线一击即穿。

塔盖泰岭与马尼拉相距40千米，站在山脊上，可以看到马尼拉市在阳光下闪闪发光。艾克尔伯格向麦克阿瑟报告：“很快即可收复马尼拉。”麦克阿瑟据此向记者宣布：“马尼拉正在向我招手！”

★陆军特种兵

解放马尼拉似乎已不成问题，现在最让麦克阿瑟焦虑和担心的还是“巴丹老兵”们的安危。

美军在莱特登陆后，山下计划把关在吕宋岛各集中营里的战俘全部运往日本本土，一来可以让他们充当苦力，二来如果盟军进攻日本本土，这些战俘也能作为人质，使盟军有所顾忌。第一批从马尼拉上船的盟军战俘共1619人，经过一路非人的折磨，在日本下船时仅剩450人，其中至少还有100人后来也悲惨地死去，这就是与“巴丹死亡行军”并列的“死亡航行”。

当时，麦克阿瑟还不知道“死亡航行”的事。他从各方面得到的情报是，随着盟军步步紧逼，山下已无力把战俘全部运走，幸存下来的部分战俘被集中关押在马尼拉以北100千米处的卡巴图安。

在日本的军队体制和观念中，士兵通常只被作为一种战争的工具，一旦失去这个职能，沦为战俘，就会变得毫无用处，不配生存下去。而且日本也从未加入过《日内瓦公约》，这使得他们在虐待和屠杀战俘方面毫无顾忌。美方对此做出的评估是，若不采取措施，卡巴图安战俘生还的概率将非常渺茫，活不过几天。

与日本以及其他一些东方国家不同，“战俘”这个词在西方没有任何一点儿屈辱的意味，恰恰相反，它代表着一种历经沧桑和磨难的光荣，与“英雄”同义。更不用说麦克阿瑟本身就对“巴丹老兵”们有着发自内心的愧疚感，他愿意付出任何可能的代价来挽救这些昔日部下的生命。

营救战俘行动被放到了与解放马尼拉同等重要的位置，麦克阿瑟向克鲁格下令，对卡巴图安的战俘展开营救。

这是一次极具风险的作战行动。营救部队进入的是日军控制区域，不管前进还是后撤都会面临许多麻烦。而且卡巴图安附近的日军也不少，据估计集结着八九千人，一旦打起来，不但救不了人，自己也极可能会赔进去。

战争就是你死我活，不允许有太多的浪漫色彩和感情用事。退一步说，就算行动能够成功，在日军指挥官的眼中，让精英部队冒着危险去营救一些已无作战能力的人，也完全是一次毫无价值的愚蠢举动。

克鲁格的价值观与此南辕北辙，他和麦克阿瑟的想法完全一致，都认为值得去做："它听起来很危险，但这将会是一次奇妙的冒险。"

克鲁格把任务交给了穆西第六突击营。这是一支模仿英国特种部队建立的新兵种部队，所有队员都是从步兵中精挑细选的，他们具备不一般的身体素质，能熟练运用各种轻武器，之前还在新几内亚的雨林中进行过多年的极限训练。

营长穆西上校毕业于西点军校，他不仅像麦克阿瑟一样戴墨镜，抽烟斗，而且同样个性鲜明，富有想象力和冒险意识，因此有"小麦克阿瑟"之称。在美军登陆莱特岛之前，穆西率领突击营占领了海湾中的三座小岛，为莱特战役立了大功。可是穆西本人并不特别兴奋，因为小岛的日本兵很少，还不够突击营塞牙缝的。后来，穆西非常沮丧地给克鲁格发了一条消息："我们到了这里，但糟糕的是，我们还一枪未发，日本人就不见了。"

到了吕宋战役，似乎更没有突击营亮相的机会，许多突击队员无事可干，只能被派去给克鲁格的司令部站岗放哨，这让穆西和他的部下们感到绝望。

对克鲁格布置的营救任务，穆西心花怒放，突击营里也充满了跃跃欲试的激情。

就像荷叶上的露水珠，这边缺了那边圆，在经历多少天无所事事的煎熬后，上天总算给了这些陆军特种兵大显身手的机会。

激动是一码事，知道自己要去做什么是另外一码事。按照自愿原则，穆西从突击营的800名队员中选出了120人。他告诉参加行动的每一个人："行动将极其危险，你们中的一些人可能不会回来。"

穆西再次重申，任何人对完成任务有疑虑，都可以当场放弃和撤出："我只是想要那些觉得自己幸运的人。"

突击队员们互相讨论了一番，都认为自己是幸运儿，没有一个人愿意放弃。

穆西简单介绍了一下任务内容，然后说：“你们要把每一个战俘都带出来，就算背也必须把他们背在背上。”

1月28日，凌晨5点，突击队六人一组登上卡车出发。走到途中，包括穆西在内，所有队员下车徒步行进，在当地菲律宾游击队的帮助下，朝卡巴图安战俘营进发。

这次营救行动采取了高度保密的方式，除了克鲁格和少数情报人员，“白杨树部队”中没有人知道突击队已经出动。队员则一律头戴不起眼的帽子，身穿已摘掉徽章的褪色服装，全身上下不允许佩戴任何可能引起注意的饰品。

突击队必须在晚上穿过日军所使用的一条公路。夜色中，可以看到公路上的日军坦克排成了长龙，各种车辆像流动的金属河流一样绵延了好几千米，看上去无穷无尽。

这是仍在北撤的日军大部队，只有等到日军车队间歇消失，突击队才能匍匐穿过公路。

穿越刚刚开始，穆西突然发现，北面100码，有一辆巡逻的日军坦克正把炮口对准他们！

穆西屏住了呼吸，紧张地盯着这辆坦克，意识到自己遇到了麻烦。突击队虽然配有用以摧毁坦克的火箭筒，但战斗只要一打响，就会暴露目标并导致行动失败。

幸好日军坦克并没有看到他们，总算无惊无险。

但这并不能完全解除穆西的忧虑。突击队和菲律宾游击队加在一块儿有200人，通过公路至少需要花半个小时，要继续穿行，很难不被日军坦克发觉，怎么办呢？

★穿越地狱

蹲伏在草丛中的突击队员们小声议论起来。有人提议，可以先沿着路沟走，然后从公路桥下穿过公路——日军坦克固然会沿着公路巡逻搜索，但是因视野所限，不可能看到下面的路沟。

穆西批准了这个提议。突击队随即进入路沟，沿着沟底爬行。借着月光，日军坦克的轮廓和炮筒的闪烁都能看得清清楚楚，再近一些，甚至可以听到坦克车手在驾驶舱内交谈的声音。

在日本人的眼皮底下爬行，其危险程度简直与穿越地狱不相上下。爬行时，突击队员们都尽量不发出声音，"就连呼吸也被吞到了肚里"。半个小时后，他们成功地穿过公路，进入相对安全的灌木林。

1月29日拂晓时分，突击队已接近卡巴图安战俘营，他们计划在晚上正式展开营救行动。

在指挥方面，穆西总揽全局，担任突击指挥官的普林斯上尉则负责制订具体方案。与穆西大大咧咧的性格不同，普林斯做事稳重细腻，两个人正好形成互补。在突击队里，如果说穆西是灵魂，普林斯就起着大脑的作用。

穆西（左）和普林斯（右）组成指挥营救行动的一对黄金搭档，他们将确保以最小伤亡完成艰难的营救任务

普林斯盘算到了行动的每一个细节，大到战俘营里

日军的兵力、碉堡和观察塔楼的位置，小到前卫挂锁的大小式样、每一道铁丝网的位置高度。

这些细节决定着行动的成败，而为突击队提供相关信息的，主要来自“白杨”情报组。“白杨”情报组是克鲁格创建的一个敌后情报小组，这个情报组具有非凡的侦察和情报搜集能力，曾在新几内亚营救过66名荷兰战俘，而没有折损一个人。

突击队出发前，克鲁格就已经将“白杨”情报组派了出去，有足足两个班的侦察员在战俘营附近收集情报。让穆西和普林斯失望的是，由于时间太紧，“白杨”能提供的情报还是很少，无法满足突击队的需要。

除了“白杨”情报组，突击队依赖的还有游击队，假如没有菲律宾游击队的协助，他们几乎是寸步难行。当天与突击队在一起的游击队领导人，一为帕胡塔，一为乔森，都是当地赫赫有名的传奇式英雄人物。

在菲律宾，各个游击队都有自己的控制区域，也就是“地盘”，卡巴图安战俘营正好就是帕胡塔的“后院”。当穆西让帕胡塔谈谈看法时，帕胡塔突然问了一句：“你打算什么时候开始攻击？”

突击队已经将行动时间告知了游击队。对帕胡塔的明知故问，穆西和普林斯都甚感吃惊：“今晚，计划就是这样规定的。”

帕胡塔听后，沉默了很长时间，然后说：“先生，负责地说，那是自杀！”

帕胡塔告诉穆西，“自杀”的意思不是指营救行动本身不自量力，而是时间上存在问题。根据帕胡塔的情报，当天晚上会有一股携带重装备的日军从卡巴图安市出发，加上附近路过的北撤部队，战俘营前的道路将直接被日本军用车辆塞满。突击队在这个时间段发动攻击，无异于自取灭亡。

帕胡塔给穆西的建议是：“我认为你应该等待24个小时。”

经过慎重考虑，穆西决定接受帕胡塔的建议，推迟营救行动，这样也可以给

“白杨”更充裕的时间来收集情报。突击队一直保持无线电静默，为此破例向克鲁格发出密电：“新发展，延期24小时。”

几分钟后，无线电报员收到了克鲁格的答复：“同意。”

1月30日，下午两点，“白杨”将完整的情报送至普林斯手中。普林斯依据情报和自己的构思，拟定了袭击方案并提交给穆西。

普林斯对方案很有自信：“这是一次有组织的混乱，我们想要把所有的地狱之门都打开一道缝，但是裂缝的程度由我们来精心设定。”

剩下的就是怎样把方案变成现实。突击队需要在不到30分钟的时间内完成任务，这需要高水平的协作技能，甚至还得有一点点运气才行。

在方案讨论过程中，大家最为担心的问题，是如何在预定阵地上不被发现——突击队必须提前到达预定阵地，并在那里一直潜伏到晚上，但就算天黑下来，日军哨兵借助月光仍可能看到他们。

很多困难是事前谁都想不到的。正当众人皱着眉头苦思良策的时候，游击队长帕胡塔发话了。

★恐怖游戏

既然是自家“后院”，帕胡塔及其手下的游击战士就对卡巴图安战俘营非常熟悉。他们观察到，营地的日军警卫很害怕头顶飞过的美军飞机，哪怕是这些美机什么都没做，只是俯冲一下，警卫们也会吓得半死。

帕胡塔让穆西试着召唤美机来营地嗡嗡叫几下，分散日军警卫的注意力，帮助突击队安全进入袭击阵地，“不费一枪一弹，只是飞一次”。

帕胡塔的办法立即引起了穆西的兴趣，他再次打破无线电静默，向克鲁格发去了密电。不过能不能如愿以偿，穆西自己也没有把握，只能抱着姑且一试的态度。毕竟这是个临时插曲，即便克鲁格同意，他也要再与肯尼的空军联系，而现在离行动时间只差几个小时，很可能来不及了。

下午5点45分，突击队直接瞄准战俘营的大门压了过去。穿过一片稻田后，普林斯低低地挥了挥手，示意队伍停下来。

这里距离战俘营还有一千米，即将进入一片平坦开阔的大草原，草原上没有可以隐藏的树木，只有单调的草皮。突击队要在草丛中像蛇一样爬过去，爬上千米才能接近营地大门。

可想而知，这样的爬行过程绝不会轻松惬意。到达预定阵地时，每个人都感到脖子酸痛、肩膀灼痛，手臂也像玩了一小时的游戏一样抖个不停。

到达预定阵地，并不代表着能放松一些，因为突击队已进入了一个极其危险的距离范围内：趴在草丛中，他们能看到营地院子里的情景，甚至可以辨认出塔楼上哨兵的轮廓，一旦被日军警卫先发觉，在无遮无拦的情况下，营救行动就等于是自杀。

下午6点40分，黄昏快速降临，血红的太阳已经落了一半，期望中的飞机并没有出现。

到了这一步，退路是没有的。普林斯不再等待飞机，他发出信号，率领C连的90名突击队员向营地大门蠕动前行。

快接近大门时，突击队员们突然听到了一阵低沉而含糊的隆隆声。他们吓了一跳，以为行动已经暴露，但是几秒钟后，队员们就露出了笑容。

那是一架美军飞机。克鲁格在收到穆西的请求后，争分夺秒地把事情给办成了。派来的飞机是二战后期美国陆军最新式的战斗机，也是唯一专门用于夜间作战的战斗机，型号为“P−61”。“P−61”的外表跟一般飞机不一样，一团漆黑，与无烟煤相仿，所以又称“黑寡妇”。突击队在新几内亚受训时曾经看到过它，所以一眼就能认出来。

“黑寡妇”P–61。高空、高速，凭借机载雷达可进行长时间地空中巡逻，但由于设计复杂且耗费了相当长的时间，当其进入太平洋战区服役时，盟军已经取得制空权，因此没有能够得到太多的发挥余地

克鲁格接到电报后，就了解了穆西的用意，他派“黑寡妇”来这里，说白了，就是为了吓人一跳。当“黑寡妇”从战俘营上空飞过时，日军警卫部队果然一片混乱，全都争着找地方躲避。

意识到美军并非要发动空袭，日本人又被这么一个怪模怪样的家伙迷惑住了，他们从没见识过这种飞机，眼神中充满了惊恐、怀疑和不可思议的表情。

“黑寡妇”从上司那里接到的任务不是战斗，而是使圈套和障眼法。驾驶飞机的是一名高水平全天候飞行员，凭借纯熟的飞行技巧，他一会儿转弯，一会儿急停，一会儿盘旋，不开一枪一炮，就把天空变成了表演特技的舞台。

玩到尽兴处，飞行员关掉引擎，让飞机蹒跚飞行，朝着远处山麓直冲过去，然后消失在了山丘背后，给人的感觉就是它已经坠毁了。日军警卫刚舒了口气，“黑寡妇”不知从哪里又钻了出来，忽高忽低地展开了新一轮的恐怖游戏。

“黑寡妇”在关键时刻出现，为突击队接近大门提供了天赐良机。日军警卫们全都张大着嘴巴，抬头望着天空，地面完全被忽略了。突击队员们得以一步一挪地移至公路旁，进入一个灌木丛生的路沟里休息。

越过公路，就是战俘营的大门。铁丝网已近在咫尺，队员们甚至可以看到铁丝上的一根根倒刺。不过，他们现在所要做的是保持沉默，等待另一组队员的开火信号。

★ “攻占巴士底狱”

突击队分成两组，一组包括C连的90名队员，由普林斯指挥，从正面进攻，另一组是F连的30名队员，由墨菲中尉指挥，从背后进攻。

晚上7点30分，墨菲组进入了最后的开阔地，这一地段曾经是墨菲最为担心的，但是突击队遇上了不可思议的好运气：太阳正好完全下山。

菲律宾天黑时的变化快得惊人，一眨眼的工夫，就好像是一块魔术幕布把天空给完全罩住一样，到处都是墨水一般的漆黑。有的队员回顾这一情景时，说他一生中从没有见过这么黑的夜——尽管突击队员距离战俘营不到20码，警卫却完全看不到他们。

7点40分，墨菲看了一下夜光手表，距离原定时间已经晚了10分钟。他端起自己的M1式加兰德半自动步枪，深吸一口气后扣动了扳机。

突击队员都有自己挑选的中意武器，大多数人都像墨菲那样手持加兰德，少数人拿的是汤姆森冲锋枪和勃朗宁自动步枪，但几乎每一个突击队员的肩膀上都挂着两条子弹带。

墨菲的步枪刚一开火，其他人枪膛里的子弹立刻像笼中放出的飞鸟一样喷射了出去，15秒内，塔楼和碉堡上的日军哨兵全都消失在血雾中。

枪声就是信号。在营地前方，普林斯组的超强火力也在瞬间爆发出来，他们像修剪干草那样修剪了不多的几个目标，碉堡中的卫兵还没搞清楚怎么回事就被打成了筛子。

在火力的掩护下，突击队员理查森快步越过公路，来到大门口。他开始准备用汤姆森冲锋枪的枪托砸开挂锁，失败后才掏出点45口径自动手枪，打算用子弹来敲开挂锁。

正当他掏手枪的时候，大门内的一个日军警卫举枪射击，但心慌意乱下，没有打中理查森，只是把理查森的手枪给震落了。

理查森抄起汤姆森，一梭子干掉了警卫，然后捡起手枪，一枪就把挂锁打开了。

所有突击队员从路沟里一跃而起，穿过大门，快速进入了战俘营。一进营地，所有近距离武器都找到了它们的用武之地。勃朗宁自动步枪被调到自动挡，一扣扳机，便是每分钟550发的高速射击，构成了一道持续不断的火墙。

火墙所过之处，只听到日本兵的尖叫声和呻吟声，突击队员看不到敌人，也没有遭遇任何强有力的抵抗。

战俘营内有一个大型金属棚车库，里面藏着坦克。火箭筒手正将炮管对准车库，忽见一辆长长的卡车从车库里冲了出来，他立即扣动扳机。火箭弹带着弧光飞出，将卡车炸得爆裂开来，车上企图逃跑的日本兵无一幸免。

击毁卡车后，火箭筒的炮口转向车库，几番施射后，车库被火箭弹完全摧毁。透过巨浪般的火焰，突击队看到了两辆坦克的轮廓。

障碍基本清除，从前后方冲进来的两组突击队员一边欢呼着“攻占巴士底狱”，一边冲向战俘营房。

在难以想象的长期折磨下，战俘们的精神已脆弱到不足以应付任何突变。当突击队员用电线切割器剪断铁丝网，招呼他们出来的时候，这些可怜人不但不愿出来，还吓得四处乱跑，就像是“打开厨房灯之后四处逃避的害虫”。

在战俘的眼中，突击队员们也显得相当古怪，陌生的制服，陌生的枪，魁梧的身材，简直如同见到火星人一般。一名战俘甚至用审问的口吻发问：“你们到底是谁？”

“我们是美国士兵，突击队员！”

这名战俘大叫起来：“你们从我这里滚开！什么突击队员？”

突击队员被激怒了：“给我离开这他妈的鬼地方，我们来是救你们出去的。

别问那么多的鬼问题！”

时间一分一秒地过去，路上还有几千名日本兵在等着，没法再耽搁了。劝说无效，突击队只能动粗，一些一时听不明白又不肯离开的战俘被直接推出门去，或者遭到靴子的“款待”。

最让突击队员头疼的战俘不是别人，正是卡巴图安的美军指挥官达克沃斯上校。他的脚跟死死钉在原地，坚决不肯走，也不让突击队员带走其余战俘，理由居然是营救行动没有得到他的批准，万一日本人来了，他们会被全部杀光。

突击队员们哭笑不得。最后，一名队员猛然抓住了这位上校的胳膊：“你不再负责这里了，现在是麦克阿瑟将军负责。我建议你赶紧到大门口，否则当心我一脚踢烂你的屁股！”

★幽灵战士

从最初的紧张中清醒过来后，战俘们才明白他们真的是被解救了，突击队就是他们的救世主。这时，战俘们开始喜极而泣，有人喃喃自语：“我还以为我们被遗忘了。”

突击队员立即安慰他们：“我们不会忘记你们，我们正是为你们而来！”

在卡巴图安集中营里，除了美军战俘外，还关押着许多其他国籍的人，包括英澳荷等国的盟军战俘。此时月亮已经升起，突击队员因此能够看清囚犯们的样子，眼前的情景让他们大为惊骇：被截肢的，患肺结核的，有湿脚气病的，没腿的，没头发或没牙齿的……

一名队员把战俘描述为“一群刚被拔光羽毛的病态老鸟”，几乎每一个战俘都是皮包骨头，体重轻到突击队员可以一次背起两个，“给人的感觉就像背一个

10岁的小孩”。

实际上，这些“老鸟”大多是跟突击队员年龄相仿的小伙子，许多人都曾是巴丹半岛上“好斗的杂种”。是什么样的摧残，才能把昔日勇士折磨成这个样子？

队员们流下了眼泪，他们把愤怒发泄到遗漏在角落里仍想要抵抗或偷袭的日军警卫身上。火箭弹直接把日本兵撕得粉碎，目睹这一场面的队员大呼痛快：“看见这些该死的日本人被炸上了天，真是过瘾！”

突击队和战俘队伍陆续从战俘营门口拥出。在距离营地100码外，一直蹲伏在稻田里进行观察的穆西立起身来，他将带领大家前往预定村庄集结。

此时，营地附近仍有断断续续、稀稀拉拉的枪炮声，但很快，东北方向传来了更大的喧闹声，菲律宾游击队的阻击战打响了。

从“白杨”提供的侦察情报来看，战俘营南面的卡巴图安市驻扎着约7000名日军，乔森游击队的80名战士负责封锁这一面的公路，以阻止赶来增援的日军。

卡巴图安市距离战俘营超过六千米，而且战俘营通往外界的电话线已被剪断，所以卡巴图安市的日军对袭击的事毫不知情。给营救行动带来直接威胁的，是位于战俘营东北方向的卡布河。

在卡布河岸边的竹林里，有一个中队的大约1000名日本兵在宿营，营地距离战俘营不到2000米路程。这个中队的日军属于精锐部队，配备有坦克和装甲车，一旦听到动静，很快就会跨越河上的一座木桥，朝战俘营飞奔而来。

帕胡塔指挥的游击队员。既到灵山，岂可不拜如来？纵横来去的菲律宾游击队让日军很是头疼

帕胡塔指挥的200名游击队员，就在卡布河一侧充当着门神的角色。墨菲打响开火信号后五分钟后，放置于卡布河桥的一发定时炸弹就爆炸了，木桥被炸出一个大坑。这样一来，坦克和装甲车无法通过，但是日本兵仍可以从间隙中穿过。

帕胡塔游击队埋伏于公路两侧，以“V”字形对通过大桥的日本兵进行阻击，河床上响起了震耳欲聋的枪炮声。

以往帕胡塔游击队员都属于“幽灵战士”，打几枪干掉几个日本兵就跑的那种，但其实他们并不是不能打正规战——除了具备较丰富的作战经验外，游击队的武器相当不赖，既有战前就配备的机枪，也有麦克阿瑟送来的新式武器，包括火箭筒。

日军50人一批，连上四批，都在桥上就被游击队给扫倒了。许多死尸从桥上被定时炸弹炸出的弹坑中掉下，跌进河里，其他尸体则乱七八糟地挂在桥下方的支撑木架上。帕胡塔告诉他的战士：“日本人将不停地上来送死，因为他们不知道其他方法。”

一名游击队员刚刚学会使用火箭筒，他把火箭筒扛到肩上，瞄准对岸进行射击，一辆满载日本兵的卡车中弹爆炸。日军从没见过这种武器，全都惊得目瞪口呆。

发现火箭筒竟有如此大的威力，游击队如法炮制，隔着河继续对隐蔽在树丛里的坦克施射，短短几分钟内，日军的几辆坦克就全被炸毁了。

这是三年来帕胡塔游击队打的第一场大仗，他们牢牢控制住了局势，为战俘撤退争取到了宝贵的时间。

★生命行军

晚上8点5分，沐浴在月光中的卡巴图安战俘营仍弥漫着一股浓浓的火药味，普林斯手握加兰德站在大门口，注视着战俘们逐个儿离去。

从大门里出来的战俘越来越少，突击队员向普林斯报告说，他们相信营地已经完全空了。

普林斯掏出自己的点45手枪，重新进入营地。他对每个营房都进行了一遍检查，以确定没有留下一个人。检查完之后，普林斯向营地上空发射了一发红色信号弹，以此告诉所有行动的参与者突袭行动正式结束，必须迅速撤退。

8点40分，普林斯和走在后面的一些战俘到达了预定集结点。

如何把战俘们安全带回，曾经是最让突击队头疼的难题之一。在过去几个月里，日军已将强壮一些的战俘挑选出来运至日本，留在卡巴图安的战俘大多身体孱弱，根本就不能走远路。

办法还是游击队长帕胡塔想到的，他建议用水牛板车载送。

在菲律宾农村，水牛也用来拉水稻，当时水稻正好已经收割完了，水牛板车比较容易征集到。

看到战俘们全部坐上牛车，普林斯朝天空发射了第二发信号弹。这次是通知帕胡塔和乔森，让他们从掩护位置撤退。

归途依旧充满艰险，但每个战俘的脸上都带着幸福之光，因为他们进行的不再是死亡行军，而是生命行军，是“向着生命和自由的征程”。

即将进入美军控制区域的那天早上，平静的天空突然传来阵阵飞机的轰鸣声，四架低空飞行的战斗机排成直线出现在地平线上。突击队员们大吃一惊——排成直线，不是对地扫射的姿势吗？

一名队员立即喊道：“日本人的飞机，隐蔽！”

战俘们迅速从牛车上跳下来，钻入附近的稻田。有人喃喃自语：“噢，上帝，不管怎么说，可别是现在。”

突击队员举枪瞄准，但是他们很快发现，来者是美国陆军的P-51“野马”式战斗机，飞过来的目的不为别的，只是想向巴丹和科雷希多的英雄致敬！

“野马”排成队形，摇摆着表示问候的机翼，一次次从英雄们的头顶掠过，好像在说：“欢迎回来！欢迎回来！”

这一幕深深打动了在场的所有战俘。三年来，没有人不盼望这一幕，而当这一幕真正到来时，几乎有些虚幻的感觉：“这些飞机就像他们在1942年曾经许诺过的那样到达了，但是，哦，我的上帝，他们迟到了！”

前来致敬兼护驾的，不仅有飞机，还有坦克，救护车、卡车、红十字货车也在路上等候多时。战俘们由牛车换乘卡车，一路过去，道路两旁站立的几千名美国士兵争先恐后地向战俘送上糖果和香烟，表达着对归来的英雄们的那份崇敬之情。

被解救的部分盟军战俘。营救行动结束后，穆西、普林斯被授予优异服务十字勋章，所有参加行动的美军军官和部分士兵被授予银星奖章，其余所有参加行动的队员、包括参战的菲律宾游击队全体官兵，均被授予铜星奖章。作为盟军特种部队的一次经典军事行动，卡巴图安营救还被载入军事教材，成为现在美军各部队学习的典范

接着，有战俘看到了坦克车炮塔上的星条旗，这是他沦为阶下囚以来看到的第一面美国国旗。他说，在那一刻，他的心跳停止了。不仅是他，所有卡车里的人都立正站立，流着泪向国旗敬礼：“我们毫无保留地哭泣了，我们没有觉得耻辱。”

过了一段时间，麦克阿瑟亲自对获救的战俘们进行了探望。这是一次相隔三年的歉疚之旅，在他的部属、卡巴图安战俘营的美军指挥官达克沃斯上校面前，从不轻易落泪的老将军哽咽了：“对不起，让你们等太久了。”

在卡巴图安营救行动中，不包括帕胡塔游击队的阻击，仅突击队就在行动

中打死了近千名日军。美方仅有四人死亡，其中两名突击队员死于交火，两名战俘因身体状况严重恶化而未能支撑到最后。

这是一次具有史诗意义的大营救，其策划之精细、动作之干练、结果之有效，称得上是美军同类行动中的顶尖之作。麦克阿瑟称赞道："没有哪次行动像这次一样给过我如此多的满意。"

此时，麦克阿瑟和艾克尔伯格已经遇上了麻烦，本来他们以为马尼拉既不设防，自然轻易可下，谁知城里仍然全是不肯买账的日军。

山下率部一走，海军少将岩渊三次就带着17000名海军陆战队官兵和海军人员重新占领了马尼拉。所谓庙小衙门大，权高级别低。岩渊名义上属山下指挥，却根本不听山下的，也拒不执行后者的不设防命令。他强令4000名陆军治安部队归其指挥，叫嚷着要依城死守，为此不惜让有"东方的珍珠橄榄"之称的马尼拉化为一片废墟。

第11空降师很快在马尼拉南部郊区受阻，美军付出了不小的伤亡代价，依然进展缓慢。

艾克尔伯格似乎注定就是啃骨头的命，麦克阿瑟要让他轻轻松松取得全功的初衷泡汤了。这倒也罢了，重要的是马尼拉还关押着许多美军战俘以及当年没来得及逃离菲律宾的平民百姓，其中包括许多妇女儿童。最新情报表明，他们的处境十分危险，负责看守的日本兵变本加厉地实施虐待，许多人在黎明即将到来的时刻失去了生命。

卡巴图安大营救的成功，让心急如焚的麦克阿瑟大受鼓舞和启发，他把主意打在了刚刚登陆仁牙因，自北面朝马尼拉压过来的骑一师身上。

骑一师离马尼拉还有110千米，但该师师长马奇少将从麦克阿瑟那里得到的指示是："到马尼拉去！绕过日本佬，打退日本佬，但是要到达马尼拉！"

马奇挑选出数百名干练官兵，组成"快速突击部队"。他们全部乘坐坦克和机动车辆，准备从宽广的中央平原上直冲过去，在最短的时间内到达马尼拉，解救战俘的同时，设法阻止日军破坏这座城市。

有坦克代步，速度不是问题，但为了保证速度，快速部队势必无法顾及侧翼的安全，要是山区的日军突然杀过来怎么办？马奇也不知道侧翼山区的日军到底有多少，会对快速部队构成多大威胁。

这是一道曾经困住克鲁格的难题。马奇的幸运之处在于，美国海军陆战航空队已大批来援，这使他拥有了一个全新的解决方案。

★眼见为实

早在莱特战役时，陆战航空队就对地面部队实施了“接近支援”，但这还只算是小试牛刀，航空队承担的任务多是一些例行的战斗机任务，比如保护己方的运输舰队，攻击日军舰船，进行空中巡逻等。

吕宋战役开始不久，两个航空大队集结于仁牙因附近的达古潘机场，合称“达古潘大队”。“达古潘大队”拥有七个中队的俯冲轰炸机，皆为SBD“无畏”式，这使他们终于获得了大显身手的机会。

在马奇的快速部队出发后的四天里，九架“无畏”式一直在行进纵队的前方和侧翼进行巡逻。“无畏”式配备有对空联络人员，这些联络人员乘坐在装有无线电的吉普车里，随同快速部队一道前进，并同飞机随时保持着联系。一方面，地面部队指挥官可以通过联络人员的报告，提前获知前进路上的一切突发情况；另一方面，只要地面部队遭遇抵抗，便可立即呼叫飞机采取行动。

陆军本身也有航空队，但过去地空协同的效率并不高，原因是前方部队发现情况，提出空中支援的需求后，还必须经过陆军指挥系统的层层认可。这是一个非常复杂的过程，结果往往错失良机。现在马奇按照陆战航空队的要求，给予管理无线电吉普车的军官自主权，这名军官可以不上报就通知飞机攻击任何目标，以确保地面部队的前进不受阻碍。

看似又小又老的“无畏”式在陆战航空队的调理下，发挥出惊人的潜力，它们的无情轰炸和扫射，使沿路企图阻挡或袭击的日军望风而逃。地面人马根本不用担心侧翼发生什么变故，只管心无旁骛地向南猛冲即可。

骑一师师长马奇将陆战航空队视为陆军最好的朋友，对其赞不绝口：“我可以毫无保留地说，在这次战争中，陆战队的俯冲轰炸机队是我所见过的最具有弹性的部队，他们可以尝试各种不同的战法，而且通常都是有效的。对于这些俯冲轰炸机的驾驶员和射手，我真不知道应该用怎样的语言来表扬他们。”

由于原先效果不佳，另一个师的师长并不看好地空协同，觉得马奇对陆战航空队有些过誉。在他看来，飞机能把炸弹投在前线1000码以内的地方就要谢天谢地了。

耳听为虚，眼见为实。马奇就把他带到一线去参观，当他们到达一线时，正好前线部队被150码以外的一个日军阵地给卡住了。按照陆军一般的做法，这时就必须等炮兵将日军阵地击毁后才能恢复进攻。且不说得耗费很多时间，就算炮兵上来了也会面临困难——日军阵地位于山脊反斜面，地面炮火很难打到。

一辆无线电吉普车随即出现在前方位置，它用布板向飞机指示目标，并且用无线电把目标的具体情形向飞机进行说明。为了准确起见，联络人员还向目标位置的上方发射了一发做记号用的白磷弹。

轰炸机中队马上行动起来。中队长在不投弹的情况下，先驾机对准目标飞一遍，等到位置确认，才投下第一发炸弹。紧接着，整个中队的轰炸机鱼贯而进，照葫芦画瓢，纷纷把炸弹投在既定目标上。其间，飞机投弹的最大误差不超过30码。

日军阵地顷刻被毁，趴在地上的陆军士兵闻讯站起，继续大踏步前进。前来参观的那名师长目瞪口呆，对马奇说的第一句话，就是希望自己的步兵师也能够马上获得同样的空中支援。

飞机的有效掩护，使得快速部队的穿插速度达到了每小时48千米。2月3日，晚上7点，他们越过马尼拉市界，成为盟军进入马尼拉的第一支部队。

在菲律宾游击队的配合下，快速部队穿过大街，冲散了三五成群的日军散兵，到达被当成监狱的圣托马斯大学。一辆绰号为“战斗基础”的坦克撞破前门，快速部队由此进入，将关押在校园里的5000名美军战俘和美国平民俘虏全部予以解救。

第二天，37师的先头部队冲进老比利比德监狱，又救出1500名战俘，其中有800人都是在巴丹半岛上被俘的，这些战俘都经历过恐怖的“巴丹死亡行军”。在以后漫长的三年时间里，日本人也只给他们提供少得可怜的粮食定量，里面全是蛀虫和鸟粪。当被解救出来时，每一个战俘都已经骨瘦如柴，身上破烂不堪，脚上的鞋也早已磨成了碎片。

但他们仍然是战士。当麦克阿瑟前来看望时，这些被折磨得憔悴不堪的战俘无一例外地都站到自己的铺位前，以立正的姿势迎接着他们的老长官。

一个战俘以低沉的声音对麦克阿瑟说：“您回来了，上帝保佑您！”在那个时候，麦克阿瑟甚至感到了一丝羞愧，他立即答道：“我来迟了，但是，我们到底还是回来了。”

★王者归来

到此为止，除突进市内的快速部队，美军三个师的大部队已从外部将马尼拉紧紧包围，其中骑一师、第37师像一把抡起来的铁锤，从北面狠砸下来，第11空降师固守南面，仿佛是坚固的铁砧，使得日军无法寻机退入南面山区。

快速突进的打法，是遇饭吃饭、遇粥喝粥，只要能够快速插过去，其他均退到其次。城市攻坚战就不同了，这里的日军全都据守在一幢幢大厦里，很难把他们赶出来。同时出于保护菲律宾平民的考虑，麦克阿瑟禁止使用飞机轰炸日军的据点或进行空中支援，甚至重炮也被要求尽量少用，这无疑又加大了攻坚的难度。

美军不得不一幢楼一幢楼地进行攻击和搜索，每前进一步都要付出惨重代价。2月7日，第37师终于在坚硬的外壳上敲开缺口，突入马尼拉市区，得以与前几天营救战俘的先头部队会合。麦克阿瑟不顾幕僚们的劝阻，搭乘第37师的一辆坦克跟了进来，并发表公报，宣布："美军已突入马尼拉的城区，马尼拉的秩序将会很快得到恢复！"

然而，战斗并没有像麦克阿瑟说的那样在短时间内结束，非但如此，还越来越难打了。2月12日，马尼拉的两万日军收缩至南部滨海地区。这里有古老的旧城墙，城墙用厚厚的石头垒起，非常坚固。美军冲不进去，只得用重炮和迫击炮连续轰击，城区被炸成一片火海。

当肃清马尼拉残敌的扫尾战斗还在继续时，麦克阿瑟已经把注意力集中在了巴丹半岛和科雷希多岛上。

科雷希多岛扼守着马尼拉湾，不夺回该岛，美军就无法安全地使用马尼拉湾以及港口设施。除此之外，对麦克阿瑟来说，巴丹和科雷希多还具有深刻的象征意义，哪怕迟一天收回，心里都会堵得难受。

第37师的两名士兵在马尼拉街头。照片上的铁丝网和士兵凝重的神情，都显示着市内作战的艰险

吕宋岛上的日军与外界的通信联系早已中断，这使得美军在情报收集方面变得较为困难。当时认为日军在巴丹建立了坚固阵地，并有6000～8000人驻守，就像当初美军守巴丹一样，所以麦克阿瑟判断那里将有一场恶战。实际上，巴丹半岛上只有少数日军，抵抗力也微乎其微。

眼见收复巴丹胜利在望，麦克阿瑟抑制不住喜悦之情。2月16日，在几名参谋的陪同下，他决定亲自到前线视察。

一行人乘两辆吉普车，沿海岸公路行进。麦克阿瑟不断地催促驾驶员："向南，向南！"

驾驶员一直开一直开，结果开到了超出战线8000米的地方，到了日军的范围内。如果不是一座桥挡住去路，车可能还会开得更远。

一批美军的P-38"闪电"式战斗机打这里经过，还以为他们是日本人，便准备进行扫射。幸亏飞行员还不算鲁莽，扫射前用无线电与地面人员核对了一下。地面人员知道麦克阿瑟可能在这条路上的某个地方，马上通知飞机不要随便攻击，这才把麦克阿瑟从自家飞行员的枪口下给救了出来。

麦克阿瑟到前线，不光是为了亲眼见证巴丹的最后收复，他还有意观看正在科雷希多岛实施的空降行动。

就在这一天，第503空降团的约1000名士兵在科雷希多最高处的阅兵场和高尔夫球场实施了空降。

根据掌握的情报，科雷希多只有约900名日军，加上又经过了反复轰炸，麦克阿瑟判断夺取科雷希多相对会比较容易，用一个空降团"黑虎掏心"，便可一举奠定胜局。等到空降团落到地面上，他们才发现岛上的日军超过了5000人，跟巴丹的情况正好相反。

日军对空降行动措手不及，这让空降团讨了一个便宜。不过，日本人接着就清醒过来，并展开反扑。空降团寡不敌众，伤亡达到了四分之一。

情况变得复杂了。同一天，美军通过两栖登陆和持续空降，使科雷希多岛上的美军增加到3000人，然而仍无法一锤定音。

2月21日，美军拿下了整个巴丹半岛，而科雷希多岛上的战斗似乎才刚刚开始。5000名日军，如果阵地对阵地，面对面地打，并不难解决，但他们并不是协调有序的部队，组织相当混乱和分散，而这种状态的日军往往最难对付，有许多人甚至不惜炸毁坑道和山头，和美军同归于尽。

2月26日，科雷希多岛上枪声渐息。这场战斗充分显示出东西方两支军队的不同。在极端的武士道精神教育和宣传下，日本士兵通常都会认为，在战场上即便自杀也不应投降成为战俘，当了战俘不仅同样可能会被对方处死，而且意味着失去尊严。当听说一些被俘的美国兵要求通过国际红十字会通知其家人时，他们对此感到非常纳闷和诧异：这些卑劣的美国人怎么会厚着脸皮举起双手投降，还要让他们的父母也为他们感到羞愧呢？

三年前，驻岛的美军只抵抗了12个小时，指挥官温赖特在发现抵抗变得毫无意义后便决定投降。三年后，明知必亡的日军硬是与占绝对优势的美军打了整整11天，除21人逃跑外，其余全部被打死。实际上从结果来说，11天跟11个小时相比，并没有什么本质不同。

麦克阿瑟乘坐鱼雷艇象征性地回到了科雷希多。这是一个非常具有戏剧性和传奇性的时刻。当初他在一个阴沉的夜晚离开，现在则在明媚的阳光

第503空降团空降科雷希多。伞兵部队以空降到战场为主要作战方式，特点是装备轻型、机动性高、兵员精锐

中实现了王者归来。

路还是离开时的原路，麦克阿瑟对部属们说："诸位，回来的路程真是漫长。"登岛后，他下令前敌指挥官在日军阵地的废墟上升起美国国旗："让你的部队把军旗升到顶，再也不要让敌人把它拉下来！"

2月27日，经过长达三个多星期的鏖战，马尼拉之战终于宣告结束。后来打扫战场时发现，有近17000名日军被击毙，约3000人得以逃脱。美军的损失也不小，仅在市内的战斗中就伤亡了6575人，其中战死1010人。当然损失最惨重的还是市内的菲律宾平民，在日军实施的疯狂大屠杀中，被屠杀的平民超过了10万人。

当麦克阿瑟踏上刚刚被美军收复的马尼拉大街时，市内已经满目疮痍，连空气中都充满着尸体的恶臭。曾经高大而庄严的树木只剩下断枝残叶，昔日闻名的大厦更是仅留下躯壳，那些熟悉的界标和城市标志全都无影无踪。

三年前，美军从马尼拉撤出时，为保护这座美丽的远东都市，麦克阿瑟按照战争惯例，宣布马尼拉不设防。此次日军虽然也表面宣布不设防，事实上蛮横无理地进行了破坏和屠杀，这被认为是日本最大的战时罪行之一。麦克阿瑟对此义愤填膺，他说："这一片灰烬，已经决定了肆无忌惮的敌人将遭到同样的下场。"

★飞行炮兵

山下虽听不到麦克阿瑟的话，然而他能切实感受到对方给予的压力。

美军已对日军司令部所在地碧瑶实施了三次大空袭。碧瑶是一座被松林覆盖的城市，号称"松之都"，经过反复轰炸，松树和街中心几乎都被炸烂了。山下觉得司令部不保险，就把自己的住所移至山腰防空洞，并亲自指挥对防空洞的伪装和警戒。

有一天早上，天还没亮，山下在防空洞的入口处发现有人经过。他首先想到的不是问声“早上好”，而是担心自己的防空洞会不会因此引起美机的注意，立即怒骂道：“在那里走的是谁？浑蛋！”

被骂的人是代替回国的西村敏雄接任参谋副长的宇都宫直贤少将，旁边还跟着他的一名副官。宇都宫起初还以为山下没看清楚，把自己当成了普通军官或士兵，但山下显然早就认出了他：“在防空洞附近转来转去，会被敌机发现的！像你这样地位的人，不该起到模范作用吗？”

宇都宫是从宿舍前往司令部上班的。他还特地选了天没亮的时候，因为一般来说，美机来袭最早也要从早上8点开始，而现在才5点！

当着副官的面，宇都宫脸上红一阵白一阵，只得说了声：“实在对不起。”可山下仍是一副气势汹汹的模样。宇都宫赶紧带着副官，弯着腰从路旁的篱笆边上绕过去了。

经过这件事，宇都宫心里没想法是不可能的。他认为山下有失大将的器量，也未免太过小心了一点儿。

这种小心也许是必要的。在那段时间里，美机每天在空中进行搜索，竭力寻找山下的藏身之所，然而始终没有发现他躲在哪里。

除加大空袭频率外，从3月份起，已完成攻占马尼拉任务的第37师重新加入克鲁格的“白杨树部队”，九个师的美军向山区敌人发起了一浪高过一浪的猛攻。

曾在突击马尼拉中建立奇功的“无畏”式机群也再次担任起开路角色，用轰炸和扫射，使地面部队安然迅速地通过了山区的各种隘路。日军拥有高射炮，但他们敢打美国陆军的飞机，却不敢碰“无畏”式，因为他们知道这种小型俯冲轰炸机太厉害了，只要一开炮，就无异于暴露了自己的位置，结果必然是被跟踪而至的机群消灭——“达古潘大队”在这方面不遗余力，有时一次攻击会使用100架以上的飞机，可以想象日军高炮阵地将会被炸成什么倒霉样。

“无畏”式逐渐获得了“飞行炮兵”的美名，陆战航空队的地空协同战术也得到了更为广泛的认可。陆军航空队现学现卖，从而使这一战术成为美军地面进攻的一种标准模式。

日本人可能缺乏大智慧，但不乏小聪明和小狡猾。作为对策，他们想出了鱼目混珠的办法，开始故意摆出假的布板，并且偷偷使用美军的无线电频率，从中发出错误指示和命令。他们甚至还向美军阵地发射白磷弹，为的是让天空中的美机认友为敌。

小伎俩就算能偶尔得逞，也只能使上一两回，多了便非常容易被拆穿。根据日本人以往的战术理念，山区的地形条件应该最适合防守，但飞机、大炮、坦克乃至推土机改变了这一切，顶着缺水、炎热等困难，美军“一英寸一英寸”地向前顽强推进。

4月16日夜，山下让宇都宫负责留守，他和武藤乘汽车率先逃离碧瑶。这时，无论山下还是武藤都没有什么事可做了，每天就只能听听报告，报告的内容大致相同，不是桥梁被雨水冲走，就是一个个阵地被美军攻陷。

4月25日，美军坦克开入碧瑶市内，宇都宫也只得仓皇逃往后方。

在后面紧紧追赶的不光有美军，还有美式装备的菲律宾游击队，别瞧他们是游击队，但兵强马壮，武器弹药比日军还充足。宇都宫一

美军攻击日军在碧瑶的据点。躲在山里的山下已经很难翻起什么大浪来了，就算有心，也是无力

行有次迷了路，返身时路过一个游击队根据地，只见装粮食和弹药的箱子在露天摆放得到处都是。已经饿昏头的士兵提出来，不如拼一下，夺几个箱子过来。

宇都宫一瞧，对方至少有2000人，他这边通信兵、宪兵加一块儿不过250人，而且步枪子弹平均不过10发，一旦打起来，都不够给人家当点心的。

最后这帮人还是屏住呼吸，偷偷从根据地旁边溜了过去。

★君命有所不受

5月23日，美军第25师突破了卡加延河谷的入口。卡加延河谷是山下的后方据点，为了阻遏美军的攻势，山下、武藤调集各师团，准备发起山地伏击战。

卡加延河谷被称为吕宋岛粮仓，山下选择进入山区作战，很大程度上也正是看中了这里的粮食保障。可是实际情况大大出乎他的意料，日军进入河谷地区才发现，这里的水田在两三年前就已处于荒芜状态，得用好几年时间进行垦殖整理，才能有所收获。

别说几年，麦克阿瑟连几个月的时间都不会再给他们。日军各部队迫不得已，只好在阵地附近临时种一些甘薯果腹。甘薯这东西能有什么营养？很多士兵饿得都走不动道儿，纵然接到调动命令也无法按时走到预设阵地。

这是接到命令的，还有更多没接到命令的。进入河谷的日军普遍缺乏通信器材，报务员、译电员也死伤惨重，一些日军部队早已处于不通信息的离散状态。

所谓的山地伏击战还没组织起来，阵形就被冲到七零八落，山下及其所部只好继续逃向卡加延河谷深处。麦克阿瑟发表声明，宣布北部吕宋战役的主要部分已经结束。

为避免伤亡，从这时候起，美军采取了进击与持久包围相结合的战法，这使

第25师穿过卡加延河谷。中间是一个死去的日本军人，从他所穿衣着上可以看出日军生活状况之惨

战线出现了暂时的对峙状态。两军隔河相望，从早上到下午，乒乒乓乓互相射一阵，到了傍晚就自动停止射击，各自到河里去打水取用。

这时最困扰山下部队的不是美军，而是粮食，甚至连山下本人都很少能吃到米了，原本胖乎乎的肚子明显瘪了下去。他不得不一次次在自己的皮带上打上新的扣眼，并且故作幽默地对自己的副官说："家里人知道了，会高兴的吧，因为曾经说过，再稍微潇洒一点儿才好！"

假装出来的"潇洒"并不能帮助日军摆脱困境。一天天消耗下去，各部队坐吃山空，粮食仅能勉强支撑到8月底，以后就连甘薯都毫无指望了。这使山下部队实际丧失了大部分战斗力，与其说他们是在与美军作战，倒不如说是在与饥饿作战更恰当。

同一时期，麦克阿瑟正在寻求解放菲律宾南部诸岛。按照参谋长联席会议的原意，这些作战行动应该交予菲律宾游击队完成。但前面一系列战斗打下来，麦克阿瑟认识到，单靠游击队恐怕难以完成这一使命，而他对"拯救"整个菲律宾群岛具有不可推卸的"责任和义务"。

将在外，君命有所不受。在未获得联席会议正式批准的情况下，麦克阿瑟从克鲁格的"白杨树部队"中抽出两个师给第八集团军，授权艾克尔伯格发起"胜利战役"。

有人天生就适合啃骨头，而不是取巧。艾克尔伯格就是这样的战将，他总共实施了52次登陆作战，逐个儿拿下了包括宿务、棉兰老岛等诸多岛屿。这些岛屿中，美军最后一个占领的是棉兰老岛，它是麦克阿瑟在解放菲律宾中曾经考虑的第一个进攻目标，如今却阴错阳差地跑到了末尾。

麦克阿瑟对艾克尔伯格的指挥非常满意。6月3日，在艾克尔伯格等人的陪同下，麦克阿瑟登上"博伊西"号巡洋舰，从马尼拉出发，沿着当年他逃出科雷希多时的路线，对已接近尾声的胜利战役进行了战场巡视。

在巡视的过程中，他们曾乘着吉普车，冒雨在泥泞的路上走了八个小时，行程达到190千米。强烈的颠簸使得艾克尔伯格的牙齿像竹板一样咯咯作响，全身各个关节都疼痛欲裂，但比他大整整六岁的麦克阿瑟仍精神抖擞，身体没有感到任何不适。

★越玩越上瘾

继"胜利战役"之后，意犹未尽的麦克阿瑟又把目光瞄向了更远的南方，决定向曾被他用"蛙跳"方式甩到背后的婆罗洲等地发动进攻，这就是"双簧管"战役。按照麦克阿瑟的说法，"双簧管"战役是为了彻底切断日本的石油和原料供应，实际上早在1945年春天，美国潜艇和空军部队就已经完成了此项任务。一些人认为，麦克阿瑟不过是打得手痒，闲不住，还想继续打下去。

你这里倒是越玩越上瘾，可旁边还有没轮到上场的呢。麦克阿瑟的"双簧管"计划一公布，澳大利亚人就急了起来。当初新几内亚战役打得那么苦，澳军没少流血牺牲，现在美军在菲律宾不断攻城略地，澳军却一直被留在新几内亚，干着清剿日军残兵的杂差，这不是卸磨杀驴吗？是不是觉得别人家的骨肉，总是煨不热?

麦克阿瑟本想让艾克尔伯格继续负责“双簧管”战役，但来自澳洲的批评声让他不得不重新考虑，于是默斯黑德中将指挥的澳大利亚第一军团被替换上阵。

澳大利亚军队在婆罗洲登陆。心肝都不能托着五脏，拥有共同利益的盟军之间也不免有纷争，不过要是不这么争一下，澳军也不可能从麦克阿瑟手里得到表现的机会

6月10日，麦克阿瑟和肯尼站在“博伊西”号的舰桥上，观看了澳军在婆罗洲文莱湾登陆的过程。

澳军成功登陆两小时后，麦克阿瑟与肯尼等人登岸。当时附近仍响着一片日军的步机枪声。肯尼感到很紧张，然而麦克阿瑟还是和以前登岸时一样，表情轻松自如，显得非常开心。他一边不断地向前走，一边与路边的美军巡逻兵交谈，问他们在朝什么方向射击。

过了一会儿，站在麦克阿瑟身边的一位摄影记者被日军狙击手击中了肩部。看到这一情况，肯尼实在忍不住了，硬是拉着麦克阿瑟回到了“博伊西”号上。

麦克阿瑟哪儿是耐得住寂寞的人，第二天他又上岸了。穿过一块沼泽地后，一行人爬上了一辆吉普车，继续向丛林深处进发。

行不多远，他们被一个澳大利亚上校给拦住了，表示这里已进入了最前沿，十分危险，不能再往前去了。麦克阿瑟用手一指，说他已经看到了，前面至少500码外的地方全是澳军，哪儿是什么最前沿。

麦克阿瑟是五星上将，那位上校不问都知道眼前的人是什么级别，但他并没有被吓住：“将军，那不过是一支前进巡逻队。现在我们所处的地方正在敌人的火力范围内！”

麦克阿瑟甩开上校，自顾自地走了过去，一边走还一边说：“如果你看不见他们（指日军），你就不能打击他们。”

上校不由得咧嘴笑了起来：“我这还是生平头一回看到一位总司令当尖兵。”

在肯尼等人眼中，麦克阿瑟确实是在“寻找更多的麻烦”，一个总司令哪儿用得着跑到这么远的地方来？

文莱的战斗很快就结束了，麦克阿瑟又跟随澳军向巴厘巴板进发。

盟国海军在巴厘巴板附近曾遭受到最惨重的损失和失败。麦克阿瑟在舰上就告诉默斯黑德：“今天我们可以把三年半以前的旧账清算一下了。”

7月1日，澳军在巴厘巴板登陆。日军在这座石油储量丰富的港城建立了非常难以对付的海岸防御工事。为摧毁这些工事，第七舰队发射了38000发炮弹和7300枚火箭。

进攻军队在登上海滩时没有遭到什么抵抗，人员也无一伤亡，但在内陆，他们遇到了顽强的抗击。随同大部队登岸的麦克阿瑟选择了一座小山丘作为观察阵地。小山丘的周围全是澳军士兵，他们趴在散兵坑里朝日军射击，而日军阵地距此只有200码，显然这回老麦在不知不觉中又充当了一回尖兵。

打着打着，日军一挺机枪扫了过来。周围的人全部卧倒，只有麦克阿瑟仍站在原处，身体挺得笔直，手里

煽情但绝不矫情，豪迈但绝不粗俗，亲民但绝不做作。这是麦克阿瑟受到士兵热烈追捧和爱戴的重要原因

还拿着一张地图。

一个士兵急忙大喊："卧倒，快卧倒，将军！"麦克阿瑟就像没听到一样，仍然一动不动地凝视着前方，给人的印象，好像日本造的子弹没有一发能把他打倒一样。

这次经历真的把大家都给骇住了。麦克阿瑟回到马尼拉的时候，谁都不同意他再上前线。一家报纸还直接对他发出劝告："您真以为危险是那么甜滋滋的吗？是她的脸蛋白皙，使您沉迷不能自拔吗？下次碰到这种情况，卧倒，将军，卧倒！"

7月4日，麦克阿瑟正式宣布菲律宾战役结束，被零散分割于北吕宋山区的山下部队只有出气，没有进气，要解决它，也不过是一刀了断的事。至7月底，澳军夺取了婆罗洲的所有目标，"双簧管"战役完成得像"胜利战役"一样漂亮。

三年来，在麦克阿瑟主持的西南太平洋战场上，共有八个集团规模的日本陆军被击溃或丧失战斗力，即便是那些没有被完全消灭的部队，也被孤立地分隔在太平洋的各个小岛上，他们对盟军进军日本已构不成任何实质性威胁。

第四章
谁也活不成

在莱特战役中，参与作战的海军陆战单位不仅有陆战航空队，还有第五两栖军的两个榴弹炮营，他们曾与陆军的重炮营集中在一起，对步兵实施过火力支援。

据说有一次，麦克阿瑟视察这两个榴弹炮营时，发现一门榴弹炮上被人用粉笔写下了标语："凭着上帝和少数陆战队的帮助，麦克阿瑟已经收复了菲律宾。"

这是典型的陆战队风格，如果你不了解和熟悉陆战队，会觉得这群人该有多么自大：收复菲律宾主要是陆军的功劳，你们不过是起辅助作用，难道就可以喧宾夺主了？

所幸麦克阿瑟并不计较细节，他在意的只是他老麦的大名有没有被忽略。看到标语后，他先是感到惊异，接着便笑逐颜开，看上去非常高兴。

在莱特战役临近结束时，榴弹炮营正式归还了建制，这一次，他们将参与进攻硫黄岛。

硫黄岛是美军即将踏上的第一片日本国土。这是一座火山熔岩冷却后形成的火山岛，岛上覆盖着一层火山喷发造成的硫黄，因而整个岛屿终年弥漫着蒸汽和硫黄味，显得生气勃勃。

硫黄岛最长处8千米，最宽处4千米，总面积20平方千米。从空中望去，它就像一块肥猪排，是一个标准的弹丸之地。即便就军事战略角度而言，硫黄岛也构不成马里亚纳群岛那样的"防波堤"作用，与冲绳"日本本土大门"的地位更是相去甚远。照理，美军完全可以用"蛙跳"战术将其置于一边，只用海空军封锁监视，任其自生自灭。类似的例子，在太平洋战争的中后期比比皆是。

之所以不能跳过硫黄岛，是为了给空袭日本打开方便之门。

★成本与收益

至麦克阿瑟发起吕宋战役时，美军以马里亚纳群岛为基地，已对日本实施了六次空袭。尽管美国国内媒体对空袭行动进行了大量宣传，但实际上并没有取得什么像样的轰炸成果。

美国陆军航空兵总司令阿诺德上将对此很不满意，特把李梅少将从欧洲调来进行指导。

李梅时年只有38岁，是当时美国空军最年轻的将领。他说话不像一般军人那样粗着嗓子，扯着喉咙，而是很轻很柔，隔得稍远就听不到他的声音，实际上他非常勇猛，曾多次在欧洲战场执行危险的轰炸任务。

与很多空军将领不同，出身于工人家庭的李梅并没有在军校就读过，他硬是凭借出色的战绩，从一名普通的B－17轰炸机飞行员一步步晋升成为将军。正是因为自己有这样一路搏命打拼的经历，他对部下的要求也非常严厉。一名飞行员用略带夸张的口气评价道：“李梅将军接管空军后，就是要让我们全部送死！”

李梅注重发挥空军部队的勇敢精神，不过他经过认真考察后发现，空袭不成功，并不是B－29的飞行员不敢出击或是水平不行，而是确实存在着一些客观原因。

首先引起李梅关注的就是硫黄岛。硫黄岛几乎处于东京和塞班岛的正中间，一旦B－29靠近硫黄岛，岛上的雷达就可以提前两个小时向日本本土发出预警。接着，当身形巨大的B-29机群飞越硫黄岛上空时，岛上小而灵活的日军战斗机就会蜂拥而上，打乱轰炸机的队形。甚至当受伤的B-29返回基地时，还会再次遭到硫黄岛日机的拦截，很多飞行员和机组成员就是在这样的战斗中葬身大海的。

李梅向阿诺德报告，硫黄岛已对飞行员构成严重威胁，影响了美军对日本本土的攻击，必须把它拿下。在阿诺德的提议下，美军参谋长联席会议正式责成尼米兹组织硫黄岛战役。尼米兹对此非常重视，他在珍珠港的办公室里有一张地图，尼米兹在地图上划出了一个射向日本心脏的箭头，而硫黄岛就处在这个箭头经过的线路上。

为了便于就近指挥，尼米兹特地将指挥部从珍珠港移至关岛，并组织人员先后对硫黄岛进行了371架次的空中侦察。

自1945年初起，按照既定的轮换制度，斯普鲁恩斯接替哈尔西担任海上作战的战役总指挥，第三舰队也重新改名为第五舰队。斯普鲁恩斯最初对进攻硫黄岛持积极态度，因为他和尼米兹一开始都认为，攻占这么一座小岛不会有什么特殊困难。直到看过航空照片以及根据照片制作的泡沫乳胶模型后，他们才感到哪里不对劲。

照片和模型显示，硫黄岛上遍布碉堡、炮位和地堡。在三个飞机场周围，有着许多紧密联系的战壕和防守据点。

按照过去的经验，如果地面就搞得这么复杂，地下一定还有大规模的战壕和隧道网。斯普鲁恩斯估计，这些战壕和隧道网应该就埋在一座名叫折钵山的死火山下。

折钵山位于硫黄岛的南端，是该岛制高点，虽然它仅仅只有170米高，但因为耸立于海上的缘故，很有些威武的架势。山上重炮和迫击炮阵地密集，仅腹部山脊就有200多个炮位和21个碉堡，从而对南部海滩构成了严密的火力控制。

硫黄岛北部宽，南部窄，北部属于高地，海滩上岩石纵横，无法通行，只有南部靠近折钵山的宽阔地带才适合两栖登陆。这就意味着，美军登陆时将遭到炮火的无情阻击。

长期指挥两栖登陆战的美军高级指挥官，左一是斯普鲁恩斯，左二是霍兰·史密斯。他们不同的性格作风，从神情动作中就可以看得出来

硫黄岛有高人啊，美军要突破如此不同寻常的防御系统，势必要付出很高的代价。

斯普鲁恩斯的两栖作战班子还是和以前一样，由特纳和霍兰·史密斯这一对老搭档组成。史密斯在仔细研究航空照片之后，立即断言这是“我们必须占领得最费力的地方”，并且具体化了美军为此可能要付出的伤亡代价：两万！

在任何一个美军高级指挥官的算盘上，别说两万，两千就够他心惊肉跳的了。何况是斯普鲁恩斯，他向来都非常重视战场经济学中的“成本与收益”：为了一座弹丸小岛，流这么多子弟兵的鲜血，真的值得吗？

当李梅前来协商如何用他的航空兵支援登陆作战时，斯普鲁恩斯很慎重地提出了这个问题。李梅也很干脆地下了结论：“没有硫黄岛，我不能有效地轰炸日本！”

与原先的成都基地相比，以塞班机场为主的马里亚纳航空基地更为方便，但距离日本本土仍然很远。将近1500海里的距离，使得飞机的载重量受到很大限制，除去必需的燃料重量外，每架飞机能携带的炸弹由10吨减至3吨，连

B－29最大载弹量的三分之一都不到，这让飞行员轰炸时颇有心有余而力不足的感觉。

与此同时，因为距离远，战斗机无法进行全程护航，B－29飞机必须在8000到9000米的高度飞行，既费油，又难以实施准确轰炸。此外，B－29在来去的路上还经常遭到日机的拦截，飞行员怕这怕那，自然对轰炸行动也有一定的影响。

如果美军能够占领硫黄岛，一切问题都将迎刃而解：硫黄岛会成为美军实施远程轰炸的理想中继基地。经过硫黄岛的中转，B－29航程可减少一半，载弹量则增加一倍，从硫黄岛起飞的美军战斗机能够为B－29提供全程护航。更重要的是，硫黄岛可以作为B－29的备降机场，供空袭中受伤的B－29紧急降落或加油，称得上是B－29一艘不沉的航母。

李梅的话让斯普鲁恩斯尽释前疑，他长舒了一口气："这解除了我的一个思想负担。"

成本很高，但是收益也相当可观，这笔买卖还是划得来的。斯普鲁恩斯最终下定决心，即便付出巨大代价，也要攻取硫黄岛。

★不寻常的对手

从硫黄岛的防御构建上，美军将领们都已经预计到，在这座到处散发着硫黄气味的小岛上，一定会有一位不寻常的对手在等着他们。

没错，这个人就是到岛上才半年多时间的栗林忠道中将。

栗林外表短小精悍，出身于武士家庭，到他已经是第六代了。在军校学习时，栗林就是一个优异生，从日本陆军大学毕业时以第二名的成绩获颁天皇御赐军刀，乃所谓的"军刀组"成员。同期生中，他第一个晋升少将，称得上是仕途坦荡，但因为主要担任骑兵部队指挥官或幕僚长，知名度并不太高。

栗林被派到硫黄岛属于临时救急。在包括硫黄岛在内的火山列岛中，只有硫黄岛适合建造机场，但日本除了在该岛建立电台和气象站外，对它并不是很重视。

马里亚纳战役一打响，就把日本政府吓了一跳，当时的东条内阁这才着急忙慌地对硫黄岛的防守进行部署。在这种情况下，栗林被从中国东北调到硫黄岛，负责岛上的防御。

栗林忠道。栗林的经历和山本五十六存在某种相似之处，他曾在美国四处周游，对美国国力有较深认识，因此极力反对日本对美国开战。但在太平洋战争中，他打美军又打得最狠，被美国军史作家评价为“难得的敌方名将”

栗林曾出任日本驻美国大使馆武官助理、驻加拿大大使馆代理武官，对美国军事也有一定研究，在日本陆军将领中比较少见。硫黄岛与东京近在咫尺，日本政府对硫黄岛的得失自然也十分在意。被美军攻势搞得焦头烂额的东条把守岛的希望全都寄托在了栗林身上：“军部和国家就靠你去守卫这个重要岛屿了。”

栗林登岛后两个星期，就有51架美军舰载机飞来。它们击落了66架起飞迎击的日机，然后对硫黄岛进行了轰炸。

美军的意图是要毁灭岛上的航空力量，目的虽未达到，但是栗林已经清楚地意识到，这是硫黄岛面临进攻的前奏，早早晚晚，那些美国大兵一定会跟着登陆的。

栗林的正式职务是第109师团师团长。第109师团是一个临时拼凑的番号，一共才5000多人，另外海军守备队还有6000人。靠这么一点人手能否守住硫黄岛，栗林的心里着实有些发虚，不过在下属面前又不得不硬着头皮装自信。

海军工兵专家堀江义孝少佐到任，栗林请他喝酒。酒过三巡，栗林对堀江说出了自己的打算："敌人来时，我们牵制住他们，然后我们的联合舰队就会过来猛揍他们。这就是说，我们在这里的作用是大规模的牵制行动。"

堀江是情报参谋出身，在海军军令部有朋友，所以比一般的海军人员更了解前线内幕。他知道早在十天前，联合舰队就已经在马里亚纳海战中一败涂地。

"将军，已经没有什么联合舰队了，只剩一些零星分散的海军力量，但他们没有攻击力。你没有听说'阿代号作战'的结果吗？"

堀江的话让栗林怅然若失。如果真像堀江所说的，联合舰队已遭到毁灭性打击，不仅再也谈不上什么牵制，硫黄岛的反登陆作战也将在几乎没有海空支援的情况下进行，这太糟糕了。

为了掩饰自己失落的情绪，栗林便说堀江一定是喝醉了酒，才会不顾场合地乱讲一通，而且即便联合舰队真的不能前来支援，也不用过分担心，因为"这个岛（指硫黄岛）属东京都管辖"，大本营不会眼巴巴地看着硫黄岛不管的。

要换成别人，这时候就该知情识趣地闭上嘴。但堀江是个书生气十足的人，他仍然很直白地说出了自己的看法："今天，我在空中看到这个岛时，我想最好的办法是让它沉入海底，只要有足够的炸药就行。"

栗林被触中痛处，只好重复道："你醉了。"

第二天上午，栗林把堀江带到了折钵山下的海滩上。栗林往沙滩上一趴，做出刚被海水冲上岸的样子："你瞧，这个海滩很宽，敌人必然会在这里登陆。他们没有别的选择。"栗林的意思是这个地方防守不难，也不会那么容易就让美军攻下。

接着，栗林又带着堀江，花了两个小时的时间巡视了机场。堀江在参加侵华战争时一条腿受过伤，走起路来一瘸一拐的，这种巡视对他来说着实是个苦差使，但栗林不但不肯让他中途退出，还不时用手杖朝他瞄准，做出模拟射击的动作。

★回天无力般的悲哀

栗林折腾来折腾去，与其说是在给堀江树立信心，倒不如说是在给他自己打气。另一方面，栗林虽然位居陆军中将，但有关海军的很多内幕他也并不清楚，因为海军每次打了败仗，对外都是丧事当喜事办，弄得大家都不知道哪些是真、哪些是假了。

自从受了卖糖的骗，至今不信口甜人。堀江带来的消息固然令人扫兴，然而栗林相信它是真的。打仗跟搞宣传的区别，就是得到的情报不能有太多谬误，栗林由此对堀江另眼相看，再次邀请这位“活百科全书”共进晚餐。

突然得到中将的特别青睐，堀江也感到有些吃惊。他猜栗林可能是对他透露的消息感兴趣，于是便来了个知无不言、言无不尽，几杯酒下肚后，便说起了中途岛惨败以及目前海上防御的可怜境况。除了海军高层，日本人对这些消息都是一知半解，就算是栗林这样级别的陆军将领也是第一次听说，他一个劲儿地摇头，表示堀江的话值得推敲。

堀江认为栗林不相信自己，嘴上的闸门更加关不住了。当栗林听到联合舰队已后撤至菲律宾时，脸都白了，但堀江完全没有顾及他的感受，仍然滔滔不绝，而且越讲越激动，眼中都泛出了泪花。

1944年6月19日，马里亚纳海战中的“火鸡猎杀战”就发生在这一天。堀江说这一天标志着联合舰队和日本的末日，接着，他又清了清嗓子，说出了自己的见解：“如果我们每个人在死前都能杀敌十名，那么全世界就会了解，真正打赢这场战争的是我们！”

栗林也动了感情，深深地叹了一口气，说道：“啊，你说的这些事我一点儿都不知道。”

栗林没有重复堀江喝醉了之类的废话，他从衣袋中拿出了一包自杀用的氰化钾，对堀江说：“我个人至死无怨。”

直到此时，堀江才明白栗林的心情，他没有继续说下去。两个人就那样一直默默无语地坐着，感受着一种回天无力般的悲哀。

栗林确实能在堀江那里找到共同语言。堀江不仅将一些不含水分的情报透露给了他，还从工兵专家的角度，向栗林提出了重要建议：防御工事应以地下坑道为主，混凝土与天然岩洞相结合，中间以交通壕相连接。

栗林（左二）在部署防御。无论是守还是攻，无论是弱还是强，都不要以为动动小指就可以跳到台上去忽悠别人，得用点儿脑子

堀江甚至主张将大多数炮兵阵地也建成半地下式，这样尽管会损失射界，但可以提高在猛烈轰炸下阵地的生存能力。

栗林接受了堀江的建议，他下令疏散平民，加速修筑地下防御工事。当时对栗林非常有利的一点是，由于太平洋诸岛屿相继被美军攻占，原先的僧多粥少变成了僧少粥多，硫黄岛可以得到充裕的建筑材料。

在硫黄岛修地堡其实相当不易。这座岛的地下到处都是硫黄，作业人员必须戴上防毒面具，以防吸入有毒气体，而且作业时也没有什么工兵设备，能使用的工具通常只有圆锹和十字镐。

日本兵每天在闷热潮湿的地下像工蚁一样劳作着。他们平时的生活异常枯燥乏味，能做的事也就两样，除了作战训练，就是干此类牛马活。

到1944年仲夏时，硫黄岛的坑道工事已初具规模。按照栗林和堀江的想法，美军既然占有绝对的海空优势，滩头作战便难以奏效，他主张凭借折钵山和北部的元山的有利地形，实施纵深防御。

但是，这一防卫计划遭到了海军守备队指挥官市丸利之助少将的反对，市丸坚持要歼敌于滩头。栗林的参谋长堀静一大佐、第二混成旅团旅团长大须贺应也都站在了市丸的一边。他们的理由是，南部海岸紧靠一号机场，不防守海岸，也就意味着只能放弃一号机场，而岛上的三个机场中，只有一号机场的跑道长度足以容纳轰炸机起落。

实质上，这些人都跟栗林原来一样，对马里亚纳海战和“火鸡猎杀战”的真实情况一无所知，不知道联合舰队已经败到连家都不认识了。他们还蛮有信心地认为，只要战斗一打响，联合舰队就会赶来支援。

堀江虽然有些呆气，但他知道不能把真相告诉所有人，否则自己的生命安全都会缺乏保障，那些失去理智的家伙没准儿能拿刀活劈了他，毕竟不是每个人都像栗林那么冷静有头脑。

海军和陆军不对付，这个栗林登岛时就知道，可让他郁闷的是，自己的幕僚和部下竟然也会跟自己唱对台戏。他对堀江说：“日本已经到了穷途末路，而这些人的反应还这么慢，我可耐不住性子了。”

★风中之烛光

矛盾被摆到了桌面上。市丸带上浦部圣中佐等三名海军军官，来跟栗林进行辩论。浦部圣声称，海军军令部要求在一号机场四周建造碉堡，并准备送来300挺机枪和必要的建筑材料，只要这么做了，硫黄岛就是不可攻克的。

堀江首先代替栗林回答："在塞班和关岛的海滩，我们的枪炮支持了多久？请你告诉我。还有，塔拉瓦的海滩碉堡究竟发挥了多大作用？敌人军舰的大口径炮就可以摧毁任何碉堡。在数以百计的军舰大炮和飞机的轰炸下，做这种正面防守是徒劳无益的！"

堀江说，最好的防御办法就是从山洞里狙击敌人，而不能死守滩头。他建议，不如把海军送来的机枪和材料转用于加强折钵山、元山地区的防御。

栗林简明扼要地做了总结："我同意堀江少佐的意见。"

浦部在舌战上不敌堀江，只好勉强笑着对堀江说："我特别惊讶的是，一向被认为对海军友好的堀江少佐反对我。"

堀江实在忍不住了："要是我没有看到关于瓜岛、塞班岛和关岛的战报，我可能会毫不犹豫地同意海军的意见，可现在我的良心不允许我这样做。"

当天的辩论不了了之。栗林虽然对海军的意见不以为然，但又不能跟海军闹翻——海军一变脸，没准儿会连根毛都不吐出来，这样没脊梁骨的事他们可完全做得出。

于是，第二天，栗林提出了一个折中的防卫方案，即以纵深防御为主，以滩头防御为辅，滩头部分归海军，纵深部分归陆军，各干各的。海军送到岛上的材料也一分为二，一半让海军拿去建筑海滩碉堡，另一半归陆军使用。

浦部在辩论中吃了瘪，折中方案让他有了台阶可下，顿时高兴起来："昨天，我已答应给你们足够建筑300个碉堡的材料，我一回到日本，就想方设法弄够350个碉堡用的材料。”

与海军达成协议后，栗林召集所有军官，正式宣布了他的作战计划和纪律，要求没有他的命令，一律不得向美军登陆艇施射，也不得阻止对方在海滩登陆。直到美军向纵深推进至500码时，再一齐开火。

堀静一和大须贺应仍然表示反对，但栗林根本不理睬这两个二愣子。他还决定改变过去的死拼战术，严禁“万岁突击”式的自杀冲锋，尽量采用近距射击、分兵机动防御、诱伏等战术。

堀江关于“杀敌十名”的说法给了栗林很大启发，他告诉部下们：“敌人一旦侵入本岛，每个士兵都必须抵抗到底，阵地就是自己的坟墓。每个士兵都要尽最大努力杀敌十人。”

栗林除精通用兵之道外，还擅长写诗，是号称能文能武的诗人将军。他按照这些战术要求，写了一首供官兵传唱的《硫黄岛防卫之歌》，并制定了一套规则，称为“圣战誓言”。“圣战誓言”或被制作成标语贴在工事墙上，或被印成小册子发给每个士兵。后来，美军在很多日本兵的尸体上都发现了这种小册子，他们吃惊地看到上面写的不是“为了胜利杀死十个美国人”或是“杀死十个美国人，我们就有一线生机”，而是“在你死之前杀死十个美国人”。

从空中鸟瞰硫黄岛，可以看到岛上火山喷发形成的滚滚浓烟，它的下面已经被日军改造成了另一个世界

截至1945年2月，硫黄岛的防御体系已基本完成。

日本人在8千米的岛上挖了25千米长的地道。地道的墙上都统一涂着清漆，并且还装了电灯用以照明，里面宽敞得足以让部队直立跑过。在这座多层地下军事城中，栗林的办公地点设在地下22米处，野战医院建在地下14米处，医院的床铺是硬从墙上凿出来的。而核心的通信中心深入地下约23米，经过长达150米的隧道才能到达，中心顶部是3米厚的钢筋水泥层，四壁是1.5米厚的钢筋水泥墙，称得上是铜墙铁壁。

南端的折钵山几乎被完全掏空了，所筑的地下坑道就有九层之多，被完全改造成了一个巨型碉堡。日军的工程师们用混凝土加固墙壁，再在表面涂上灰泥，里面设置了排水系统和通风管，电、水、蒸汽样样俱全。

如果说还有不足之处，就是栗林原计划在元山地区修筑28千米长的地下坑道，由于时间不够，当美军发动进攻时只完成了70%，约18千米，而且折钵山和北部的元山之间也没有坑道相连接。

与工事进度相应的是，岛上的海陆军增加到两万人，并配备有许多大口径火炮和炮弹。同时，栗林为树立自己的权威，找借口免去了堀静一和大须贺应的职务，把两人都送进岛上的地下医院“恢复健康”去了。

不管做多少准备，栗林都很清楚，硫黄岛最终必然还是要失守。他在给家人的信中说：“敌人不久将要在这个岛登陆，他们一登陆，我们必定逃脱不了阿图岛和塞班岛的命运。”

在稍后的家信中，栗林把话说得更为明确：“我的生命犹如风中之烛光，命运必然与塞班、提尼安和关岛的指挥官一样，我已不存在活下去的可能性了。”

1945年1月21日，栗林又一次强调：“不要再祈祷我回家，我已注定要死在硫黄岛。我不在乎我的坟墓在哪里，我的骨灰也不会被送回家……”

没有骨灰，也可能会有衣冠冢之类的东西，并很可能被政府或军方继续拿来作为宣传的材料。栗林很讨厌这些，他专门嘱咐道：“请在我墓上放一块石头，简单地刻上‘陆军中将栗林忠道之墓’就可以了。别让记者在他们的作品中渲染我，即使在死后，我也要保持清白的名声。”

诡异的是，栗林写下这封信的前一天，1月20日，正是美军进攻硫黄岛的原定日期，只是因为计划参战的海军有相当部分支援了莱特战役、吕宋战役，而战役进展又较为缓慢，所以尼米兹才被迫将进攻日期推迟到了2月中旬。

不过，与栗林紧锣密鼓地组织防御一样，美军在进攻方面的准备也早就提前开始了。

★只有让陆战队来啃

事实证明，美军高层对硫黄岛战役的艰巨和困难有着充分的心理准备。除了航拍照片中看到的那些以外，进攻硫黄岛也很难取得像其他地方那样的突袭效果。

据说，夏威夷很早就有情报泄露了出去。美军当局为此在夏威夷实施了反情报战，他们大摆迷魂阵，让人在酒吧和旅馆到处散布假消息，说这次攻击的对象并非硫黄岛，而是台湾岛。可是，后来发现日军压根儿没有上当——其实就算情报没有外泄，稍有些军事头脑的人也都能看得出来，美军对硫黄岛是势在必得。

进攻硫黄岛的任务交给了海军陆战队。经过无数次实战的检验，美国海军陆战队的队员已被证明是当时太平洋战场上最出色的战士。尽管陆军中也有一些师接受过两栖作战的训练，比如克鲁格的“白杨树部队”，但它们承担的都是一些敌情比较简单、任务也相对轻松的登陆行动，像硫黄岛这样的硬骨头，必须也只有让陆战队来啃。

支援登陆作战的TBM。TBM实际上就是TBF“复仇者”鱼雷机，由通用汽车制造的称为TBM。到硫黄岛战役打响时，日本海军已无还手之力，绝大多数TBF、TBM已不用再发射鱼雷，它们转而被改装成了下滑轰炸机。美国第41任总统乔治·布什当时驾驶的就是实施下滑轰炸的TBF

第五两栖军所辖的陆战四师、五师作为主力，第三两栖军所辖的陆战三师作为预备队，分别在夏威夷和关岛进行了艰苦的两栖作战训练。夏威夷有一个地方同硫黄岛的火山地形极为相似，那里成为训练的绝佳场所。美军甚至还找到了一座与折钵山相仿的小山，士兵们在山上练习了攀登。

1945年2月2日，尼米兹自关岛总部飞抵乌利西环礁。他登上了斯普鲁恩斯的旗舰“印第安纳波利斯”号重巡洋舰，对硫黄岛作战的准备情况做进一步检查。

自1944年8月起，只要天气条件允许，李梅在马里亚纳的陆军航空兵即对硫黄岛进行大规模空袭，海军也出动了舰船进行饱和轰炸。从航空照片上可以看到，硫黄岛上每平方英里的面积上就有5000个弹坑。如此大的弹药消耗量，在太平洋战争中也是罕见的。尼米兹看过后，也认为美军投下的炸弹已“足以把岛上的一切炸成粉末”。

可是斯普鲁恩斯告诉尼米兹，其实这样猛烈密集的轰炸，效果十分有限。原因是日军把大部分防御工事都修筑到了火山熔岩中，工事上覆盖的黑色火山灰层削弱了炸弹和炮弹的破坏力，即便露在表面的部分，由于使用的是水泥与火山灰搅拌而成的混凝土材料，质地坚固异常，能够摧毁的面积也很有限，并且日军总能在空袭后迅速予以修复。

硫黄岛没有被炸成粉末，防御设施反而有增无减，原来有450处，现在已发展到700多处，原有两个机场，现在已扩增为三个。有很多次，第一天斯普鲁恩斯得到报告，说岛上被炸得都不敢吱声了，结果第二天飞机飞过去，马上遭到日机和高射炮的“隆重接待”，而且“规格”比上次还要高。

这些困难都是能够预料到的，斯普鲁恩斯还想到了另外一个困难，那就是“神风敢死队”的自杀式飞机。这群不要命的主儿已经给美军舰队造成了不小的损失，他担心，一旦发起登陆战，硫黄岛外的支援舰队会不会再遭到类似的突然攻击。

斯普鲁恩斯的想法是出动航母舰载机，先行对东京地区的航空基地网进行压制，让日本人想发疯都找不到飞机可用。

尼米兹同意了上述计划。2月10日，斯普鲁恩斯和第58特混舰队司令米彻尔一道，率航母编队驶离乌利西，经马里亚纳群岛直扑日本本土。

斯普鲁恩斯知道，如今空中能对美军构成一定威胁的，只有“神风敢死队”。因此他特别规定，每艘航母上只能搭载30架轰炸机和鱼雷机，其余全部装战斗机，这样就能防患于未然。除此以外，一贯谨慎的斯普鲁恩斯还实施了严密的防护措施，加上恶劣天气的掩护，当舰队到达日本外海时，一直未被日军发现。

美军航母编队用两天时间完成了空袭。两天里，他们共在空战中击落日机332架，地面击毁177架，还对一些机场、飞机制造厂造成了破坏。

斯普鲁恩斯想达到的目的基本达到了，当天下午，航母编队便离开日本外海南下，以参加已经打响的硫黄岛战役。

★你们这些兔崽子

就在航母编队攻击日本本土的时候，2月14日，美军火力支援舰队离开塞班，前往硫黄岛。

陆战队和海军本为一家，但随着陆战队的不断壮大，心气的不断提高以及战事的日益残酷，他们不仅与陆军，与海军的摩擦也日益激烈起来。

在著名的贝里琉岛战役中，一名战地记者在运输舰的军官餐厅里看到了这样一则启事：《美国海军陆战队员致美舰官兵》。

第一条："海军诸位甚至敢冒着牺牲宝贵生命的危险，冲到离日本岛屿不到10海里的地方，各位是何等英勇啊！我们的痔疮是何等样地为你们流血啊！"

第二条："我们衷心祝愿：一、在陆战队员全体下船后，你们的军舰立马吃一发日本鱼雷；二、你们的海军乘员流落在橙三海滩。"

第三条："我们海军陆战队员最后要对你们海军全体最最亲爱的官兵所说的是：'×你妈的，你们这些兔崽子！'"

基层官兵的对立和不屑情绪，也多少影响到了高层，尽管高层指挥官们更多的是从战略决策的角度产生分歧。

为了支援火力多少的问题，负责陆战队的史密斯和负责登陆的特纳发生了激烈的争执。史密斯对海军陆战队在塔拉瓦岛血战中付出的惨重损失记忆犹新："我无法忘记塔拉瓦环礁湖和海滩上死去的陆战队队员的样子，他们死于对防御工事的攻击行动中，这些工事本应由海军的炮火摧毁。"

通过塔拉瓦战役等实战，史密斯已经体会到，短时间的舰炮火力往往只能造成硝烟弥漫的效果，看似壮观，其实只能影响观测弹着点，并不能真正摧毁日军精心修建的防御工事。要想发现和摧毁目标，就必须使用各种不同的舰炮，从较近的距离进行精确射击，而这需要足够的炮击时间。

支援硫黄岛登陆作战的美军战列舰。逐一查验轰击效果，美国的精确打击概念从那时候就萌芽了

史密斯希望特纳能在十天里，用战列舰和巡洋舰对硫黄岛进行连续不断的轰击。但是特纳认为他办不到，因为军舰无法携带那么多弹药。史密斯又改口说九天行不行，特纳仍然大摇其头，说支援舰队只能实施三天的炮击，而且他坚持认为，对这样一座弹丸小岛，三天就足够了——截至2月15日，军舰已向硫黄岛发射了21926发炮弹，难道这么多炮弹都是白扔的？

特纳，人称“短吻鳄”；史密斯，绰号“咆哮的疯子”。两位都不是省油的灯，将官司打到了斯普鲁恩斯那里。斯普鲁恩斯也觉得很难办，要延长火力支援的时间，他就必须把航母编队也投入进去，但航母编队已随他空袭日本，后者是封锁硫黄岛的前提，同样无法撤销。于是，斯普鲁恩斯只好安慰双方：“我知道你们的人会干掉那些东西。”

2月16日晨，支援舰队到达硫黄岛海域，开始实施预先的火力准备。

所有战列舰和巡洋舰都划分了地段，分片承包，对日军工事进行逐一摧毁。凡已查明的轰击目标，均已在海图上预先标明，击毁后还要一一加以核对，同时，新发现的目标也被随时标入海图。

一开始，美舰只能缓慢地寻找那些几乎看不见的目标，发射炮弹的间隔时间因此也很长。用一名战地记者的话来说，这既像是在拳击比赛的第一回合，运动员会采取闪避和佯攻动作，以寻找对手的破绽，又好像是一群狩猎者包围着一头受了轻伤但很危险的野兽，只能慢慢逼近，一边试探它的实力，一边诱惑其做出反应。

日军没有什么反应，除了偶尔有人在未经批准的情况下往外打了几炮外，连回击的枪声都听不到。栗林就像一个玩牌高手，他知道他的火炮阵地一旦被美舰发现并当作直接目标，就很难幸免，所以不到最后的紧要关头，他绝不会下令开炮射击，这也是几个月来美军的炮击和轰炸难以取得成效的一个重要原因。

支援舰队继续进行射击，为保证炮击的准确性，几艘战列舰甚至开到距岸边仅三千米处进行直接瞄准。但此时硫黄岛的上空阴云密布，加之岛上硝烟弥漫，仿佛是披上了一件护身斗篷，炮击效果很不如人意，一直到傍晚，预定的750个目标仅仅摧毁了17个。

2月17日，天已放晴，能见度良好。在12艘登陆炮艇的掩护下，载运水下爆破队的快艇在岸边急速转弯，约一百名蛙人跳入海中，在水下和海滩上寻找水雷和障碍物，但最终只发现和引爆了一颗地雷。

扫雷行动引来了日军的零星炮火。“潘萨科拉”号重巡洋舰赶去助战，但它过于靠近海岸，日军一个炮台长实在经不住诱惑，擅自下令开炮。“潘萨科拉”号连中六弹，死伤了一百多人，急忙退出战斗。

过去几个月里，美舰也时不时地对硫黄岛实施轰击，所以他并不确定美军是否要展开登陆，但驶近岸边的炮艇和巡洋舰还是引起了他的警觉，而且包括“潘萨科拉”号在内的美舰离得实在太近了，栗林甚至可以看到脖子上围着毛巾的美国水兵像旅游者一样在朝岛上眺望，还能听到从船上顺风飘来的流行音乐。

他们是要来硫黄岛“郊游度假”的，绝不会随随便便开几炮就走，那个最后的紧要关头来了。上午10点30分，在确定美军即将展开登陆行动后，栗林打破射击禁令，下令几座炮台同时向炮艇开火。

炮艇上装有火箭，发现日军开火后便用火箭进行回击。这一回击不要紧，藏在折钵山脚和硫黄岛北端的重炮阵地也忙不迭地实施了齐射。转瞬间，随着天崩地裂般的一阵巨响，从百余个美军意想不到的位置上飞出了无数炮弹。登陆炮艇没有装甲，12艘炮艇当即被击沉9艘，击伤3艘，艇员死伤196人。

岛上日军竟然还拥有这么多隐蔽的火力点，这一情况令支援舰队指挥官布兰迪少将大为震惊，他立即下令对这些刚暴露出来的目标进行轰击。

★丑得不能再丑

首先受到牵连的是硫黄岛二号机场的两架“零”式。这两架“零”式一直藏在水泥墙里，任美军横炸竖炸，都碰不到它们，但两名飞行员接到命令，要他们实施自杀式攻击，与航程内的最大军舰相撞。其中的一名飞行员打起了退堂鼓，死活不肯上飞机。同僚对他说，反正你都得死，早死晚死还不一样？这人急了，说他头疼欲裂，上去了也不能撞美军的军舰，只能撞自个儿脑袋。

上司看他赖着不走，就临时找来一批飞行员，问谁肯报名。众目睽睽之下，有人自告奋勇爬进了机舱。两架“零”式从掩体滑行到跑道，再飞上天空，但在掠过折钵山时就被美军炮火包围，双双坠入大海。

由于需要重新调整炮击部署，当天美军的轰击很快就结束了。栗林认为自己已通过炮战挫败了登陆，便喜滋滋地给大本营发去了报捷电。大本营除将栗林夸奖了一番外，还通过“东京玫瑰”对外狂吹，说美军的登陆已被轻松击退。

笼罩在浓烟中的硫黄岛。对美军的支援火力而言，这应该是多次打击后的“再加工”了

如果算细账，栗林在这次炮战中其实得不偿失，一批隐蔽的火炮阵地及防守范围都给暴露了。布兰迪回去后修改了炮击方法，确定将炮火集中在陆战队将要登陆的东南海滩周围。

2月18日上午7点45分，布兰迪发出命令：“准备对海滩射击。”尽管当天早上天空布满乌云，还不时下雨，但美军在恶劣的天气条件下，仍然给硫黄岛带去了摧毁性的打击。第一次炮击过后，航空照片就表明，海滩上的半数碉堡和大部分地堡都被连根拔除。

舰炮轰击很快达到了高潮，硫黄岛几乎完全被轰击造成的硝烟所笼罩，难见天日，日军龟缩在坑道里无法活动。航母上的舰载机也全力出击，有的参与轰炸，有的观测校正弹着点，还有的向日军阵地投掷燃烧弹，烧掉阵地伪装，使之暴露，以方便舰炮将其消灭。

在猛烈的海空火力下，日军地面工事遭到了严重破坏。布兰迪乐观地向特纳发去电报：“我相信明天可以登陆。”特纳听了非常高兴。先前他因工作过度和神经疲劳生了场大病，现在尽管大病初愈，但他仍然决定第二天亲自指挥火力支援。

这只是海军的看法，陆战队方面并不这么认为。史密斯就抱怨说，海军说好要在白天用34个小时实施炮击，可是满打满算，陆战队真正得到的预先火力支援不过是13个小时，而这么一点儿火力支援是远远不够的。

不管怎么说，海军答应的预先火力支援时间已经结束，现在得看陆战队自己的了。

2月18日晚，运输舰上的陆战四师、五师官兵开始列队领取食物，检查背包、用具和武器。这时候官兵们还没有明显的紧张情绪，更无人畏葸不前，大家的神情举止与前一天都差不多。

要说有谁会感到特别不安，那个人则非陆战队员们的“总管”史密斯莫属。早在几个星期前，他就以第五两栖军军长的身份，给海军陆战队总司令范德格里夫特中将写信，直接表达了自己的担忧：“我相信（登陆行动）将是成功的，但一想到可能发生的伤亡，我就极其不愉快。还是祈求上帝把整个战役取消吧。”

2月19日凌晨3点半，陆战队开饭了。大战在即，陆战队员们的焦虑和紧张已经掩饰不住了，面对餐盘里的牛排煎蛋，大多数人都没什么胃口。

吃过早饭，走上甲板，天色已经大亮。透过晨雾远远望去，硫黄岛犹如一座渺无人烟的荒岛，若无提示，没有人想到在被云层遮没的折钵山上还潜藏着那么多杀机。

从舰桥上看，硫黄岛的轮廓更像一个海中怪兽，折钵山是头，海滩是脖子，其余部分连同灌木丛和棕色的悬崖峭壁是躯体。

属于日本的岛，似乎也带上了日本的特色。人们可以看到岛上有许多奇形怪状的岩石，它们经过风吹雨打和海水冲刷，变得越来越像日本人常常搜集来装饰庭院的卵石。

如果不是置身于战争情境中，真可以说硫黄岛像一座日本式的小花园，其中不乏小巧精致，可要是加上是非观念，那就不同了。一名战地记者从“美学观点”对硫黄岛进行了观察，他的结论是这座岛“丑得不能再丑”。

★不敢相信它是真的

这一天的天气好得出奇。经过一夜的狂风恶浪，海面变得风平浪静，硫黄岛上天高云淡，晴空万里。对美军来说，无异于抽中了一支上上签。

早上6点，特纳的登陆编队、斯普鲁恩斯和米彻尔的航母编队全部集结于硫黄岛西北海域。海上顿时变得樯橹如云，热闹非凡，宛如“最繁忙时候的纽约港”。

全部舰船组成一个半圆形，伸出去居然有11千米那么远。之后这个半圆形逐渐收缩，里面星罗棋布的运输舰和登陆艇则朝海岸线前进。整个场面就像是一部好莱坞大片，只不过它是要花30亿，而不是300万投资的超级豪华巨片。

早上6点40分，支援舰队开始登陆前的炮轰。五分钟后，九艘装备多管火箭炮的炮艇也猛烈开火，在极短时间里，它们就向岛上倾泻了9.5万发火箭弹，平均一艘炮艇就打出了超过一万发火箭弹，着实为前天被击沉击伤的同伴争了口气。

向硫黄岛发动冲击的美军登陆舰只。照片由一名海军摄影师拍摄，他当时搭乘一架海军搜索飞机，在海军舰队上空进行了俯拍。画面充满动感，展示出登陆舰群的夺人气势

登陆前的这次舰炮射击是硫黄岛战役中最为猛烈的一次，虽然射击时间很短，但是因为天气晴朗，目标清晰可见，效果非常理想。有人引用邱吉尔的名言来形容：“世界上还从来没有如此强大的舰队向如此小的岛屿，发射过如此之多的炮火。”在一名随军记者眼

中，这是他有生以来看到的“最可怕”的一次炮击：“虽然炮击我看过许多次，但我仍不由得想起‘谁也活不成了’这句话。”

上午8点3分，炮击暂停，120架舰载机对硫黄岛东南海滩、折钵山、一号机场进行密集轰炸。这些飞机来去匆匆，一倒腾完，舰炮马上接力，炸得整个海岛烟尘弥漫，火光冲天。紧接着，舰载机又俯冲下来，对海岸实施扫射。

在直接火力准备的同时，登陆艇正在进行换乘。在登陆艇放下笨重的斜板后，LVTA两栖战车一辆接着一辆地蹦入海里，就好像“世界上所有的母猫一齐生小猫了”。

与过去的履带登陆车相比，两栖战车是一种真正完善的水陆两用牵引车。它的车上有一个可以旋转的装甲炮塔，配备有37毫米和75毫米火炮。每辆两栖战车不仅可运载大约20名陆战队员，还能击毁敌军的滩头防御工事，并给予登陆的陆战队员以直接支援。

上午8点30分，第一批68辆两栖战车离开出发线，劈波斩浪，在震耳欲聋的发动机轰鸣声中，向硫黄岛海岸发起冲击。

8点59分，舰炮火力开始实施“滚动的掩护射击”，这是美国海军借鉴陆军炮兵的战术，在太平洋战争中做出的第一次尝试。其要诀为，当登陆的第一攻击波开始向滩头前进时，舰炮射程即向前伸展200码，以后在一定的时间间隔下，再向前移动一定的距离。通过这种方式，配合登陆部队向岛屿内陆推进。

经过钢铁暴雨的不断冲刷，此时的硫黄岛看上去就像一头扭曲变形的“怪兽”，炮火掀起的灰色尘雾和黄白相间的硝烟，几乎完全覆盖了海滩，使得军舰上的人们根本看不到海滩登陆的情况。

硫黄岛上的日军似乎已被完全炸蒙了，不管对方怎么折腾，都保持着死一般的沉寂。包括特纳在内的现场指挥官都认为，即便前面那么多次的炮击都不太令

陆战队正在登陆。在两栖登陆战中，一般守方都会竭力不让攻方上岸，像硫黄岛这样的开局比较少见

人满意，但这一次他们给予硫黄岛的打击应该是最沉重、最有力也是最切中要害的一次，岛上日军在对外防御方面已经无能为力，类似塔拉瓦岛血战那样的情况不会再出现了。

当北方吹来一阵清风，将小云朵从碧空中驱散过去后，特纳正式下达命令："登陆部队登陆！"

跟海军高层指挥官们一样，一直到登陆前的最后时刻，参加第一攻击波的很多陆战队员都相信这场登陆战不会很艰难。陆战队员布坎南时年18岁，他真的把轰炸硫黄岛当成了观看好莱坞大片，坐在登陆艇上还回头问同伴："你认为岛上会有日本人留下来等着我们吗？"

一开始，登陆行动确实非常顺利，两栖战车群和陆战队的登陆过程都像钟表一样准确。岸上只能听到零星的枪声，间或有一两发迫击炮弹落在登陆区域。陆战队员们对此议论纷纷，都认为这种情况实在是太好了，简直让人不敢相信它是真的。

在舰上用望远镜观看登陆的海军军官们也变得轻松起来，许多人都有一种感觉，海滩上的日军工事只是为一场规模有限的战斗准备的，对登陆行动构不成多大威胁。特纳甚至认为照此发展下去，美军只需五天即可占领全岛。

日军看起来已不是什么麻烦，让美军感到头疼的是海滩上铺着的一层黑沙。硫黄岛的黑沙实际上是火山灰，质地轻松柔软，身体较重的人踩上去会一直陷到膝盖。两栖战车放出了所载队员，正要往前开时，突然发现它们已经半身陷入了火山灰，履带在细粉沙土里直打滑，刚出水面就不能前进了。

太平洋乃至全世界的岛屿，类似硫黄岛这样的地形很少，而美国人登上硫黄岛还是几十年前的事，大家对此毫无心理准备。就连作战计划的制订者们都失于防范，他们用这样的语句描述硫黄岛的海滩：“地表提供了很好的登陆滩头，部队在任何地点都可以顺利地前进。”

以往美军登陆滩头时，大多会碰到珊瑚暗礁，所以履带登陆车才有大显身手的空间。硫黄岛倒是好，登陆艇可以直接到达滩头，而不用停在暗礁的边缘等待履带车的转运。但是，后续的一批又一批登陆艇恰好被两栖战车挡住了，根本无法抢滩上岸。艇上的陆战队员也只好下来，涉水登岸。

陆战队员们全都背着沉重的背包，在沙土中无法快速前进，只能慢慢爬行。很多人意识到背包是个大麻烦，只留下枪支弹药，把防毒面具等眼前用不上的东西都倒了出来，准备回头再来取。

在第一拨陆战队员前进的同时，后继批次以五分钟的间隔陆续登陆，登陆行动看上去“像军事演习时一样平安无事”。

突然，犹如平地响起一声雷，日本人发炮了。

★碰上去就是一个死

美军连续不断的炮击和轰炸，几乎把硫黄岛地面上的一切都给毁坏了，这不假，然而日军的地堡和半地下掩体损失轻微。挨炸时，躲在地下的日本兵一直用手指拼命塞往耳朵，竭力忍受着炮弹带来的巨大冲击波。栗林已经上过一次当，他不会再上第二次了。他给士兵们的最后指令是，不见兔子不撒鹰，死前如果不看到和打死十个美国兵，就绝不轻易开火。

日军还有数量可观的火炮藏身半地下掩体中，覆盖在掩体上的混凝土厚达一至两米，很难被发现和炸毁。需要射击时，炮手会把炮从掩体钢门或钢轨上推出来使用，有的则从炮眼中直接施射，位置只比地平线略高一点。

之前陆战队的轻松登陆，不过是栗林设下的陷阱。他原计划在美军靠近一号机场后再开始反击，但是登陆滩头混乱不堪的状况让他认识到，眼前正是时机，一旦集中火力反击，美军登陆部队立刻就会陷入进退维谷的窘境。

栗林向士兵们发出命令："为英雄之战祈祷吧！"随着一声令下，南北两端山地上的各种火炮和迫击炮，都开始向滩头以及邻近海面实施猛射。日军对美军的登陆点和攻击线路进行了预先标定，还针对炮手、观测人员与通信人员之间的协同进行过强化训练，所以炮火异常精准。美军完全被准确而密集的炮火压制在滩头，炮弹飞过陆战队员的头顶，不断在后面的两栖战车四周爆炸。

任何一种武器都会有它的缺陷。因为要增加浮力，以便在水中安全航行，所以两栖战车的装甲厚度不够，非常容易被击毁，也很难保护所装载的陆战队员。一些队员被炸落水，他们想游泳上岸，但是沉重的背包又把他们拖入了水底。

见势不好，已接近岸边的登陆艇纷纷向海上撤退。这一突发状况让军舰上的人们非常不安，他们可以远远地看到折钵山上日军开炮的情形。那些炮口不断喷吐着火焰，使得折钵山看上去就像是挂满了闪亮饰件的圣诞树一样。

陆战五师被压制在滩头上动弹不得，可以看到基本上没有什么地方可以隐蔽

"圣诞树"下的大兵们可遭了罪。他们起先没有遇到太多困难，已经一口气向

前挺进了200余米，现在却发现自己已经被完全钉死了。除了炮弹外，陆战队员还面临着更多的危险。那些外表似乎毫无危险的沙丘，里面却隐藏着日军的机步枪，狭窄的枪眼距离地面只有几厘米高度，而且正对着他们的前进路线。

一名随队军医偶然一回头，看到了一幅令他终生难忘的惊悚画面：日军的机枪子弹如雨点般泼向一辆刚登陆的两栖战车，车上的20名陆战队员的身体被机枪子弹无情地撕碎，然后猛然倒下。

日军的火力如此猛烈，谁都知道碰上去就是一个死，但滩头的陆战队员既没法躲，又不能后退，只好趴在地上，将自己的身体尽量贴紧被太阳晒得滚烫的沙土，然后听任炮弹从身边呼啸而过，或者在跟前落下爆炸。

想在沙滩上挖一个坑或者掩体完全不可能。火山灰太滑，又太轻，简直就像是流沙，任何东西碰到都会将坑埋起来，一个坑刚刚挖成，就被旁边的火山灰给填满了。

日军的炮弹在硫黄岛松软的海滩上留下了许多弹坑。一般来说，刚落过炸弹的弹坑，再落进一发炸弹的概率很低，还可以避免飞溅弹片的杀伤，然而在硫黄岛，这样做也未必保险。

一名老兵带着几名新兵跳进了一个弹坑里。新兵低声问他："你觉得这场战役会很困难吗？"老兵愤愤地答道："这是一场该死的杀戮！"话音刚落，一发迫击炮弹就击中了他们藏身的弹坑。一名新兵感觉有什么东西撞到后背，滑落到了地上，他回头一看，竟然是老兵的头颅！

登陆滩头已宛如喷射着猛烈火焰的人间地狱，在某些地方，已经散发出很浓的焚烧肉体的气味。触目所及，到处是血淋淋的肢体，其中最恐怖的场景之一是，一名陆战队员的胸部被炸开，内脏上满是火山灰。

砸向沙滩的炮弹不断溅起砂砾，砂砾散落到了那些脸朝着天、一声不响、一动不动的伤员身上。一名伤员难以忍受，他慢慢地从担架上坐起，绷紧身上的每一块肌肉，大张着嘴发出了高声尖叫：“天哪，天哪，万能的上帝啊！”然后便呜咽着倒在了地上。

在最初的一段时间里，美军在滩头的情况一度变得非常危急。指挥船的无线电接收器里不断传来惊恐的呼喊声：“情况十分糟糕，敌人迫击炮和机枪火力很密集，整支部队都被迫击炮和火炮压制！”“立即清理那些死尸和重伤员！”

史密斯担心的事终于还是发生了。不过，有一点他事先也没有能够完全预料到，美军虽然已经尽最大可能避免了在塔拉瓦岛上遇到的那种地面火力拦截，但硫黄岛的死神是来自地底下。

陆军记者马修斯坐上两栖战车的时候，并不感到特别害怕。这是他参加的第一场战斗，死亡不是没有想过，但在他的脑海里，绝不会发生在自己身上，至多只会是身边战友的死亡，他会为对方感到悲伤，而他自己则永生和不可毁灭。

可当马修斯嘴里嚼着口香糖，踉踉跄跄地登上海滩时，所有类似超人的想象便全部土崩瓦解。他一个劲儿地对自己念叨着：“快跑，快跑，快跑，赶紧离开海滩，除非绝对必要，否则千万别停留在海滩上，他们正瞄准着海滩，他们一定会打死我……”

一名被日军射杀的陆战队士兵。他躺在火山灰沙滩上，手中还握着枪，不远处的海面上到处都是支援和登陆的舰船

可是想快却快不起来，身上的装备，松软的沙土，都限制了他的速度。随着炮弹的落下，火山灰就像黑色的水柱一样在周围不断溅起。他觉得口干舌燥，想把嘴里的口香糖吐掉，却怎么也吐不掉，他的嘴唇和下颌都被口香糖粘住了。

这绝不是他在报纸上读到过的那些攻击，既无山呼海啸，也无众志成城，除了炮声和子弹，一切都沉默得可怕。马修斯看到周围的士兵都像他一样，在跌跌撞撞地四处奔跑。猛然，他听见有人在喊："卫生兵……"

声音非常凄惨，这可不是印象中陆战队的战斗啊。印象中，陆战队员应该大喊："打死这帮小鬼子！"

马修斯循声望去，喊叫的人坐在低洼处，已毫无生气，像是一座雕像，显然已经受了伤。在这名受伤队员的左边，有三个士兵奇怪地堆在一起，看样子已经死了。

马修斯怕得要命，为了寻找一个更好的隐蔽位置，他竭力把双腿从沙土中抽出，向一座小沙丘爬去。

他好不容易登上了沙丘顶端，本来想跳进一个弹坑，身体却陷在沙中拔不出来了。马修斯后悔莫及，早知如此，就在低洼的地方待着算了，在这上面不是更容易被打中吗？

最后，他滚进了一个洞里，暂时安全了。他想咽点儿唾液，但肿胀的舌头碰到的只是渴得冒烟的口腔，使劲儿干呕了一阵后，才有了唾液。

马修斯终于成了一个老兵，因为他知道自己也可能被打死，没有死不过是运气不错而已。

在海军陆战队的各个单位中，陆战四师、五师都是成立稍晚的部队，尤其是陆战五师，像马修斯这样的新兵就更多。虽然他们在加利福尼亚和夏威夷的军营里接受过系统训练，对子弹飞过的嗖嗖声已习以为常，但实战很快让他们领教了其中的区别。一名队员从两栖战车上跳下来时，想法几乎和马修斯一模一样：“该死的，那些人真的朝我开枪了！”

★克服恐惧

让陆战队员们格外头大的是，他们并不知道子弹和炮弹从何而来，一眼望过去，几乎看不到一个日军，日军全都隐蔽在地堡里，这让他们有劲也无处使。

小伙子布坎南起先担心岛上没有日本人给他打，现在仍然见不到一个日本人，可是自己的部队已死伤枕藉。他问身边的一个同伴：“你看到那些日本人在朝我们开枪了吗？”

同伴面无表情地答道：“没有。你朝他们开枪了？”

布坎南异常愤怒地回应：“没有！不过他们永远也打不到我，我还从未被击中过！”

陆战队训练课程的重要内容之一，就是教会士兵克服恐惧，在硫黄岛战场上，用勇敢克服恐惧，也成为许多新兵的共同选择。一名陆战队员的下颌被打得只剩一点儿皮肉吊着，他自己走到团部的急救站，忍痛接受包扎，却拒绝后撤。他想说话，但是说不出来，又没有纸笔，只好跪在地上写字。火山灰挖不了坑，同样也写不了字，他用手一划，四周的黑沙便立刻填了进去。无奈之下，伤兵恨恨地搅拌了沙子，只好让人把他带走了。

陆战队采取了匍匐前进的方式。在火山灰上爬行是一个很奇怪的体验，它给陆战队员们带来了各种稀奇古怪的想法。有人觉得自己像是在滑石粉上攀岩，有人觉得像是穿行于成堆的贝壳当中，还有人觉得沙滩仿佛是大片大片的谷堆，又仿佛是深厚的雪地，整个战斗过程就像是“要在一大箱松散麦子里战斗一样”。更有一位随军记者发散思维，在肚皮里即兴写起了稿子：“硫黄岛是多么可怜的一块地方，没有水，没有蝴蝶，几乎看不见鸟，也看不出会有什么野兽生存，什么也没有，只有沙子和泥土。”

前进中的陆战四师。眼看着战友倒在沙滩上，但已无人能够顾及。图中能清晰地看到折钵山，也就意味着山上的日军要实施俯射并击中目标，是件易如反掌的事

按照预定计划，陆战四师从右翼攻占一号机场，陆战五师从左翼攻占折钵山。陆战五师比四师晚了大约20分钟才遭到炮击，而且他们这一侧受到的日军炮火也相对较弱，所以部队进展情况较好。28团一营穿越岛的最狭窄部，切断了折钵山与其他地区日军的联系，二营随后便向折钵山发起了攻击。

相比之下，陆战四师的处境可以用“苦难”二字来形容，在日军猛烈炮火的阻击下，他们几乎寸步难行。

危急时刻，还是挨过陆战队讥讽的海军最可靠。在这次登陆行动中，登陆部队的每个营都配备有舰炮火力联络队，能够及时召唤舰炮火力的支援，而空中的校射飞机则负责测定日军的火炮位置，引导舰炮将其消灭。全天美军共消耗127毫米以上口径的舰炮炮弹38000余发，火力支援之猛烈和有效，在太平洋战争的历次登陆战中都没有先例。

在舰炮火力的大力支援下，陆战四师终于得以艰难地向前推进。

所有的陆战队员都在海边苦战，在日军炮火的压制下，他们中除一部分低头隐蔽或等待进攻机会外，许多人都在冒着密集的弹雨发起冲击。

当时日军枪弹的密集程度以及杀伤力之大，被形容为“像在雨中走路而没有被淋湿那样令人不可思议”。同时，日军所处位置也决定了枪弹命中的准确率：美军士兵登上海滩的时候，山上的日本人不仅能够看到他们，甚至还能清楚地看到他们手臂上的徽章。

美军陆战队的士兵们就好像是射击场里的鸭子，走入了敌人已经事先演练过好几个月的阵地，等待着被射杀。在这里，经验已经变得毫无用处，无论你是老兵还是新兵，是英雄还是懦夫，都在共同走向死亡。

巴斯隆是瓜岛战役中的著名战斗英雄。在瓜岛战场上，他一个人用两挺重机枪守一个要点，硬是让日军无法通过，因此享有“一人军”的美名，同时他也是二战中第一个被授予荣誉勋章的美军陆战队员。

巴斯隆本来已调回国内服务，但他拼命地要求调回前线，重新接受战斗任务。他率领陆战五师的一个机枪排，沿着海岸向日军阵地前进。当爬过第一座高地时，他就突然被迫击炮炸飞了。他临死前说的最后一句话是：“跟上啊，你们这帮家伙，我们一定要把这些机关枪弄到高地上去！”

另一个与巴斯隆知名度相仿的是陆战四团的张伯伦。在太平洋战争前，他就是驻菲律宾的美国陆战队员，科雷希多沦陷时，他逃到山林中，并成为菲律宾游击队的一位著名领袖。后来，他被任命为美国陆军军官，但他辞去了这一官职，执意要求重回陆战队做一名上士。

张伯伦是在前进时被流弹打死的。当时有一位同伴正和他走在一起，之后这位同伴告诉别人：“（张伯伦）在完成许多英勇事迹后，却这样平凡地死去，似乎更是悲剧中的悲剧。”

在陆战队中，没有几个人敢拍胸脯说，自己的战斗能力和经验能超过巴斯隆和张伯伦。很多陆战队员都产生了这样一个念头：“我肯定会中枪，没有谁会逃过！”

★双腿都是软的

即便是在空中作战的美机也面临着高射炮的严重威胁。在硫黄岛厚厚的混凝土掩体里，藏匿着多达300门25毫米以上口径的防空高射炮。那些熟练的日军高射炮炮手的任务，就是把进入硫黄岛上空的美军飞行员给打下来。

日军高射炮的炮火异常猛烈，也异常精准，空气中到处弥漫着黑烟。此时进入硫黄岛上空的美机，就像地面部队的处境一样，等于是在没有掩体保护的情况下，朝着子弹飞来的方向猛冲。一名美军飞行员说出了自己的真实感受："可怕极了，身体在发抖，从飞机里爬出来的时候，双腿都是软的。"

从飞行员的视角出发，当高射炮向他射来的时候，能看到的是一个个小红点。当这些小红点越来越近时，就会变得跟棒球直径那么大。多林斯少校驾驶的战斗机不幸被"小红点"击中了。

在飞机往下坠落的同时，多林斯竭力提升高度，以避免飞机坠毁在陆战队员聚集的沙滩上，但飞机损坏过于严重，多林斯尝试了很多种办法都没有用。于是，他毅然放弃了跳伞求生的机会，驾驶飞机朝两队登陆艇之间的海面冲去，以自身的机毁人亡，换取了地面部队的安全。

在付出惨重的伤亡代价后，美军再次推动了战斗进程。上午10点半，陆战队已有八个营上岸。五分钟后，陆战五师的一营A连成功穿越沙滩，到达西部海滩边，对折钵山上的日军形成包围之势，这成为美军赢得胜利的一个先兆。

在编制方面，美军此次也做了一个新的尝试，即给每个陆战师都配备了战斗补充兵，并组成预备队。在制订作战计划时，他们就考虑到死伤一定很惨重，若不及时补充，势必减少有效兵力和降低作战效率。然而到了11点，当各团预备队实施登陆时，原本对美军有利的天气条件突然发生了变化，海上风向逆转，强劲的阵风吹得许多登陆艇失去控制乃至倾覆，预备队无法循序渐进地

停靠于滩头的即LSM战车登陆艇。在两栖战舰的家族中，按照体重不同，LST战车登陆船属于小型舰，LSM则属于中型舰

依次登陆。结果是大家扎堆上岸，前面是被日军火炮炸坏的登陆艇和两栖战车，而后续的人员和物资还在源源不断地上来，整个海滩上变得一片混乱。

由于海滩上尘土飞扬，硝烟弥漫，使得军舰上的观察人员无法看清滩头上的情景，更不知道陆战队发动的进攻有多么糟糕。特纳也因此受到了影响，认为陆战队最初上岸时并没有遇到什么抵抗，虽然后来有日军大炮和迫击炮进行轰击，但从八个营的兵力已经成功登陆，预备队也正在上岸的情况来看，战斗过程应该是比较理想的。也就是说，一切都在按照计划进行。

陆战队的伤亡情况尚未报来，特纳就按照自己的印象和判断给尼米兹发去电报，称："伤亡轻微。"

这当然不是事实。实际上，陆战四师、五师不仅伤亡惨重，而且步履维艰，四师在正午过后才前进了450米，就被日军的密集火力压得无法前进。为了扫除障碍，四师只得请求坦克增援。

运来坦克的是LSM战车登陆艇。LSM是战车登陆船的升级版，长62米，宽10米，可载运5辆坦克和44名人员。相比普通的战车登陆船，它的最大优势是能够像运输舰一样实现长距离载运，时速达到12海里，航行半径3000海里。

这种两栖登陆工具早已研制出来，但直到此次硫黄岛之战才开始大量使用。LSM停靠滩头后，立即放下跳板，坦克、火炮、推土机、开山机等重装备源源不断地被送上岸。

但大多数“谢尔曼”坦克也像两栖战车一样陷入了火山灰中，其他勉强能开动的坦克不是在滩头触雷，就是在支援陆战四师的过程中被日军的战防炮和速射炮击中。

“谢尔曼”的500马力汽油发动机是二战中最优秀的坦克引擎之一，这使得它的最高公路时速能够达到47千米，并且能够在行进中瞄准开炮。如果在平常路上，战防炮和速射炮要想捕捉它颇不容易，但这是在黑沙滩上，行动蹒跚的“谢尔曼”很快成为日军反坦克炮的绝好靶子。

与德国、苏联的中型坦克相比，“谢尔曼”在装甲防护上有相当大的差距，特别是汽油发动机周围的装甲防护不足，一旦中弹就会马上起火，几乎就和“零”式的缺陷一样。美国有一种叫“朗森”的名牌打火机，其广告词为“一打就着，每打必着”。美军就把“朗森”作为绰号，送给了“谢尔曼”坦克。

无论是地雷埋设区域的广泛程度，还是反坦克的火力强度，硫黄岛的日军在太平洋战争中都可以排到最前列，他们仅独立的战防炮营就不少于五个。许多“谢尔曼”被反坦克炮“一打就着”，剩下的坦克被迫撤回，陆战四师的攻势也只好在一号机场边上停了下来。

★高明的浑蛋

到下午1点，特纳不得不暂停登陆，因为滩头实在太拥挤了。就在这个时候，罗塞尔少尉率领舰炮火力联络队登上了硫黄岛。

包括罗塞尔在内，联络队员们全都身背无线电通信器材，行走很是吃力。当他们爬上一座小沙丘时，一发迫击炮弹落下来，罗塞尔的左腿几乎被炸断。乐观的罗塞尔一边让士兵给他扎止血带，一边跟大家讲笑话，缓解众人的紧张情绪。

笑话没讲一会儿，又一发迫击炮弹飞来，两名士兵被炸死，罗塞尔的右腿中弹。

联络队还有一兵一官，两人一起趴在地上。可是日军的炮弹仍然没放过他们，第三发炮弹在上方爆炸了。这回罗塞尔肩部负伤，剩下的那个士兵右腿被炸断，他一言不发地拖着断腿爬下了沙丘。

至此，联络队只剩下了罗塞尔一个人。他想，应该没事了吧——全身上下几乎都炸到了呀。

可是轰炸不是说结束就结束的。迫击炮弹来了，罗塞尔被抛到空中，然后掉了下来。

罗塞尔已经不在乎了，反正炸多少下都是炸，命就交给这个破岛了。他准备看看时间，就在抬腕的一刹那，弹片击中了他的手腕。手表不见了，代替手表的是手腕上一个鲜红的洞。

罗塞尔几乎有一种哭笑不得的感觉：被钉上十字架大概就是这个样子吧！

不少两栖战车都陷入了沙中，但远处正在设立的指挥部，显示陆战队已在硫黄岛站住了脚

在向岛上派遣更多的舰炮火力联络队的同时，特纳还向岛上派去了海军工程营。这些富有经验的建筑工人和志愿者，将用推土机清理登陆场，为两栖战车、坦克及其他重装备开辟道路。

两个小时后，有“海上蜜蜂”之称的海军工程营再次创造了奇迹，美军恢复登陆，混乱秩序也随之改观。栗林不能阻止这两个小时，被一些军史专家认为是他在指挥上所犯的一个极大错误，因为未来的胜负就决定于此。

到黄昏时，所有各师的预备队都上了岸，登陆的美军陆战队已达3万人。全天有548人阵亡，1755人负伤，伤亡数约占登陆总人数的8%，而美军还没有到达计划中定的目标线。

在指挥船上，史密斯研究着当天的报告，总体来说，战斗进展比他想象的要慢，伤亡数字读起来却显得很是残酷。他皱着眉头对战地记者说：“我不知道他（指栗林）是谁，但这位日本将军看起来是个高明的浑蛋！”

日本的陆军将领一般呈现为两个类别，一类自当兵起就打仗，可是因为习惯服从，不习惯自己动脑，所以就算当了官也没有自己的主见，同时又因为考不上重点军校，失去了进一步深造的机会。另一类官阶很高，但依凭的仅仅是士官学校和陆军大学时期的学历，缺乏高强度战斗才能磨炼出的胆略、才干和实战经验。

按照美国人的体会，日军军官自大佐以下，大多作战勇猛而且自觉性强，只是智力和想象力差一些，作战时没有什么独创性。大佐以上，差异就特别大。有的非常卑鄙怯懦，比如菲律宾战役中的富永恭次，开始组织“特号部队”，撺掇或威逼着别人去实施自杀式攻击，到头来自己倒第一个逃往台湾，任由自己的部队被敌人消灭。更多的人是像塞班之战时的南云、斋藤、井桁那样，在鼓励部下拼死作战后，他们就先行自杀了。这么做，就日方的道德讲无可指摘，但用美方观点来衡量，是十分迂腐的，因为他们完全没有尽到领导者的责任——还想赢，就带着部下继续冲，赢不了，那就在投降书上签字，哪儿有这种自己一死了之，眼睛一闭、一了百了的事？

史密斯征战多年，他认为自己在硫黄岛上才算真正碰到了日本的一位名将，从纯职业军人的角度出发，他愿意对这位对手表示敬意。

栗林在硫黄岛一战中的表现，确实可以用臻于完美来形容。在滩头美军的印象里，白天一天日军的炮火都是密集的，像雨珠一样就没断过。实际上，栗林一直掌握着射击的节奏，为了尽可能地节省弹药，岛上的许多炮台根本就没有开火。

美军有那样的印象，是因为日军一直保持着较高的作战效率，除杀伤美军的大量兵员外，他们的战防炮和速射炮还击毁了28辆坦克。

第五章 地狱里的噩梦

栗林和他的部下已经做好了破釜沉舟的准备，他们把手上的钱一共12万日元全部烧掉，以此“捐赠给国库”。但栗林并不想跟那位守卫塞班岛的斋藤一样，让部队傻乎乎地做无谓牺牲，他在使用兵力方面一如使用弹药，非常精打细算。

在美军登陆的当天晚上，日军通常都会发动大规模自杀式袭击。为此，天一黑，海上的军舰就不间断地向硫黄岛上发射照明弹，黑夜被照耀得如同白昼。同时，为防止日军渗透，岛上美军各部队的口令不是起汽车的名字就是起树木的名字，而且全部挑选日文中很难发音的词语，使得日军即便掌握也无法利用，因为他们只要一开口，别扭的发音就会暴露身份。

可是，大规模夜袭和渗透的情况并没有出现，栗林不派士兵出来冒险，只命令炮手用炮火进行骚扰。

不可思议的是，日军在黑夜中的炮击竟然也和白天一样精准。美军的弹药堆积点一个接一个被击爆，给周围的陆战队员造成了巨大的伤害和心理震撼。美军开始怀疑附近有日军的炮兵观察哨，不然无法解释这一切。

经过仔细搜索，一名陆战队员发现海滩上有一艘搁浅的日本运输舰，里面传来了很轻的“嘀嘀嗒嗒”声。这名陆战队员和其他几个队员一起爬了进去，里面果然有一个鬼魅似的人影——身上背着无线报话机的炮兵观察哨。

★“洞穴里的神风敢死队”

除掉观察哨后，日军炮火的准确性显著下降，可是由于滩头阵地非常拥挤，美军伤亡仍然很惨重。日军炮击的武器除野战炮、海岸防御炮、迫击炮外，还大量使用了火箭，这是太平洋战争中前所未有的现象。

日本人所用的火箭并不是常规火箭，是日本海军航空部队军械部通过特殊方法，用八英寸海岸防御炮的炸弹改装成的火箭，被放在木架上用电发射，称为“炸弹火箭”。这些“炸弹火箭”射程接近2000米，沿45度弧线飞行到美军阵地后，触地即炸，给美军造成了不小的混乱和伤亡。另外，它们在飞行时还会产生一种可怕的尖啸声，在心理上也会给对手造成一定的威慑。

对登岛的美军陆战队来说，在硫黄岛度过的第一个夜晚几乎就是白天地狱杀场的延续，乃“一场地狱里的噩梦”。第二天拂晓，黑沙滩上遍地都是尸体，样子极为恐怖。一位战地记者说，他在太平洋的其他任何战场都没见过这样血肉模糊的尸体，有的躯体四肢居然彼此相隔有十多米远。

史密斯已经明白，他只能一码一码地占领硫黄岛。2月20日，陆战四师再次向一号机场发起进攻。为扫除盲雷，陆战队从船上将军犬带上了岸。有一只猎狐犬不顾周围震耳欲聋的爆炸声，叼上一颗手榴弹就东奔西跑，并且把手榴弹当作玩具滚来滚去，有时还抛向空中。起先众人尚未在意，后来军犬叼着手榴弹跑到掩体里来了，掩体里的士兵吓得急忙四处散开。

士兵命令猎狐犬把手榴弹放下，不听；用食物引诱，不理；拿木棍赶，没用。有人说，越跟它讲理它越有劲，干脆不搭理。几分钟后，猎狐犬自觉无趣，这才放弃了嘴上的新鲜玩意儿。

贪玩的军犬对部队突破雷区可是做了大贡献。在舰炮和坦克的直接支援下，陆战四师终于攻占了一号机场，并一举切断了岛南日军与元山之间的联系。

美军刚刚占领一号机场，脚跟还没站稳，工兵就开始全力抢修机场设施，铺设钢板，以便让机场尽快投入使用。

往南，陆战五师主攻折钵山。除了山上炮兵阵地的严重威胁外，折钵山本身还是一个优良的观察站。尤其是山顶的观察哨，日军站在那里可以看清楚美军的一切行动，他们不仅能准确指引和校正纵深炮火的射击，还可以通过地下电话线向北面元山一带的日军通风报信。对每一个陆战队员来说，仅仅这种被观察就非常可怕，对他们的心理和士气都造成了极大压力。

折钵山虽然是座死火山，但仍在不断地喷发烟雾，被美军称为“热岩”，把它视为比飞机场更吸引人、炙手可热的一个攻取目标，他们希望用最快的速度攻取。

攻击折钵山的仍然是陆战五师中最为精锐的第28团。他们在正式投入进攻前，让舰炮轰击了整整50分钟，再用两个营并列展开进攻，然而进展非常缓慢。

折钵山从底部到斜坡，蜂窝一样地布满了日军的防御工事。这些工事都建在舰炮无法够到的岩洞中，彼此还可以互相支援，除了从正面硬攻，美军没有更好的办法把它们一一攻下来。

硫黄岛之战的恐怖还在于，日军不像美军那样为了胜利而战，他们战前就知道一定会输，同时日军也不是为了生存而战，他们生存的目的，只是像栗林“圣战誓言”中所说的那样，“在死之前杀死十个美国人”。

岛上的所有日本人都知道自己难逃一死，为了给美军造成最大程度的伤亡，他们成了“洞穴里的神风敢死队”。

有人打比方说，在硫黄岛上打仗，就好像是你晚上回家时在车库里碰到了一个袭击者。你手上带着刀，用刀捅他，他不停手；你用刀把他的右手剁了，他用左手卡你脖子；你朝他没命地乱砍，他还会用尽最后一丝力气恶狠狠地爬向你。

这不是人，这分明就是游戏中血不流完绝不罢休的僵尸！

美军在硫黄岛上曾抓到一个战俘，这名日俘是因为失去知觉被抓获的。他交代说，他在学校时老师教给他的作战原则是："就算胳膊和腿都没有了，只剩下一张嘴，也可以朝敌人吐唾沫。"

围绕着折钵山的战斗十分惨烈紧张，28团在三个小时的时间里才向前推进了区区50多米。

上午11点过后，坦克前来助战。同时，美军的飞机、舰炮以及已在滩头建立起来的105毫米榴弹炮阵地，28团自身拥有的37毫米战防炮、75毫米山炮，也使出浑身解数，一齐加入战斗。

部队又启动了，然而进展依然有限。因为主要工作仍要由陆战队员用火焰喷射器和炸药包来完成，有的岩洞实在无法靠近，只好出动推土机和开山机将洞口封闭，这样才能肃清日军的抵抗。直到黄昏，28团总共才前进了180米，约合200码，真的是一码一码地前进的。

★潜行的狼

这又是血腥的一天。丧葬兵施密特所在的部队本来应该在登陆第一天上岸，但因为当时的滩头过于拥挤，不得不等到第二天下午两点登陆。

在此之前，大家只好挤在狭小的登陆艇里，在海面转来转去。对施密特而言，那是一个非常痛苦的经历，因为他晕船。虽然施密特尝试着睡去，然而稍一合眼，就被颠来倒去的呕吐感给弄醒了。

直到上岸，施密特才发现，岛上的世界非他能想象，眼前的情景比晕船更让他难受。

作为一名丧葬兵，施密特曾在塞班岛埋葬过阵亡士兵。在那里，每个阵亡的

一名战死的日本兵被埋在沙土堆下，旁边就是陆战队士兵的散兵坑，反正谁死了都只能先这么埋着

陆战队员都会被埋在一个单独的墓穴里。硫黄岛不行，这里的尸体不仅多，而且非常凌乱，难以分清谁是谁。于是只好挖了一座30米长、3米宽的集体墓穴，一次埋50人，一排排地将人埋进去。

埋葬时，要做祷告仪式。可无论是丧葬兵还是随军牧师，都不知道这些死者究竟是犹太教徒、天主教徒还是什么其他教徒，最后牧师随机应变，笼而统之地举行了一个通用仪式：“怀着上帝的仁慈，我们将你们深埋在大地中。”

天一黑，除了继续用火炮和“炸弹火箭”做文章外，栗林又翻出了新花样，他开始组织夜间偷袭。被栗林称为“潜行的狼”的小股日本兵偷偷地从栖身的掩体爬出来，通过未被发现的地道钻入美军后方，趁美军士兵休息的时候发动袭击。

晚上大约9点的时候，陆战队员梅耶斯正在自己的散兵坑向四周眺望，这时他突然觉得眼前一亮，接着就什么都看不见了。梅耶斯很快明白过来：有人在朝他们扔闪光弹。

随后，他听到旁边散兵坑里传来凄惨而绝望的喊叫声。散兵坑一般是两个人一坑，梅耶斯及其同伴立即从散兵坑中站起，他们看到两名“潜行的狼”在用刺刀戳两名美军士兵。

“狼”也看到了他们，其中一名日本兵立即扔来一颗手雷。那是一颗哑弹，但还是砸中了梅耶斯同伴的脑袋，并使之失去了知觉。梅耶斯举枪将其击毙，这时步枪却卡了壳。

另一名日本兵向梅耶斯扑来，千钧一发之际，梅耶斯迅速从身上摸出手雷，拉响引信后扔了过去，日本兵应声倒下。

梅耶斯从散兵坑里一跃而出，用卡巴刀割断了敌人的喉咙，然后他迅速跑到刚刚遭袭的散兵坑，里面的两名美军士兵已经一死一伤。

梅耶斯知道周围可能还有更多的“狼”，他朝其中奄奄一息的士兵大喊：“你有武器吗？”

通过指点，梅耶斯从死亡的士兵身上只找到了一把带血的手枪。这时，果然又有两个“狼”冲了过来。梅耶斯没有用那把手枪，他还是依照刚才的做法，接连甩了几颗手雷过去，将日本兵炸倒后，再跑过去逐一解决。

因为这次英雄壮举，梅耶斯获得了海军十字勋章，但他终其一生都忘不了散兵坑里那两位同伴撕心裂肺的呼救声。

在另一个掩体里，士兵们曾感到脚下的地面在震动，接着便传来了一个奇怪的声音，好像是有什么人在楼下敲暖气片一样。一名士兵惊惧不已：“我的天哪，日本人已挖到我们底下来了？”

当时其他人谁也没有吭声。事后判断，那可能只是一次轻微的地震，但也可能是“潜行的狼”在地道里穿行。总之，对渗透者的恐惧已经占据了每个士兵的心，使他们疲惫的精神和肉体更加不堪重负。

2月21日，岛上的战斗仍在激烈地进行中，依然是进展有限和伤亡较大，前线部队急需补充兵员。虽然各团预备队早已上岸，然而多数补充兵都缺乏战斗经验，使用他们的最好方式，应该是战场打得顺的时候让他们上去接受锻炼。按照现在这种糟糕状况，补充兵不但不能帮上忙，还可能会拖后腿。

史密斯决定把作为预备队的陆战三师21团投入战斗。参谋长联席会议本来希望把陆战三师作为一个整体保存下来，用于冲绳战场，但现在战事紧急，也顾不

神风特攻机的近距离照片。这架飞机已被高射炮击中冒烟，机身略向左倾斜，仍凶猛地撞向美军舰船

得了。

21团乘着登陆艇奔赴硫黄岛，没想到天气不帮忙，登陆艇无法靠岸，在海上转了六个小时后，他们又被送回到运输舰上。

海军当天不仅遭遇了恶劣的天气，还受到了自杀式飞机的攻击。这是日军大本营专门为支援硫黄岛守军成立的“第二御盾特别攻击队”，全部由联合舰队的岸基航空兵组成。

黄昏时分，五架从东京附近飞出的特攻机冲破美军战斗机的警戒网，撞上了老重型航母“萨拉托加”号。“萨拉托加”号燃起大火，火尚未扑灭，又有五架特攻机飞来，其中四架被击落，最后一架投下炸弹，在航母的飞行甲板上炸开了一个大洞。受创严重的“萨拉托加”号不得不告别航母编队，直接开回美国进行大修。

距离“萨拉托加”号几海里外，“俾斯麦海”号航母也被一架特攻机撞到了。遭到撞击后，其他军舰的舰员能通过昏暗的暮色，清楚地看到“俾斯麦海”号上出现的火光。

“俾斯麦海”号是一艘“吉普航母”，不像重型航母那样坚固，由于燃起的大火无法扑灭，终于在午夜后葬身海底。除此之外，第五舰队另有一艘“吉普航母”、一艘运输舰、两艘战车登陆艇被特攻机击伤。整个硫黄岛之战，日军共出动特攻机568架次，规模超过了莱特湾海战，正是从硫黄岛开始，日军的神风自杀逐渐成为其标准的空中攻击模式。

斯普鲁恩斯之前为了预防“神风突击队”的攻击，曾不顾战前不宜分兵的禁忌，指挥航母编队空袭日本本土机场，同时硫黄岛离日本本土机场也较远，所以最初两天他的舰队才能安全无恙。然而由于硫黄岛迟迟难下，航母编队无法移动，使得最后的损失终于难以避免。

★从“热岩”变成了“火岩”

东京方面并不清楚特攻机的具体战绩，不过美军被困于折钵山下的情况他们是知道的。得意之余，东京广播破天荒地抬高了一下他们的对手。

特纳绰号“短吻鳄”，一方面与他两栖登陆指挥官的身份有关，即像短吻鳄一样，既生活在水里，又生活在陆地；另一方面则是指特纳的性格，那就是只要咬住什么，就绝不松口。特纳的这个绰号也被日本人知道了，他们夸赞特纳有出色的决断力，斯普鲁恩斯有强烈的进攻精神，所以美军才敢到离日本本土这么近的地方来攻城略地。

欲扬先抑。东京广播声称，美军在硫黄岛已陷入了进退两难的困境，欲进不得，欲退不能。他们叫嚷着要留下特纳的项上人头：“（特纳）别想活着回去，决不能也一定不会让他活着回去。”

斯普鲁恩斯、特纳、史密斯的日子确实很不好过。三天来，陆战队死伤人数已达5312人，国内新闻界知晓后一片哗然。各报当时就说，硫黄岛战役打得比塔拉瓦战役还要差劲。还有一家华盛顿报纸甚至建议，为了让陆战队能够喘口气，干脆使用毒气。

对付隐藏在坑道和岩洞中的日军，美军这时最常用的办法就是使用火焰喷射器，但毒气显然比火焰喷射器更有效、更实用。

禁止使用毒气是《日内瓦公约》中明确规定的，使用毒气也不是一件体面的

美军使用火焰喷射器向躲藏在地下坑道中的日军攻击。对付岩洞和地道，火焰喷射器通常是美军常用的武器之一

事，罗斯福和尼米兹不是肩上毫无责任的报纸主编，哪儿敢冒天下之大不韪。

2月22日，下了一整天的滂沱大雨，天气又冷，美军登陆部队被迫暂停进攻，抓紧时间进行战地休整。休整之后，折钵山的战斗更趋激烈，陆战八团几乎全靠手雷、炸药包、火焰喷射器一步步前进。到下午3点半，他们终于完成了折钵山的合围，除西海岸一条300多米宽的狭长地带外，整个“热岩”已被围得水泄不通。负责守卫折钵山的日军指挥官厚地兼彦大佐电告栗林：“目前敌人正用火焰喷射器焚烧我军。如我们坚守阵地，必定被敌人消灭，我们想冲出去做最后攻击。”

栗林知道厚地是想发动最后的自杀性冲锋，这就意味着，折钵山可能很快就会失守。如果说一号机场是栗林本就想放弃的，折钵山可不一样，他希望能够守得越久越好，那样对岛上其他地方的防守也会更有利。于是他断然否决了厚地的请求，并冷冷地质问道：“究竟发生了什么情况，会使折钵山在三天内陷落？”

栗林太自信了，美军尽管不会使用毒气，但他们将投放另一件必杀器，这就是凝固汽油弹。

美国科学家在科研中发现，把环烷烃、棕榈酸同汽油混合在一起，能产生一种类似于凡士林状的、黄色的、有黏性的糊状物，这种糊状物粘到物体上就会慢慢燃烧，凝固汽油弹由此诞生。作为一种理想的燃烧弹，它能够粘到任何物体表面，无论房顶、墙壁还是人。而且，它一旦燃烧便无法被扑灭，因为它不溶于水。换句话说，如果你手背上不慎落了一小滴凝固汽油弹，那你只能等着它自己烧完为止，想用力将火拍灭，结果只能导致手指连同整只手都被烧焦。

可怕吗？非常可怕。2月23日晨，硫黄岛和往常一样阴冷，还伴着狂风暴雨。美军出动飞机，在一个半小时的时间里，围着折钵山山顶往下投掷凝固汽油弹。汽油弹沿着山坡一路烧下去，整座山都燃烧起来，从“热岩”变成了“火岩”。

美军登陆的第一天，一个日军士兵还在他的日记中自负地写道：“今天我们消灭了那些已经登陆的人。”但在这天清晨，面对汽油弹的无情攻击，他变得沮丧无比，在临死前一刻，他问道：“我们得不到支援，难道我们打败了吗？”

天气转晴后，一直密切观察着战场情况的28团二营营长约翰逊中校断定，部队可以开始攀登折钵山了。他拿起电话，从E连调来了由希勒中尉率领的一个排，作为第一批攀登折钵山的部队。

E排出发时，约翰逊让副官从地图箱中拿出一面美国国旗交给他们：“如果你们爬上山顶，就把它竖起来。”

约翰逊所用的词是“如果”，也就是说，他派出去的人有可能最后一个也上不了山顶，半路上就被日军干掉了。有人已经在为E排担心：“我觉得这是在让他们送死，那里的日军一定有准备。”

★这一幕太美了

E排一共有44人，同样非常紧张。直到在山下准备攀爬时，这些人中仍没有一个认为他们可以顺利完成任务。大家都认为，攀登火山的道路上，一定会有很多日本兵朝他们疯狂扫射。军医布莱德利比别人还多一层焦虑，他一直在想，假如队友受伤，他该怎样把伤员背回来。

登山之前，E排注意到，汽油弹已把整座山都烧焦了，士兵们不由得浑身都起了鸡皮疙瘩："山上的人是怎么忍受这一切的啊！"

知道投了汽油弹，但谁也不知道汽油弹的效果如何，只知道自个儿的小命就攥在自个儿手心里，所以他们上山时，只要见到掩体就往里面扔手雷。

折钵山没有可攀登的路径，到处都是炸得粉碎的岩石，陆战队员只能用膝盖爬行，用双手揪住一切可以抓住的物体向上攀登。他们当中很多人都背着武器，还有人背着火焰喷射器。这样的攀爬方式非常吃力，假如日军趁机开火，别说反击了，躲都没地方躲。

令人惊异的是，并没有人从岩洞里朝E排射击，也没有一个日本人手拿军刀砍过来，甚至连一颗手雷都没有扔出。他们自己也觉得奇怪，便开始参着胆子朝山洞里查看。他们看到洞里有些日本兵还有呼吸，但已经动弹不得，看样子被吓得不轻，一个个都呆坐在洞里，好像喝醉酒了一样，昏昏沉沉，眼睛虽然睁着，却是睡着的姿势。当美军出现在洞口时，都没有人知道去拿身边的枪支。

最合理的解释是，在雨点般的汽油弹燃烧之后，山中的氧气都被吸走了，导致山洞里的大部分日本兵窒息而死，没死的也陷入了昏迷状态，再也无力反抗。

E排呈蛇形前进，逐渐越爬越高。当他们在近乎垂直的山坡上出现时，山下人的注意力都被吸引过来，海滩边、北部陆地上的陆战队员全部把目光集中在他们身上，就连军舰上的水兵也目不转睛地盯着他们。几乎所有人都在想：天哪，他们就要成功了！

尽管已爬了三分之二，沿途也没有受到任何袭击，E排的人还是没有安全感。他们时刻都在准备着，会不会有日本兵突然跳出来，或是他们中的某个人踩上地雷。

用了将近40分钟，E排才爬到山顶，他们终于成功了。

排长希勒下令："找一根旗杆把那面旗子竖立起来。"一名士兵从日军掩体里找到一根大小适中的木棍当作旗杆，把国旗绑在了上面。

插上折钵山的第一面美国国旗。"持枪哥"的这一造型是应摄影记者的要求特地摆出来的，其实当时山上已不需要特别防卫了

上午10点20分，E排在大风中将旗杆竖了起来。随队摄影师记录下了这一时刻，也随之产生了硫黄岛第一张插旗的照片。

从下面海滩向上望，这面小小的国旗几乎看不见，但是登陆部队都知道国旗已在硫黄岛的制高点升起。山下掩体内爆发出一阵欢呼声，眼睛里闪着泪花的士兵们高兴得你捶我打，军舰也汽笛齐鸣，用自己特有的方式表示庆贺。

当时，一名受伤的陆战队员正从小艇上被放进吊篮，准备进入医疗船进行治疗，突然，一切都停止了。这名伤兵急忙侧身问道："怎么了？"身边的人激动地指点道："看那里！"

他顺着手指的方向望去，看到的正是折钵山顶的那面红白蓝的星条旗，之后他的第一反应和其他人毫无二致："这一幕太美了！"

硫黄岛之战时，原海军部长诺克斯已经去世，继任者福雷斯特尔在史密斯的陪同下，前来硫黄岛视察。两位高级指挥官注视着山顶迎风飘扬的旗帜，都非常激动。福雷斯特尔告诉史密斯："折钵山顶升起的那面旗，意味着海军陆战队从此后五百年的荣誉。"

四小时后，战车登陆艇将一面新的更大的国旗送上了硫黄岛。约翰逊中校转身对副官说："有个狗娘养的想要那面国旗（指插上山顶的第一面旗），但他拿不到手。"

约翰逊想把第一面国旗换下来作为纪念品进行保存，同时换上大旗，也便于全岛的陆战队员都能看到。这次找来的旗杆是一根重达100多磅的排水管，得六名士兵齐心协力，踮起脚，像在雪地上走路一样，才能把旗杆竖起来。

因为只是换旗，这一举动当时并不引人注目。美联社随军记者罗森塔尔是一位职业摄影师，曾在帕劳群岛和关岛拍摄过登陆情况，但他到硫黄岛太迟了点儿，只勉强赶上了拍摄换旗。这位摄影师是个胖子，在山顶上不容易保持身体平衡，照片是他在仓促中抓拍的，他本人对此并不满意。

其他摄影师见状，便建议罗森塔尔多拍几张不同的照片，最好能让陆战队员们摆摆造型什么的。

陆战队员虽然在作战中非常勇敢，但面对镜头时通常都很腼腆拘束，不愿意配合。之前在第一次插旗时，一名16岁的陆战队员就拒绝了摄影记者要他摆姿势的要求："你要的是好莱坞电影里的海军陆战队员！"

为了不虚此行，罗森塔尔一个个地做说服工作，最后20名陆战队员终于答应帮他出镜秀一把。罗森塔尔自己最满意的一张照片，就是这20个人围在国旗周围，挥舞着枪支欢呼的镜头。

罗森塔尔把胶卷带到关岛，冲洗出来后发往了美国。还好，美联社的编辑很有水平，独具慧眼，没有采用认为最好的那张照片，而是发表了罗森塔尔认为仓促和粗糙的那一张。

"六勇士插旗照"见报后立即引起巨大轰动，并随即传遍了全世界，罗森塔尔因此也一举成名。美国摄影杂志评价道："那一刻，照相机记录了一个国家的灵魂。"

当硫黄岛上升起第一面美国国旗后，美军就开始漫山遍野地进行搜索，对日本人的洞穴逐个儿进行检查。

陆战队员豪厄尔在硫黄岛一战中获得了海军十字勋章，他参加了对山洞的检查。最初，他们没有什么大的发现，后来突然有一个日本兵出现在山洞口。

美军在整个太平洋战争中最为著名的一张照片。上面的美国国旗已经是第二面，但这张照片远比第一面旗的照片更出名

这个日本兵手里拿着一支步枪，但是并没有将枪对准美军士兵，似乎也没打算开枪，只是像疯子一样大声尖叫着。

如果日本兵放下武器，双手举过头顶，默默地从洞里走出来，毫无疑问，他会成为战俘。可是这种样子，即便他不开枪，豪厄尔等人也只能将其击毙。

在这之后，陆续又有人出来了，但是每次都只出来一个，而且都像第一个日本兵一样，手里拿着步枪或者军刀，疯子一样到处乱跑，直到成为枪下鬼。

检查过程中，豪厄尔遇到的只是这样一个接一个奔赴“灵魂狩猎场”的“疯子”，没有遇到任何有组织的抵抗，显然地堡中残存的日军已经崩溃。不过，让豪厄尔永远无法理解的是，这些人为什么不干脆投降呢？

为了攻取折钵山，28团阵亡了895人。史密斯特地把这个团作为军预备队留在折钵山，让他们负责继续肃清山里的日军，其余两个团继续在北部协同四师进攻元山地区的日军。

直到一星期后，28团对折钵山的检查和肃清才最终结束，但是这种战斗已经没有任何困难。史密斯的原意也是要让这支劳苦功高的精锐部队得到休息和调整。

从折钵山的山顶向北望去，可以看见处处都是硝烟，远处的炮声像雷鸣一般震耳。28团的将士都很清楚，那里的战斗仍然艰难和残酷。

★火刚熄灭的地狱

28团在折钵山顶插上国旗的当天，四师在五师两个团的协助下，正向二号机场发起总攻。这次美军的进攻准备非常细致，把海岸火炮阵地、舰炮、舰载机的潜力都发掘了出来，但是地面部队到达二号机场附近时，马上就像被钉子钉住，上不去了。

从二号机场开始，硫黄岛的地貌出现了变化，岩石嶙峋的荒山秃岭代替了火山灰丘，让人有从太平洋的海滩一下子来到美国西部的感觉，一名陆军记者形容是“火刚熄灭的地狱”。

事实上，这里是日军纵深防御地带的外围边缘，也是栗林准备做最后一搏的起始点。就地形条件而言，它比折钵山还难搞，因为没有侧翼，其防线横越全岛。

日军高地防御火力之强劲，简直超出了美国人的想象。除了像折钵山一样的火炮和迫击炮外，此处的地堡比折钵山的还多，枪眼密密麻麻，起码有好几百个，不走到近处根本发现不了，而等你发现时，早被枪眼里的机枪扫倒了。

陆战队简直是在用血肉来和钢铁水泥拼命，战场上到处是被炮弹炸得粉碎的岩石，到处是烧焦的火山灰，到处是海军陆战队士兵残缺不全的躯体。

一支部队在听到号令向前冲锋时，有人忽然看到前面一名队友直挺挺地坐在地上。他跑过去，在队友后面喊了句：“喂，伙计，怎么了？”

队友完全没有反应。这名士兵很奇怪，就走到队友前面，这时他看到了终生都忘不了的一幅惨景：队友只有半截身体嵌在沙土里，下半身已经不翼而飞。

原来队友早就被炸死了。这名士兵当时就控制不住自己，弯着腰剧烈呕吐起来。

整整一天，美军在北部的推进极为缓慢，犹如蜗牛爬行，全天只有右翼前进了约300米，左翼和中间几乎毫无动静。

如果不是南面攻下了折钵山，这真是丧气的一天。看到山顶的国旗后，已登上硫黄岛并把司令部建于岛上的史密斯，通过用于指挥登陆行动的扩音器宣布：“折钵山我们拿下来啦！海军陆战队第五师已把国旗插上折钵山，干得漂亮！”

大家听得高兴，但是史密斯又在扩音器里画蛇添足来了一句：“我们只要再前进2630码就可以攻下全岛了。”

立刻有人嘟哝道：“‘只要’，说得轻巧……”

史密斯自己还是有信心的，兵力不够，就增加兵力，把生力军开上去，这就是业已登岸的陆战三师21团。这个团久经沙场，属于精兵部队，且实力尚未损耗，比友军更具攻坚实力。

史密斯把四师、五师的师长找去协商，两位师长也一致同意由21团直接沿中部进攻二号机场，四师、五师则分别在左右向前推进。

战地记者询问史密斯，这场战役还需要打多长时间。史密斯回答：“今天不算，还有五天，上星期我曾说过，这次战役需时十天，我现在没有改变这个想法。”

特纳原来说五天即可占领硫黄岛，事实证明他错了。史密斯在此基础上翻一番，他希望自己的预测是对的。2月24日，在他的策动下，美军发动了一场强有力的进攻，以求打破战场僵局。

上午9点30分，在火炮掩护下，21团二营率先向前跃进，和前面的部队一样，它被挡在了防线以外。

此时三营突然发起冲锋，陆战队员们拿着手榴弹和刺刀，奋不顾身地向日军阵地扑去。

这是自美国南北战争以来，美军最果敢、最坚决的冲锋之一。它显示出，只要有战术需要以及认为具有价值，美国军人的热血精神可以被扩展到无限大。

日军一直认为用火力就可以阻止美军的进攻，但没有想到对方也会悍不畏死，也会不顾伤亡。战场的奇迹就发生在这一瞬间，三营冲力之猛，让他们一头撞破了似乎牢不可破的日军防线。

防守高地的日军主力是独立第145步兵联队。这支部队原计划增援塞班岛，因塞班失守才转至硫黄岛，战斗力居岛上各部之首。被三营冲开缺口后，145联队竭力进行封堵，两军在据点和工事之间展开了惨烈的血战。

战斗场面看起来就像是停留在第一次世界大战中，美军用他们的所有武器进行近战拼杀，当武器被火山灰塞住不能使用时，就用枪托、镐头进行肉搏。双方伤亡之惨令人毛骨悚然，三营的一个连在几分钟内就损失了四名军官。

缺口是关键，史密斯把附近的预备队和坦克全都集中起来，从缺口处冲入。冲进缺口后，这些后续攻击波又绕过日军的据点，从侧面和后方进行攻击。

硫黄战事进入第五天后的航拍照，美军已在利用一号机场。如果仅凭照片判断，要占领硫黄岛似乎已经板上钉钉，但实际情况并非如此

“多米诺骨牌效应”带动了二营，趁日军火力减弱之机，他们也开始往前猛冲，使得缺口被迅速扩大。沿着缺口，二营、三营一口气向前推进了730米，拔除

了近800个碉堡。

至此，美军已控制了硫黄岛近一半面积，他们付出的代价也极其高昂。陆战队总计伤亡数已达6000人，其中阵亡1600人，另有558人患上了战场疲劳症。

★绞肉机

美军对二号机场南端的突破固然重要，但距离在硫黄岛上取得胜利，还差得很远。

在21团的前方又出现了一个宽900米、纵深180米长的高地。该区域集中了800座大大小小的地堡，每座地堡都有一扇厚厚的铁门和一门带有轨道的大炮。要轰击的时候，铁门一开，大炮出来，等到要防守了，再把铁门一关，几乎是风雨不透，外面很难攻得进去。这些地堡联系密切，且能互相支援。

可以说，类似的防御系统在任何一个时代、任何一个国家都是罕见的，硫黄岛防御体系的精华部分全集中在这里。

美军要进入北部高原，此处是必经之地。史密斯不得不再次增兵，陆战三师师部奉命登岸，和师部一起来的还有该师所属的第九团以及一个野战炮兵团。21团随之归还建制，这使岛上美军作战部队达到了三个师，是海军陆战队在统一指挥下的最大部队。

自2月25日起，三师居中，四师、五师分列左右，三个陆战师并肩向东北推进。迎接他们的是一场异常艰险的征程，攻破一座日军据点，都像是要连根拔掉一只被敲碎的牙齿那么困难。部队有时一整天只能前进三到四米，等于是没挪步。

三个师里，四师面对的地形最为恶劣，皆为山地，每次都要仰攻才行。在形状上，这里的山地就像一个向各方面辐射出去的轮辐，中心的382高地乃硫黄岛第二制高点，一度是日军的主要雷达站。

栗林部署在382高地的兵力并不雄厚，他真正的目的不是将高地当作据点，而是作为诱敌工具，引诱美军上钩后围在里面打。

四师所属的陆战23团不知是计，该团的前卫部队起初很轻松地就到达了山顶，但是很快，他们的所有增援就被完全切断，周围的日军从各个角度向他们实施纵射，甚至从其后方发射炮弹。在交叉火力网的覆盖下，这个一共四个排的前卫部队损失极其惨重，连伤兵都无法后运。残部勉强支持了八个小时后，通过烟幕掩护才算撤出了陷阱。

日军不断使用这样的计策来对付美军，一周内，同样的事情一再发生，这使得四师不得不痛下决心，首先扫除附近的日军支援阵地，然后才向高地发起进攻。

五师方面的情形与之相仿，他们遇到的362高地只比382高地低了20英尺。同样，日军也是先让对方轻而易举地攻上山头，接着以密集火力封锁退路，最后用纵深火力和凶猛反击对攻上高地的美军进行杀伤。

居中的三师的“待遇”算是最好的，可是打来打去，他们也发现了一个规律，那就是过了一道关还有一道关，下一道防线只会比前面一道更坚固，更难撼动。

美军陷入了惨烈的消耗战中。四师面对的382高地被称为“绞肉机”“肉磨”，四师伤亡率因此高达50%以上，有经验的连排长和军士长伤亡殆尽，许多连队的连长都由少尉或上士担任，而班排长则大多由普通士兵充任。到该师所属的24团攻占382高地时，已经有好几个连几乎全军覆灭。

四师的一名中尉军官在作战日记中坦承，像他们这些军官要把士兵送上前线，都需要极大勇气，因为自从这个师成立以来，他们所认识的许多人都已阵亡。送士兵上前线，就跟将士兵推入鬼门关一样令人不堪忍受。

另外一件需要极大勇气的事，就是往前推进。第一天推进100码，第二天早上起来，数一数少了多少人，然后再往前推进。

这位中尉所说的100码背后，是整整500人的伤亡。可以说，前进的道路都是用战友的生命和鲜血堆积起来的，这听起来非常残酷，可又别无他法。

伤亡的不断增加，使海军陆战队和陆军，乃至尼米兹和麦克阿瑟之间的那些剪不断理还乱的矛盾重新浮出水面。当尼米兹回国述职时，旧金山一家报纸在头版发表社论，认为美军在硫黄岛损失惨重，“在真正打到日本的要害地区前，有被拖垮的危险”。该报还暗示损失大的原因是海军和陆战队方面领导无方，是在用美国子弟的生命做不必要的冒险，而如果让“美国最优秀、最成功的战略家”麦克阿瑟来指挥那就不一样了，因为“他的智力和策略都胜过日本人，能猜透日本人的心事，比日本人想得更远”。基于这个理由，报纸呼吁应该把太平洋战场的最高指挥权交给麦克阿瑟。

这种带有中伤式的说法令尼米兹十分不满，同时也使知晓内情的陆战队官兵怒不可遏。其实，陆战队本身也一直在设法减少各条战线的伤亡。但是中部高地地形复杂，不像折钵山那样是单独的一座山，在两军阵地犬牙交错的情况下，不可能再指望用大面积投放凝固汽油弹的办法来解决问题。

伤兵在离开硫黄岛的登陆艇上。陆战队飞得还不高，但跌得已经很重

在中部高地，解决日军地堡的现行办法一般分两种。比较容易发现和接近的地堡，可以靠火焰喷射器、飞机火箭、榴弹炮、越野卡

车上发射的火箭筒来摧毁。其中最有效的武器除了火焰喷射器，就是飞机火箭。只要地面人员精确地测定地堡方位，为飞行员指明目标，飞机就能成功地用火箭将地堡送上天。

难以接近的地堡，则须先用混凝土堵塞岩洞口，再用开山机、推土机卷起几立方米的泥土，将岩洞予以完全覆盖。后一种办法的缺陷是，由于日军在建造地堡时“狡兔三窟”，封一个洞口往往难以奏效，日军或者从其他洞口继续出入，或者在美军离去后想方设法掘开被封的洞口。

针对这一情况，先前媒体提出的使用毒气的方案再次被搬上桌面。这次系由马歇尔办公室郑重提出建议，即在封闭地堡之前，美军是否还要向地堡内灌入毒气。

当时美国军火库已储存了大量毒气，只要开禁，马上就可以动用，但是马歇尔的建议仍然遭到了否决。罗斯福和尼米兹一方面还是认为“美国不应首先违反《日内瓦公约》”，另一方面，他们也投鼠忌器，害怕日军得到消息后，会对美军战俘实施可怕的报复行动。

尼米兹非常清楚地知道，若不使用毒气等非常措施，将因此“丧失许多优秀的海军陆战队员”，然而他对此也无可奈何。

★更多地耍心机

3月1日，美军终于攻占了二号机场和岛上最大的定居点元山村。然而史密斯所说的十天之期早已过去，日本人还占据着硫黄岛的很多地方。唯一让人感到欣慰的就是一号机场的启用，海军工程营已将跑道修复并延长至900米。

3月3日，第一架美军飞机在泥泞的一号机场跑道着陆。这是一架从马里亚纳群岛起飞的C-47医用飞机，机上满载着药品和邮件。之后飞来的是一架大型运输机，为岛上美军带来了两吨半的迫击炮弹。

3月4日，一架刚刚轰炸过东京返航时发生故障的B-29在硫黄岛紧急降落。排除故障后，B-29又安全飞回塞班岛。硫黄岛的价值开始得到体现，陆战队的鲜血没有白流，一直站在旗舰上观战的斯普鲁恩斯对此感到满意，因为这证明了他下决心占领该岛的决策是正确的。

同一天，栗林通过设于父岛的电台向大本营发去了一封内容很长的电报，实际上是一封告急电。

硫黄岛战没发展到第二阶段的时候，栗林已经认识到，他取得胜利的希望十分渺茫。在这座岛上，美军固然精疲力尽，可日军也拼得差不多了，栗林告知东京，他的部队“已丧失大部分火炮、坦克和三分之二的军官”。也许他还可以凭着北部高原的天险再拖一段时间，可胜利已基本不能考虑在内了。

硫黄岛与东京不过相隔570海里，栗林希望大本营能及时向他伸出援手：船只、大炮、飞机，更重要的是还要有足够数量的生力军，这样他才有把握击败疲兵久战的美国海军陆战队。栗林很直白地说：“把这些东西送给我，我才能守住这个岛屿，否则我就无能为力了。”

硫黄岛与东京的距离确实不远，可是大本营在援救方面也真的是毫无办法。联合舰队的舰艇早已大部分沉入了海底，大本营就算表现一下姿态也做不到。没有船只，武器和部队自然都无法运往硫黄岛。

联合舰队能做的，只是派特攻机趁晚上发动袭击。特攻机一批批偷偷地进入硫黄岛海域，有时一晚上要来好几次，美军在硫黄岛上不断发出空袭警报，使得岛上的陆战队都感到十分紧张。不过在这么多次出击中，“神风敢死队”只有三次闯过美军战斗机的拦截线，其中两次算是真正投了弹，但造成损失的最多也不过是美舰，岛上丝毫没有受到影响。

陆战队用炸药包炸开的一座碉堡。日本兵尸体横陈的景象，显然让站在沙坑旁的这名军人感到了惊悚和害怕

栗林和部下的命运已经注定了。为了继续与美军打持久战，他们只能更多地要心机。美军的攻击有一个通常程序，即先用飞机轰炸，继之舰炮轰击，接着地面炮火射击，最后才是步兵冲击。掌握这个规律后，当前面三个前奏开始时，日军总是一声不响地藏在岩洞和坑道里，以躲避美军的炮火，一俟炮声停止，他们马上就进入阻击阵地，时间之快可以用分秒来计算。采用这个方法，日军的阻击效力发挥到了最高限度，美军攻势常常因此瓦解。

应该说，日本人是比较会总结经验教训的，但更擅长此道的还得数美国人。3月7日拂晓，美军采取了一种新式的攻击方法，步兵事先不做任何准备，就借助黎明前的黑夜，一鼓作气冲上始终难以攻克的362高地，打了日军一个措手不及。

在阻击阵地已被美军发现的情况下，日军再施一计。当陆战队准备召唤后方炮兵，用火力来摧毁日军阵地时，面前的日军突然消失了，那情景就好像是土行孙玩地遁术，仿佛是地面把这些日本兵全给吞食了。

炮弹浪费了，但日本兵其实并没有走远，他们躲进了伪装得很好的地下坑道，不声不响地潜伏着。一旦美军不知不觉中闯入他们的狩猎范围，也就是距离只有几米的时候，他们就会突然开火，这样不仅能做到弹无虚发，而且可以最有效地隐蔽自己——被打死的人永远不可能发现和报告杀手的藏身之所！

有时，这些岩洞甚至就在美军的脚底下。美军一个上尉连长站在一个山坡上指挥作战，没想到山坡下的岩洞里就藏着日本兵，而且拥有一门75毫米山炮，炮声一响，把这位连长震得从山坡上滚了下来。

★本掩体为私人财产

美军的伤亡数字已达到了瘟疫流行时的程度，截至3月4日，共伤亡16000人，其中约3000人阵亡，战斗持续的时间也大大超过了参谋长联席会议的预计。

不断累加的伤亡和疲惫，使美军许多部队的作战效率降到了原有标准的一半，甚至更少。按照美军的习惯，很注意让前线部队进行休息和调整，但由于兵员越来越少，休息的时间也越来越难以保证。

实际上，在硫黄岛的所谓休息，也只不过具有象征意义。因为日军的炮火可以覆盖整个岛屿，不管前线突击部队，还是28团这样的军预备队，都没法完完全全地睡个好觉。

好在陆战队员都天生具有一种乐观和幽默的精神，这使得他们能始终保持高昂的士气。在美军的岩沿里和掩体外，到处都贴着一些让人忍俊不禁的语录：

两名陆战队员将火焰喷射器对准阻碍他们前进的日军防御工事。因目标过于显眼，火焰喷射手往往会成为敌方狙击手的活靶，同时他们也很少成为战俘，作为报复，被俘虏的火焰喷射手通常会被就地枪决

这里是折钵山不动产公司，海景秀丽，凉爽宜人，可以每夜免费看烟火！

本客栈不日开张，我们希望专门用以招待美军！

请注意，本掩体为私人财产，并非联邦房建局资助建成。本掩体并非为舒适而是为争速度而建！

美军强大的财力和资源，也为陆战队的这种乐观精神提供了坚强后盾。停泊在硫黄岛海面的支援舰队所载的食物，足够亚特兰大所有市民吃上一个月，光带来的香烟就有一亿支，保证每个陆战队员身后都有1322磅的粮食补给，想抽香烟也应有尽有。

相比之下，岛上剩下的大约7000名日军就可怜了。整个硫黄岛战役期间，大本营为岛上部队运送给养的行动只成功过一次，那是一次夜间空投。飞机投下了装有药品和弹药的降落伞，代价是三架日机被岛上的美军夜间战斗机击落。

日军的饮水、食品和弹药严重短缺，别的还好说，最要命的是硫黄岛上没有淡水，主要依赖收集雨水。即便在美军登陆之前，像栗林这样的最高指挥官，平时也只有一杯水可用以洗脸，实际上也只是拿来擦擦眼睛。然后他的副官再用这杯水洗脸，副官洗完后，栗林还要留着它上厕所后用。栗林曾在家信中说，他每次视察完防御阵地后，都梦想着能喝到一杯凉水。

但栗林已经算不错了，给他的水是按指挥官的标准配置的，一般来说，士兵们还没有这么多水可用呢。尤其到了战时，日军成天钻到挖得很深的地下坑道里。硫黄岛本身就不是一个冷却得很好的火山岛，地下一直不断往上喷发热力。一些美军陆战队员甚至利用这种热量来煮咖啡，洗热水澡，而当他们享受这一切的时候，地下那些日本兵所受的痛苦可想而知。

这就叫贫莫与富斗。打到最后，大家拼的还是本钱，本钱不够，就是把泥菩萨叫醒也不顶用。3月7日，美军发动总攻。担任中央突破任务的陆战三师按照罗盘方向推进，遇到实在难以突破的日军阵地就绕过去，这使得他们从日军的坚固防线上杀出了一条血路。

三师的狂飙突进，将岛上日军一剖两半。接替大须贺应担任旅团长的千田贞季少将、海军警备队司令井上左马二大佐都认为，局势已毫无希望。尤其是井上，他对折钵山顶的那面星条旗非常在意，并对千田分析说，美军在一号机场的守卫一定非常薄弱，他的海军部队可以渗透进美军防线，到达机场后，先摧毁停在机场上的B-29，然后登上折钵山，换上日本的膏药旗，那该是多光彩的一件事。

井上的话很对千田的路子，他随即致电栗林，请求允许他发起最后的总攻。栗林向来视坚守阵地打持久战为守岛宝典，部下如此愚蠢而不切实际的计划几乎把他气疯了。他否决了这一计划，并告诉千田，离开岩洞只会空耗兵力，加速硫黄岛的失守。

千田比他的前任还有个性，根本不想听上司的，而且他也实在受不了钻岩洞的生活了。在千田那像迷宫一样闷热的指挥部里，温度已经达到48℃，跟蒸笼一般，与其被活活蒸死，还不如出去碰碰运气呢——运气走时，固然潮水似的往下退；运气来时，说不定也能火焰似的往上升。

一直想出去，从未实现过，如今一定得试试。3月8日晚，千田把旅团全体军官召集到指挥部，宣读了自己所拟的总攻命令，决定主动向美军发起攻击，“我本人将始终冲在诸位之前”。

千田拿出一杯水，让军官们彼此传递，以示接受命令。谢过众人之后，千田说：“咱们在东京靖国神社再会吧！”

千田是要在次日，也就是3月9日动手，但是他的命令在以口信方式传送到一英里外的海军警备队司令部时，却出现了错误，变成了当晚发动总攻。原因是12

月8日，日本袭击了珍珠港，从那以后，每个月的8日都被日本人认为具有特殊意义。井上方面毫不怀疑，3月8日当晚就是个好日子。

按照井上转发的命令，从各部队凑集的约1500名海军官兵，拿着步枪、手榴弹、轻机枪乃至竹枪，在黑暗中蹑手蹑脚地朝出发线摸去。

海军少尉大曲觉是“炸弹火箭”的负责人，在硫黄岛之战头几天，就是他率领“炸弹火箭”部队给美军造成了巨大杀伤。当时他正带着140人在一个22米的岩洞里屯守，他接到的命令是把部队带到二号与三号机场之间的海军基地，与其他部队会合。

离开岩洞后，由于不断遭到美军火炮和迫击炮的攻击，加上迷了路，大曲到达目的地时，他的部队只剩下了15人。海军警备队原计划调集的1500人自然也大大缩水。

到了午夜，这一千多名士兵便向陆战四师23团的前线阵地展开了冲锋，所有人身上都挂满了手雷和炸药包以及其他各种爆炸物，没有一个人做了生还的准备。

★错误的夜袭战

毫无疑问，这是一次自杀式的攻击，但又区别于通常意义上的万岁冲锋。千田和井上的计划不是像蛮牛那样横冲直撞，冲到哪儿是哪儿，而是做有目的的大规模渗透，即在穿过美军防线深入其后方地区后，尽可能地破坏美军一切设备和物资，比如补给仓库、坦克、摩托化运输工具等。

计划订得很好，但是由于缺乏组织纪律，士兵们冲锋时全在高喊“万岁”，就算美军原先都在睡觉，他们这么一嚷嚷，也都被吵醒了。

美军陆战队员从新兵开始就接受过严格的战斗训练，即便勤杂人员也具有一定的战斗素养，在发现对方发动突然的夜袭战后，他们本能的反应就是卧倒，并向任何移动的目标开火。

经过激烈战火的洗礼，硫黄岛早已面目全非，连山上的树木都显得格外狰狞

美军还向日军必经之地发射了照明弹，借助照明弹的光亮用火炮对暴露的日军进行射击。借着照明弹望去，迫击炮弹炸起一根根泥灰柱，日军被炮弹和子弹包围，到处都可以听到各种各样的惨叫怪叫，其凄惨景象让置身其间的人们恍如已脱离了人间。

参加夜袭的日军都知道他们的任务不是冲进美军的防御阵地，而是绕过去，到对方的后方营地去捣乱。有许多日本兵如愿以偿，可悲的是他们碰到了更多的岩洞和地下坑道，那些原先都是日本人的“专利”，现在却遭到“盗版”，被美军据为己有了。

美军在日军原有基础上进行了改造，变成适合自身的掩体。在美军后方，从指挥所到勤务部队、预备队，全都有这样的保护工事。

这一次，变成了日本人在地上，美国人在地下。美军也像过去他们的对手做的那样，死守在原地不动，等到日军走近了，再用强大的火力把敌人撕成碎片。

大曲少尉没能绕过防御线，他和他那15个兵躲在弹坑里或岩石后边，被美军的机枪压得一动都不能动，整整一个小时后才偷偷溜回了原来驻守的岩洞。

大曲认为他的海军战友可能已夺回了折钵山，而自己却没有参加，想想实在不甘心，于是又串联了几百人，准备找一个陆军军官带路，重返夜袭场。他们好不容易在一个山洞里找到了一个陆军单位，但是洞里的人都说不知道当天晚上有什么总攻。

我们海军在那里被美国人打得跟肉末似的，你们作为发起人，居然说不知道？大曲怒不可遏，他指责这些陆军临阵脱逃，说着说着，几乎要与一个陆军大尉大打出手。

这支日本陆军属于第26坦克联队本部。所谓坦克联队，当然早已是一个没有坦克可用的步战部队。联队副官闻讯赶来，他告诉大曲，不会再有什么总攻了，千田的命令已被栗林取消。

这时联队长西竹一中佐也走了出来。西竹一出身名门，在日本是个男爵，也是当时日本最有名的骑手，在1932年洛杉矶奥运会上，他与他的爱马曾获得过个人跳越障碍冠军。他不仅证明了副官的说法，而且希望大曲及其部队能留下来，给他充当补充部队。

大曲仍然不相信总攻已经取消，更不愿意就这么把部队交给西竹一——你给了他，就算是他的，再用就是冤家了，与其这样，还不如独自带着去参加总攻呢。

西竹一以为凭自己的身份和面子，大曲一定会屁颠儿屁颠儿地立即表示顺从和追随，没想到对方这么不识趣，于是便没好气地撂了一句话："如果谁要想死，随时都可以去死，这里离美军阵地只有50米！"

大曲恨恨返回，但是当他把部队集合起来时，才认识到参加总攻已经来不及了。大曲十分沮丧，他只有15个兵，要独立守岩洞都很难，想来想去，还是把部队交给了西竹一。

至于大曲自己，已经受够了"山洞战术"，他向西竹一提出，他自愿充当"人肉炸弹"，去炸美军的坦克履带。得到的答复是没问题，几天内就会轮到他。

到了第二天拂晓，渗入美军防线和后方的日本兵已经到处都是，最大渗透距离已达1600米。但是他们既没能把美军的防线切断，也无法使美军的后方陷入混乱，换句话说，根本就没有什么太大的战术价值，只不过是让他们自己陷入绝境而已。

陆战队员在展示缴获的日军旗帜。日军把他们的旗帜看得很重要，旗帜被缴获，往往是一个成建制日军单位已被歼灭的证明

这次错误的夜袭被彻底粉碎，日军至少伤亡了1000人。栗林白白损失了大量有生力量，给他以后的作战带来了极为不利的影响。

栗林虽然阻止了总攻击计划，却留不住发起人千田的心。3月9日晚，千田把附近部队集中起来，他两手各拿一颗手榴弹，头上裹着一条涂有膏药旗标志的白布条，率领一帮人冲锋了。

不出栗林所料，攻击依然毫无作用和价值，包括千田在内的出击者几乎全部战死。

当天下午，陆战三师攻至西海岸，占据了一段约为800米的海岸。21团一营最先到达海岸边，陆战队员们用海水洗脸，光着脚丫在海浪中嬉戏。作为战绩的证据，该营营长还在一个军用水壶里装满海水，并在水壶外面贴上“只供检验不能饮用”的标签，派人送给了师长厄金斯少将。

★死亡谷

3月10日，陆战三师在将日军防线截为两段后，开始向两边扩张战果，以策应四师、五师的攻击。

按照史密斯的判断标准，硫黄岛战斗已经告一段落。他通知海军，他不再需要舰队的帮助，岛上机场即可为陆战队提供必要的空中支援。鉴于舰队长时间停留在硫黄岛海域确实有一定的风险，斯普鲁恩斯的航母编队和特纳的支援舰队都陆续返回到了基地。而他们的舰载机则依托岛上机场，对已经光秃秃、乱七八糟的硫黄岛继续进行常规性的轰炸。

日军的标准与史密斯完全不同，尽管他们的防御态势相当不利，仍依托工事死战不降，尤其在栗林直接指挥的“死亡谷”，抵抗最为激烈。

栗林对全岛地形非常熟悉，他选择的“死亡谷”位于北部高原的南端，处在一个四面峭壁的崎岖峡谷内。谷地内设有许多大小炮位，可以从各个角度进行发射，所有岩洞都用钢铁和水泥予以加固，中间用复杂的地道相连。对于这种坚固据点，美军的大炮和坦克无从发挥威力，在重火器失去作用后，战斗完全变成了双方步兵之间的苦战。

主攻“死亡谷”的是陆战五师。该师28团在肃清折钵山的日军后早已归建，所以五师的建制是齐全的。但由于战斗激烈，其兵员损耗非常大，三个步兵团的平均伤亡比例为75%，只剩下了一个骨架子，所补充的都是零星杂牌的人员，比如新来的补充兵，或者师部的文书、炊事兵、技术兵、卡车司机等，包括在这个地方派不上用场只能当步兵用的炮兵。

一天一天，一次一次，勇敢的士兵们爬下“死亡谷”战斗，许多人下去后就再也没能上来。日军往往会先任由他们进入谷地，再用炮弹将他们炸得粉碎。在接连不断的血战中，五师一个营作为战斗力量再也不复存在，另一个营在几天内损失了三个营长，其中一个被砍了头，一个踩了地雷，最后一个失去了左臂。幸存的官兵全都疲惫不堪，许多人因为长时间苦战，已经变得心理失常。

美军想尽一切办法来对付吞噬他们生命的“死亡谷”。装甲护身的开山机经过连续挖掘，终于挖掘出一条道路，让喷火坦克开了进去。

这种喷火坦克系由M4“谢尔曼”坦克改装而成，其实主要就是将坦克火炮拆除，装上了重型火焰喷射器。在“死亡谷”，喷火坦克一天要消耗1万加仑的油料，日军的地堡渐渐吃不住劲了。接着，陆战三师也赶来支援。两个陆战师协力共进，日军控制范围被压缩得越来越小。

日本海军少尉大野利彦刚刚大学毕业，在硫黄岛出任高射炮台台长，他原来有54个士兵，此时被打得只剩下5个。六个人全都挤在一个三米见方的地堡里，地堡的出入口已被堵死，他们只能从炮眼中爬进爬出。

幸运的是，他们找到了两箱压缩饼干和糖果，还有三大袋砂糖以及半桶淡水，这让大野欣喜不已。本想先吃上一顿再说，但众人实在都太困了，趁着美军进攻的间隙，他们往水泥地上一躺，便呼呼睡了过去。

突然，大野被外面传来的声音惊醒了。他爬起来顺着炮眼向外望去，看到了一顶美国海军陆战队的钢盔。

不好，美国人又杀过来了！大野急忙拔出手枪，再看，钢盔已经消失了，随后他听到了嗞嗞声，美军从炮眼里塞进来的一颗手雷落在

美军正在“死亡谷”中捣毁一个洞穴据点，这个据点由三层碉堡组成，易守难攻

了水泥地上。

一名士兵眼疾手快，起身跳到大野前面，将毯子往手雷上一盖。手雷爆炸了，但因为被毯子盖住，弹片没有飞溅，也没有人受伤。

美军塞完了手雷，又试图将一束炸药棒塞进来。大野抓起毯子塞进炮眼，想要用它把炸药棒往外推——光推是推不出去的，不过至少可以为工事里的人争取一点儿躲避的时间。

在感到双手乏力后，大野纵身往后一跳，身子紧贴着墙，喊了一声“注意”。听到他的声音，众人都用拇指塞住耳朵，中指堵住鼻孔，其余两指捂住嘴巴，准备好迎接炸药棒的爆炸。

炸药棒爆炸了，刹那间，整个工事好像离开了地面一般，大野下意识地喊了一声：“啊！”

当他睁开眼睛的时候，发现通道口已经被炸掉了，工事里浓烟滚滚。大野问部下们：“你们没事吧？”

只有一个士兵呻吟着做出了回答。顺着通道口射进的一束光线，大野看到这个士兵的头上在流血，沙子如同胡椒粉一般落在他的皮肤上。

外面的人影挡住了亮光，是一个美军陆战队员正向下探视，察看炸药棒的效果以及还有没有活着的人。

大野忙用手捂住受伤士兵的嘴。美军没有发现他们，转身对付下一个地堡去了。

大野所在的地堡是一个例证，从这时起，包括“死亡谷”在内，日军已无法进行大规模阻击，只能人自为战地组织小股抵抗。

★这是一次赌博

英雄惜英雄。单从职业军人的角度，美军对栗林坚忍的意志和巧妙的作战方式还是很佩服的，但他们更希望到这一步，对方能够罢手，以减少彼此无谓的伤亡。

陆战四师师长凯兹少将第一个向栗林发出劝降信，信中首先对他的无畏精神和英勇作战表示了敬意，接着说明，即使他继续抵抗，也毫无取胜的可能，只能徒然地使更多的生命牺牲。凯兹保证栗林所部只要停止抵抗，就能依照《日内瓦公约》受到人道主义的待遇。

栗林对此不予理睬，他通过无线电告诉在父岛进行联络的堀江："我对这种幼稚的把戏嗤之以鼻。"

劝降信如石沉大海，没有回音，美军只能继续加强进攻。3月16日，又有800余日军被歼灭，史密斯当天宣布美军已占领硫黄岛。与此同时，日军残部依然在抵抗，有的地方战斗还相当激烈。栗林从硫黄岛发电："战斗已接近尾声，老天也在为我军官兵的英勇顽强掉泪。"

于是，陆战三师师长厄金斯少将开始做第二次尝试。厄金斯想的比凯兹更周到，因为栗林过去曾向他的部下下达过死战到底的命令，现在要他站出来投降，对一位讲信用的战将来说，未免有点儿说不过去，起码没法自圆其说啊。

厄金斯决定另辟蹊径，给145联队的联队长池田益雄大佐写劝降信。145联队仍是防守"死亡谷"的主力，只要池田有所动摇，厄金斯估计栗林就有台阶可下了。

厄金斯把送信的任务交给了刚刚被俘的两名日本兵。这两个人都隶属于145联队，知道自己联队指挥所的大致地点。

日军习惯残酷地对待所有战俘，他们认为如果是美军俘虏了他们，对他们也

要在战场上俘获一名日军士兵并不容易，一般都是在日本兵受伤或失去知觉的情况下才有可能。照片中，因为害怕日本兵会拉手雷自爆，陆战队员小心翼翼地给了他一根烟，以示优待俘虏

不会好到哪里去。然而等到真正被俘后，日俘们才发现事实并不是这样，美军给予他们的是人道主义待遇。一个硫黄岛上的日俘对此感到十分震惊："他们（指美军）对我们很人道，日美之间的差别竟如此巨大。"

另一名日俘原以为如果他向美军投降就会被砍头，结果不但没有砍头，美军还给他治伤，给他喝可乐。他很真诚地对看押的美国兵说："我们完全是军国主义教育，都要求为天皇效忠，军队把我们看得微不足道，像被踩在脚底的小虫子。我们以为美国人也会像我们的军队那样像虫子一样对待我们，但美军救了我的命。"

派去送信的两名日本兵的心情与之相符，感动之余，他们自愿冒着危险担当信使。不过，为了让他们不会因此受到上级的责难甚至惩罚，厄金斯还是在劝降信上特别做了补充，申明两名日本兵被俘的时候已经失去了知觉，而且手上也没有武器，同时如果有必要，他们仍有为祖国牺牲的决心。

陆战三师的很多参谋人员和军官都不看好此次劝降行动，劝厄金斯放弃。因为他们认为那两个日本兵被俘没多长时间，能不能信任还是个问题，一旦脱离美军的掌握，势必一去不归。

日俘逃走还是小事。出发前，厄金斯为他们配备了一套无线电对讲机，这在当时的美军中都算是最新设备，两个日俘学了两个小时才学会。参谋们就怕这一重要设备就此落入日军手中，对讲机的内部构造也会泄露给日本人。

如果两个日俘很重要，厄金斯当然会有所顾忌，但栗林的保密意识很强，自从美军登陆之后，他便尽量销毁一切含有情报内容的内部文件，就算是各部队的指挥所，在美军占领之前，也会先行炸毁。在硫黄岛的日军中，别说普通士兵，就是一般基层军官也无法掌握总体部署，所以日本兵被俘后虽然很愿意合作，却提供不了多少有价值的情报。

基于这个原因，厄金斯认为即便两个日俘真的不再回来，对美军而言，也不是一个重大损失。至于那套对讲机，地堡内的日军短时间内不可能琢磨出什么来，应该不会对美军造成危害。

这是一次赌博，赌赢了，收获丰厚；赌输了，不过是小亏了那么一点儿，完全值得干一把。

★他们是我的人

两个日俘走出美军防线不久，就碰到了一个饿得半死的日本兵。带头的日俘在对讲机中的呼号为“朱”，“朱”利用口袋里的美国香烟和干粮，轻而易举地就说降了对方。当这个日本兵自己走到美军前哨阵地时，嘴里还嚼着“朱”给他的饼干呢。

日军要求士兵绝对和无条件地服从上级命令，军官可以随心所欲地对士兵进行体罚。这种训练方式不仅破坏了士兵的思维能力，也把他们转变成为“靠条件反射盲目执行命令”的人。实际上，只要摆脱了军队体制的束缚，有些日本兵是很聪明的，也很善于随机应变，比如“朱”就是这样。在两个人继续前进的过程中，“朱”发现一个岩洞里躲着六个日本兵，看样子，这六个日本兵并无投降的打算。于是“朱”赶快说，他们是从美军阵地上逃回来的，对讲机、香烟、干粮也都是抢来的，而其他人则已在与美军的肉搏战中丢了性命。

换句话说，他们还是逃出虎穴的英雄，靠这套谎话，两个人居然成功地蒙混了过去。不久，另一名日俘不小心摔断了腿，只好停下来休息，“朱”继续在黑暗中摸索着前进。

“朱”所说的145联队指挥所距离美军前线仅500多米，但他们出发六个小时后，“朱”才通过对讲机报告，他已到达目的地。接着美军便失去了“朱”的消息，而且整整一个晚上音信皆无。大家都认为“朱”不会回来了，就连原先最乐观的人也都不再抱有希望了。

然而“朱”并没有背弃自己的使命。145联队指挥所所在的那个岩洞里挤满了日本兵，当晚，“朱”很难接近指挥官，于是他找到了池田联队长的传令兵，请其把劝降书代交给池田。

“朱”守在岩洞边等候，这一等就是半个小时，他越来越紧张，生怕出现什么不测。最后传令兵居然回来了，并告知大佐正在开会，信件已经交给了另外一位副官，副官答应马上代为转送。

日军战俘正在吃着美国士兵给他们的军用口粮。日本兵在战场上不肯投降，有多种复杂的原因，但在被俘后，一旦受到出乎意料的优待，他们转变的速度也很快，从太平洋战场到中国战场，都是如此

这下子，“朱”无论如何也不敢再在岩洞里待下去了。他从岩洞里溜了出去，回头找到了另一个同伴。

时已拂晓，两个人可以回去复命了，但他们觉得此行还未有着落，对不起厄金斯的嘱托，遂决定继续留在日军防线里，用对讲机为美军炮兵指示射击目标。

陆战三师终于又从对讲机里听到了“朱”的声音，在那一整天中，两名日俘都在指示目标。这工作相当危险，除了两个人可能被日军发现外，炮弹有时也会落在他们附近。

到黄昏时分，“朱”才告知师部，他们准备回来了，请前哨阵地注意迎接，但前哨阵地一直没有看到他们。直到第二天一早，陆战五师师部打来电话，说有两个日本兵由敌方区域进入了他们的防线，已经被当作战俘收容了起来。让他们诧异的是，这两个人虽然是地道的日本人，也不会说英语，却携带着一部美国最新式的对讲机。

五师师部叫来了翻译官，翻译官一问，他们说自己是陆战三师的人，对讲机是陆战三师师长厄金斯亲手交给他们的，除非接到厄金斯本人的直接命令，否则他们宁死也不会把对讲机交出来。

厄金斯得知后，马上亲自接过电话说：“没错，他们是我的人。”

给池田的信同样没有任何回音，池田到底是否收到了信以及他的反应如何，没有人知道，因为后来和池田在一起的人没有一个活下来。

3月21日，父岛的堀江通知栗林，他已经被晋升为大将，日本国内报纸均赞扬他的英勇防守是对全体国民的一个巨大鼓舞。栗林则通过堀江向东京报告，顽抗仍在继续：“我们已经五天没吃没喝了，但是士气仍然高昂。”

2月至3月的30天，是太平洋战争史上最惨烈的一个月。在这段时间里，美日两军的伤亡人数曲线陡然上升，整个二战期间的伤亡人数也再次达到最高点。

3月24日，美军将残余日军压缩至岛北部约2100平方米的狭小范围内。这是史密斯宣布占领硫黄岛之后，又经过整整一周的激战才得到的结果。

★最艰苦的一仗

为了安抚美国民众对于巨大伤亡的忧虑，美军重新申明占领硫黄岛，并在一处被炸毁了的日军碉堡旁举行了简短的升旗仪式。

一名上校代表尼米兹宣读占领告示，随即三名陆战队员将一面国旗拴在一根24米长的杆子上，在司号兵吹起的升旗曲中，他们升起了国旗。

与上次在折钵山顶升旗后的欢声雷动相比，这次升旗仪式完毕后，没有人交谈——就在上校宣读占领告示的时候，硫黄岛北部的隆隆炮声几乎打断了他的发言，所有在场的人心情都无比沉重。

在升旗仪式上，美军官兵向高高飘扬的旗帜敬礼。举行这次仪式也是为了鼓舞士气，实际上岛上的战斗并未停止

主持仪式的史密斯含着眼泪对副官说："这是迄今为止最艰苦的一仗。"

在"死亡谷"的地下深处，栗林也举行了一场处理旗帜的仪式，不过他不是升旗，而是焚毁军旗，销毁密码本，准备实施最后的决死反击。

当天下午5点35分，栗林向东京发出了最后的诀别电报："战局到了最后关头，目前已弹尽粮绝，（但是）想起祖国对我恩重如山，我粉身碎骨，毫不后悔。除非夺回本岛，否则日本将永无宁日。我真诚希望，我的魂魄在皇军卷土重来之日担任先锋。”

栗林以最后一道命令激励他的士兵：“我们要插入敌人内部去把他们消灭。我们要抱紧炸弹，冲向敌人的坦克，把它们炸毁。我们的每一发炮弹都要不失误地打死敌人。”

类似“圣战誓言”式的口号被再次提出：“我们死一个人，就要敌人死十个，人人都要把它当作任务来完成，谁也不准再考虑自己的生命。本人将始终在诸位前面！”

3月25日，栗林派人设法通知散布在岛上的每一个日本兵，只要还能够行动的，须携带武器于夜间在三号机场附近的山区集合。

当天日落前，父岛的堀江收到了栗林发出的最后一封电报，而且是明码：“父岛全体官兵们，永别了。”

接到栗林的通知后，海军守备队的市丸少将把尚能战斗的60名部下召集到自己的地下岩洞里。他发表讲话说：“本岛失陷意味着美国佬的军靴不久将踩上我们的祖国，然而诸君是日本武士，切不可急于求死，要趾高气扬地活着，尽量杀敌，为七生报国而战。谢谢。”

在蜗居岩洞的这段日子里，市丸想得还挺多，他专门写了一封给罗斯福总统的信，认为是美国发动了这场战争，而不是日本：“从你的所作所为来看，白种人正以牺牲有色人种为代价，独占世界之成果。”

是啊，如果没有美国，日本完全可以在亚洲称王称霸，所谓“水路上有船，人头上有钱”，走哪儿灭哪儿，那该多惬意啊。在给罗斯福的信中，市丸很委屈地说道：“我们所要求的，只不过是要你把原属于东方的东西归还给东方而已。”

只有到了这一步，日本人才觉得自己晦气。他们从没有认真想一想，若不是自己贪心，得了一千非要一万，以及习惯于把承诺别人的事抛到东洋大海，如今又怎会落得如此狼狈?

就在午夜前半小时，市丸将近百名伤员留在洞内，自己与那60人离开了山洞。他们刚刚出洞，就遭到美军大炮、迫击炮和机枪火力的猛烈射击，最后连同市丸在内，仅剩十余人到达集结点。

在指定的集结点，栗林凑齐了350人的海陆军队伍，这些人手中既有自己的武器和干粮，也有从美军手里抢来的武器和干粮。3月26日凌晨，他们趁着夜色，绕过美军阵地和巡逻队，向美军后方袭来。

与十天前相比，美军的警惕性已经大为降低，尤其是后方人员，以为战斗即将结束，完全想不到会大祸临头。日军潜入二号机场不远处的美军宿营地时，营帐里的人都在呼呼大睡，有些人当场被打死在板床上，到死连被谁打死的都还不知道。

袭击者全都半裸着身体，一路上见什么毁什么，如果营帐里住的全是航空队的地勤人员，也许他们就能杀光所有人，然后占领二号机场了。因为这些美军地勤人员没有受过地面作战的训练，就算是捡到一支枪，也只会朝四面八方乱射一气。

美军的幸运之处在于，日军的攻击重点恰好集中在第五工兵营头上。第五工兵营担负着管理滩头的任务，但他们接受工兵专门训练之前，都接受过战斗兵的训练，知道如何加强警卫和应付袭击。在黑暗中，他们各自为战，对偷袭的日军实施了反击。

夜战中让美军最头疼的是分不清敌我。参加袭击的日军都是富有经验和战斗纪律性的老兵，作战时不狂呼乱喊，不随意暴露自己的位置。相反，除工兵营之外的其他美军人员在混乱和惊恐中到处乱钻乱跑，影响了工兵营的射击。

不过天亮之后，这些问题便不存在了。附近的陆战队闻讯赶来，会同工兵营进行毫不留情的猎杀，现场留下了223具日军尸体，其中196具都在第五工兵营的范围内。

经过仔细检查，美军在遗尸中找到了40把军刀，说明许多日军军官都参加了偷袭战，但没有一具死尸是栗林。后来证实，栗林带伤和他的参谋中根兼次大佐一起逃回了岩洞。

完成了最后一搏，栗林认为自己死期已至。当天清晨，他面向北，朝天皇皇宫方向跪了下来，叩拜三次后，他用刀刺进了自己的腹部。中根见栗林的头垂了下来，便举起军刀朝他的脖子砍了下去。

中根掩埋了栗林的尸体，把事情告知栗林的参谋长高石正大佐。高石与中根一起回到栗林的切腹地点，双双开枪自杀。

市丸也得知了栗林的死讯，当晚他带着十个日本兵冲出岩洞，向美军发起自杀式冲锋，被美军机枪打得稀烂。

由于岛上日军分布非常散乱，第26坦克联队的西竹一中佐从未接到栗林的反击命令，对袭击一无所知。他自己选定了一个袭击目标，率领着包括大曲在内的200名日本兵独自实施了夜袭。

夜袭时，西中佐手持曾在奥林匹克运动会上使用过的马鞭，胸前口袋里放了一撮赛马的鬃毛，向美军发起了冲锋。结果是他们捅了“马蜂窝”，被袭击的目标不是美军后方单位，而是一线战斗单位。从晚上起，他们就一直被猛烈的火力压制，动弹不得，天亮后，美军的手雷更是雨点般地飞来。

西中佐只得重新选择岩洞躲避。这位奥运冠军后来的命运无从得知，原因是和大部分日军军官一样，所部无人幸存。

至此，硫黄岛之战才算真正结束。小矶在广播里称：“硫黄岛的失陷是整个战局中最为不幸的事件。”但是，他很快又补充了一句，“这个民族将会战斗到最后一人，粉碎敌人的野心。”

栗林的结局，用美军陆战队一位军官的话来说，是“他对他的国家已尽到了职责”。这位身后极尽哀荣，被奉为日本战争英雄的将领，虽然没有真的能够以一个日本兵换取十个美国兵的生命，但他也应该感到满意了：在太平洋战争中，硫黄岛之战是唯一攻方伤亡大于守方伤亡的两栖登陆战。

在这场残酷的防御战中，日军阵亡2.2万人，美军伤亡2.8万，美日双方伤亡比率达到了1.23∶1。美军平均每天伤亡高达800人，其中陆战三师伤亡60%，陆战四师、五师伤亡75%，史密斯的第五两栖军几乎因此失去了战斗力。

海军陆战队在硫黄岛上建造的阵亡士兵墓地。密密麻麻的墓穴，向人们展示着战斗的残酷和士兵们的牺牲

美军在血战中也充分发挥了英勇精神。硫黄岛战役一下子产生了27位荣誉勋章获得者，尼米兹称赞说：“在硫黄岛上打仗的美国人中，非凡的英勇是他们共同的美德。”

第六章 银色魔弹

占领硫黄岛之前，美国的对日轰炸行动始终是雷声大雨点小，既不足以炸得对方跳起脚来，与美国人想要达到的战略目标也相去甚远。就连李梅都对他的轰炸机部队很不满意：“这支部队被吹得神乎其神，实际上却没有真正取得多大的轰炸效果。”

如果李梅继续放任这种状态，不光重用他的陆军航空兵总司令阿诺德会大失所望，整个战略轰炸方案也将被彻底抛弃。再延伸开去，陆军还会失去对B−29的掌控，这种二战中最昂贵的武器非常有可能落入海军之手，从而使得陆军建立独立空军的梦想化为泡影。

他必须得多动动脑子了。

因为患有轻微的面瘫症，李梅似乎永远都紧锁着眉头，在思考着什么，而在旁人的眼中，这位高大健壮的空军将领也确实就是一个思想者。一位部下说起李梅：“他好像没有太拼命工作，但他比我所见到的任何人都善于思考。”

就轰炸机的性能而言，B−29是无可挑剔的，它拥有飞机发展史上的许多个“最”，即机体最大、最长、最宽、最重、最快，飞行距离也最长。阿诺德因此视之为结束战争的银色魔弹，他把爱将李梅从欧洲调来太平洋战场，为的就是要证明B−29有打胜仗的能力，以及美国耗费在B−29制造上的巨额投资能够见到成效。

那么，问题到底出在哪里呢？

★来自于西伯利亚的妖风

战术恰当与否，引起了李梅的反思。当时，美国空军采用的是高空精确轰炸战术，这种轰炸战术在欧洲战场被证明是成功的，由于装上了新的高科技瞄准器——诺登轰炸瞄准器，轰炸机可以精确锁定目标，从五英里的高空一溜烟投下炸弹。李梅曾参与过对德国的战略轰炸，对此有切身体会。

可是当高空精确轰炸移至日本时，却出现了严重的水土不服的现象。B-29的飞行员常常会被一种神秘风暴袭击，变得无所适从：如果B-29与风向垂直飞行，飞机就会向两边“滑动”，脱离原有的攻击区域；如果逆风飞行，飞机就成了不会移动的靶子，非常容易被防空炮火击中；如果顺风而飞，速度又太快，根本没法使用诺登瞄准器进行瞄准。

这股来自西伯利亚的妖风有一个学术名词，叫气流风。日本自恃有神风护佑，气流风发作时，真像有众神发威在保护着这个“日出之国”。

怪力乱神那一套，不是李梅需要考虑的，他所想到的，只是如何避开不利条件——既然气流风在高空才会出现，那我们就到低空去！

听说要实施低空轰炸，B-29的飞行员全给吓傻了。为什么要高空轰炸？无他，就是要防止被地面炮火击中。飞行员在三万英尺的高度盘旋时，可以通过俯视地面来看清高射炮阵地向

这架B-29轰炸机在轰炸日本本土时遭到猛烈攻击，导致液压系统损坏刹车锁死，在降落的时候断成两截。B-29的一大优势就是飞得高，地面高射炮中只有口径最大的才能达到它的飞行高度，若降低高度，必然会让B-29面临极大危险

他们射击的情况。现在倒好，等于是直接飞进对方的黑色炮火圈了，这就好像是让士兵突然离开散兵坑和掩体，朝着子弹飞来的方向猛冲一样。

这是要让我们去送死，去自杀啊！

李梅解释说，他不是让大家白天去轰炸，是晚上去。日军夜间防空火力极其薄弱，正好乘虚而入，而且晚上也不可能遇到大量日军战斗机的拦截。

这么说了，大家还是怕。美军的高射炮专家也告诉李梅，这么做将失去70%的B-29轰炸机。

可李梅不但真的要去做，还推出了更为大胆的举动，他下令卸除B-29除尾炮以外的所有武器，这样每架飞机就可以多带2700磅凝固汽油弹——那种在美军攻占硫黄岛的折钵山时，曾产生过令人毛骨悚然效果的新型燃烧弹。

其实早在二十多年前，美国著名的空军理论家米切尔就曾预言，美国会用燃烧弹来收拾日本。原因是日本城市密集，纸张、木头和其他易燃烧的建筑物遍地皆是，只要将燃烧弹投射到这些最易遭到攻击的大片目标上去，就可以轻而易举地将整个城市化为灰烬。

1940年初，在中国一手创建"飞虎队"的陈纳德致信阿诺德，提出了相同的建议，他指出，只需出动500架美军飞机，向本州和九州投掷燃烧弹，就能烧毁日本的工业心脏。

阿诺德回信说可不能这么干，美机应该打击军事目标，怎么能随便空袭城市和平民呢？

到太平洋战争爆发，日本已经变成了像魔鬼一样的国家，"美国就像狼群一样吼着要轰炸日本"，很少有美国人在意轰炸行动是否野蛮了。可是阿诺德和他的陆军航空兵还十分在意自己的形象，主张"理想轰炸区域应该包括合法的军事目标或者是离军事目标最近的地方"。

李梅的办法是先斩后奏。在实施夜间低空轰炸和使用凝固汽油弹之前，相关计划，他一个字都没有透露给华盛顿方面和阿诺德。

阿诺德于李梅有知遇之恩，他不能因为计划的失败而坑了这位上司。他已经想好了，只要不预先向阿诺德报告，阿诺德就可以不因此承担责任，一旦计划失败，劳而无功，那么后果至多也只是自己被免职或上军事法庭而已，阿诺德还可以指派他人接替，并有机会从中获取想要的战果。

日本大部分是山区，工业和人口主要集中在沿海城市。美国对日轰炸的目标之一就是通过轰炸城市，来摧毁日本的工业。这次李梅选择了东京作为大规模夜袭的第一个试验对象，只要对东京的轰炸能够成功，他就可以把同样的模式复制到其他城市中去。

这是一个巨大的赌注，李梅是在用自己的前途以及麾下的300多架B－29和3000名空勤人员作为赌注来冒险。从此，李梅指挥的这次对日空袭行动就被称为“李梅赌注”。

★无人能活着回来

3月9日，李梅正式向飞行员下达任务，准备以东京为目标实施一次夜间低空轰炸。交代完任务后，他强调：“我把你们送到5000英尺的高空，不带枪炮和弹药。”

飞行员们听完之后如堕冰窖之中，一股冰冷的恐惧感直逼心头。大家都觉得，李梅下达这样的命令一定是疯了，至少是丧失了理智。要知道，在4000～6000英尺这个高度，日本人完全可以轻而易举地用高射炮把他们给打下来。

有人把李梅的命令当成了死刑判决：“天哪，这真是残酷至极，他（指李梅）的胆量，我们的鲜血。”还有人已经在抗议：“这会将飞机置身于炮火之中，飞机的设计不适合这样。我们不懂这样做的目的是什么！”

李梅在做出一项决定之前，通常都会倾听别人的意见，而自己一言不发，但只要他决心已定，就不会为之改变。他毫不犹豫地继续向飞行员们下达命令：“你们要驾驶着B-29轰炸机往前冲，击中目标，如果没有击中，你们就要被解雇！”

夜间轰炸，要想精确锁定目标是不可能的，飞机只能不加区别地狂轰滥炸。李梅非常清楚这一点，他告诉飞行员：“不管你们多么小心，你们都会炸死许多平民，成千上万的平民。”

这是不得已，然而在某种程度上又是必须的。同样是实施轰炸，日本和德国的情况大不相同，德国工业集中，摧毁几个固定目标，就能摧毁它的工业体系。在日本的城市里，许多家庭就像车间一样，为附近的工厂生产组装零件，而每个工厂又如同根系成网状的大树，延伸至周围生活区，既吸纳工人又搜集零件。换句话说，日本工业的三分之二都分散在家庭作坊以及只有30个工人——甚至不到30个工人的小工厂里。要摧毁它的工业，就得把这些小工厂全部炸掉，也就必然殃及一个个平民家庭。

屠杀平民必然牵扯到是否道德的问题，飞行员在轰炸时不可能不心存顾虑，李梅的理解是：“任何战争都是不道德的，你要让这些问题困扰了你，就不是好士兵！”

他进一步阐述说，如果美国空军不能摧毁日本工业，陆军就要被迫直接进攻日本。“想想看，那样的话，会有多少美国人丧命？有人说会达到100万！”

李梅问飞行员们：“你们是想杀掉日本人，还是让日本人杀死我们美国人？”

没人再吭声了。李梅讲话非常简捷，四两拨千斤，就让人知道他肯定考虑过所有的选择，然后才选择了唯一的最佳方案，大家只需执行，其他完全不用多管。

当天下午5点34分，在李梅的参谋长鲍尔斯准将的指挥下，334架B-29轰炸机从塞班岛和提尼安岛的机场起飞，呼啸着向东京飞去。

起飞前，飞行员们的心情都非常沉重，不说哭丧着脸，反正没有一个人有好脸色。留在后方的战友纷纷到停机坪跟朋友进行告别，因为他们相信自己再也见不到老伙伴了，“无人能在这样的高度飞行而活着回来”。

外面刮着风，天很冷，B-29在低空的空气湍流中颠簸着前进，快到东京时，天气才开始转好。飞行员将无线电调到“东京玫瑰”，他们听到电台中一位军队发言人正在提醒东京居民，说明天就是建军节，东京市中心将举行游行，为此大家要打起精神。这位发言人最后说了一句：“黎明前最黑暗。”

晚上的东京夜空满天星斗，街道上已没有什么来往车辆和行人，大部分商店和戏院都上了门板，但这座城市并没有睡着，人们还是挺“精神”的。

不过现在东京城的不眠不休，却与美机轰炸无多大关联，那都是日夜加班加点的家庭小工厂在开工。“东京玫瑰”也只是让大家做好第二天游行的准备，没有说晚上会遭到轰炸，按照它的报告，美机仍在距东京80千米处盘旋，眼下不会有任何危险。

★“火焰风暴”

3月10日零点15分，由最有经验的飞行员驾驶的两架导航机交叉飞过目标上空，一齐投下成串燃烧棒，在地面上勾画出了一个燃烧着的X形图案。

紧随其后的是飞行队主力，三架一组，对准“X”进行轰炸。B-29装有定时器，能够保证飞机每隔50英尺便投下500磅汽油弹，这样的话，每架B-29的载弹量都可以覆盖宽350英尺、长2000英尺的地带。

在毫无准备的情况下，日军战斗机没有一架起飞迎击。探照灯疯狂地朝上空照射着，高射炮弹一个接一个开花，可是仍然毫无效果。

正在进行轰炸的B-29机群，机翼下方即为富士山

究其原因，日本的防空炮射程只能达到5500英尺，其他的防空设施虽可达到1万至2万英尺，有的甚至还在2万至3万英尺之间，但唯独缺乏5500英尺到1万英尺之间的防空设施，因为根本没人想到美机会在这种高度飞行，除非疯了。

“疯了”的李梅歪打正着，成功找到了日本在防御上的最大漏洞。

在发起轰炸行动之前，为检测汽油弹的杀伤力，美国专门在犹他州盐湖城的一处实验场建立了“小东京”。

东京的特点是木屋多，特别容易引起大火，由于东京最早的名字叫江户，有人便给这些火灾起了一个富有诗意的名字，叫作“江户之花”。美国人要看一看汽油弹能否引爆“江户之花”，他们将曾在日本工作过的木匠和建筑设计人员组织起来，以真正的日本木头为原料，在“小东京”修建了24个日式房间。房间装修力争原汁原味，家具全是真的，工作人员还从夏威夷运来了当时已很难弄到的日式榻榻米地板，衣柜里也全部挂满了衣服。

飞机向“小东京”投放了不同类型的汽油弹。它们中的大多数虽然燃烧强烈，但往往仅能点燃一个单独区域，只有一种M69型号的汽油弹可以超越这种限制，它不只能点燃一处地方，还能形成久不停歇的燎原大火。

这次轰炸机带来的就是中选的M69。人们用苏芬战争时的苏军燃烧弹为之命名：莫洛托夫面包篮。从外形上看，它跟普通炸弹似乎没有半点关系，那是一种六边形的管子，管子中填满了装在袋里的凝固汽油。M69上还系了一条三英尺长的飘带，用以减缓降落速度，防止落得太快而直接进入建筑物和地下室。

由于先前B−29对东京造成的破坏不是很大，日本老百姓对这种“超级空中堡垒”并不是特别恐惧，他们将之称为“蜜蜂”。有人到农村买食品，还敢停在路边观看渐渐飞来的“蜜蜂”，看着它们“像一群群珍珠色的鱼在海洋中游动”。

当“蜜蜂”像巨龙似的铺天盖地而来，汽油弹下雨一样倾泻时，地面上的人全都惊呆了，他们争先恐后地跳进了家用防空洞。这个时候，还没有人想到“蜜蜂”所下的蛋会与以往有不同，他们只注意到汽油弹不是直接落下，而是慢慢飘下来的，就像是银色水流的瀑布。有人一边向天空张望还一边打趣：“真好看！”

然而很快，“莫洛托夫面包篮”就彻底打破了任何美学上的构思和臆想。M69一触及地面，红色的火焰瞬间燃起，它们从一幢建筑物跃至另一幢建筑物，把城市的黑夜照耀得如同白昼。

东京虽有8100名经过训练的消防员和1117件救火器材，各个角落也都储有消防用水，但根本不足以阻挡大火的蔓延。仅仅半个小时，消防队就全垮了。在一些消防站内，只剩下烧焦的尸体和消防车。

人们被迫放弃了灭火的企图。大火更为骄狂，它的灼热气浪与冷空气形成了强劲的对流风，风速高达每小时50千米，形成犹如从地狱蹿出的“火焰风暴”。

火借风势，风助火威，大火所过之处，几乎将所有东西都点燃了，连金属都被高温熔化，在令人窒息的高温中，人和木头都在燃烧！

许多躲在防空洞里的人都被活活烤死了，有的人脸上还显露着粉红色。四下奔逃的人群更是在劫难逃，大火蔓延的速度比猛兽还快，而在大火冲近之前，滚滚而来的热浪就已经把人击倒了。

很多人认为水能灭火，于是不顾一切地跳进附近的池塘和河流中，但是大火形成的高温将池塘里的水也煮开了。池塘就是大锅子，试图在水中避难的人全被滚烫的水活生生地煮死了。

就连投弹的美军飞行员都闻到了一股血肉烧焦的味道，那是在地狱中才能看到的情景。大家心里都很难受，但是正如李梅曾告诉过他们的："要赢得战争只能这样，特别是全面赢得战争。"

在飞行队出击后，李梅一直在他位于关岛的指挥部内焦急地等待消息，他一边抽着雪茄烟，一边来回踱步，时不时地还看一看表，嘴里喃喃自语："我们应该收到鲍尔斯的报告了，看来他们遇到麻烦了，都是我的错！"

李梅素以沉稳和镇静自若的风格闻名空军，可这时连他的助手克斯勒准将都看出了他的焦虑，只能不停地在旁边进行安慰。

克斯勒劝李梅去卧室睡一会儿，反正急也没用，李梅回答："我睡不着。通常我的睡眠很好，可今天晚上不行。"

到了1点15分，仍然没有收到报告。难道真的赌输了？李梅感觉自己像一只泄了气的皮球一样，他拭去满头的汗水，对克斯勒说："这次轰炸行动都出自我一个人的决定，由我承担一切责任，我将向华盛顿报告。"

话音刚落，通信军官推门送来了鲍尔斯的报告。听完报告内容，指挥部内一片欢呼。

★看上去不错

鲍尔斯报告："已经投弹，目标地区一片大火，高射炮火由密到疏，极少战斗机。"

在轰炸过程中，鲍尔斯乘飞机在高空来回巡弋，他拍摄了大火燃烧的照片，并不断感慨："我从没见到过像东京这样的场面！"

李梅如释重负，但他知道自己的这次赌博还没到最后见分晓的时候，中间可能还会出现许多问题，因此并没有完全放下心来。

直到侦察飞机带着照片返回，确证空袭行动取得圆满成功，他才露出了笑容："看上去不错。"

2点37分，飞行队结束轰炸飞回大本营。在他们身后，蔓延于东京的烈火还在燃烧，"火焰风暴"仍在继续。

在此次轰炸行动中，除美军铁定要抹掉的22座工厂全部被毁外，东京建筑物的25%、中心商业区的63%、工业区的20%被彻底烧毁。仅仅根据尸体辨认，官方统计就有8.3万人死亡，40万人受伤。这是战争史上单独一次轰炸造成的最大伤亡和损失，比后来日本在广岛和长崎遭受的原子弹轰炸的损失总和还要大。

被汽油弹攻击后的东京市区。美军计划要抹掉的全抹掉了，剩下的都是非轰炸目标

专家曾警告李梅，轰炸行动会给美军带来难以估量的损失，但实际上伤亡率只有5%，与预测的70%相去甚远。飞行队有九架B-29被

击落，五架被重创，受重创的飞机均在近海迫降，飞机上的大部分空勤人员也被美军潜艇救起，最后安全返回了基地。

依靠更加神乎其神的赌术，李梅一举扳倒了神风。

在后方，他的上司阿诺德已经心脏病发作住进了空军医院，原因就是获悉了李梅所下的赌注。空袭成功的消息让老爷子坐在病床上都笑了起来，他给李梅写信，第一句就是“致我亲爱的李梅”，然后是“我高度赞扬你和你所指挥的军队的出色行动”。

一人有福，托带满屋，整个美国都在为之沸腾。原先最让李梅和他的飞行员们纠结的就是道德问题，用一个参与轰炸的飞行员的话来说：“我们没想往人身上扔炸弹，可是当你在3平方英里的区域轰炸22个军事目标时，你不可能既击中目标又炸不死人。”如果美国公众知道飞行员们曾往平民区倾倒汽油，他们肯定会控诉的，而且按照美国的传统价值标准，也绝对有理由进行控诉。然而这一切并没有发生，事实上，到了1945年，几乎每个美国人都同意，落在日本和德国土地上的炸弹都是这两个国家罪有应得。

到二战接近尾声，德国眼看着就要败了，可是太平洋战争却进入了白热化阶段。战斗一天比一天惨烈，美军越靠近日本本土，行动就变得越困难，前线子弟兵过着如同炼狱一般的日子，而且还看不到尽头，美国政府和民众异常焦灼不安，他们寄希望于通过对日轰炸达到摧毁日本的目的：“不要给它的工厂留一块瓦片，直至在日本再也看不到一台电动机、蒸汽机或柴油机，看不到化工厂，连一本讲这些东西怎么生产的书也毁掉。”罗斯福的儿子兼顾问艾略特·罗斯福更是公开声称：“要炸得日本只剩一半人口！”

李梅轰炸东京，按照《时代》杂志的说法，便是“梦想实现了”，美军可以用燃烧弹，“把日本的城市像秋天的落叶那样烧掉”。

即便美国这样的自由社会，此时敢用人道主义的名义公开出来为日本平民辩护的，也只是极少数。在舆论的广泛支持下，华盛顿方面指示李梅，虽然报界不乏质疑的声音，但完全用不着去理会，“我们督促你继续猛烈袭击，这对根除敌人国内的工业是完全必要的，这是一种战略轰炸”。

就连阿诺德也通过写信来鼓动李梅：“如果需要的话，你将能够摧毁所有工业城市。”

既然起了风，少不得要再下些雨，加上又卸除了思想上的包袱，李梅自然没有收手的道理，他下令展开更多的火攻战：“我想在未来十天里击垮日本所有的主要工业城市。”

3月10日晚，317架B－29轰炸名古屋，尽管名古屋的消防设施比东京还要先进，仍然遭到惨重损失，市中心5平方千米的区域化为灰烬。

至3月19日，美军共出动B－29轰炸机1600架次，投掷燃烧弹近1万吨，名古屋、大阪、神户有83万平方千米的地区被烧成白地。

十天为期，李梅暂时歇了下来，而歇的原因，其实是储存在马里亚纳基地的燃烧弹已经全部消耗光了！

★往死里整的节奏

假如日本人有足够理智，东京等城市也许永远都不会遭到空袭。先前美军攻占马里亚纳群岛以及对德国的轰炸，都已经表明，美国完全有能力毁灭日本所有城市。就在东京被炸后，消防长官还向天皇汇报，表示他和他的部下在大火面前无能为力。

问题就在于日本始终不肯承认他们已经失败。尽管从他们无精打采的脸上，完全可以看出这些潜藏的想法，但就是没有一个日本人允许自己说出“日本败了”的话。

有这些潜藏想法的人中，就包括裕仁天皇自己。在空袭东京结束八天之后，天皇穿上元帅服和军靴去调查伤亡情况，他看到了焦土和死尸，然后什么话都没有说，就乘着轿车返回了皇宫。

天皇不会说“日本败了”这样的话，不过有人得倒霉了。

这个倒霉蛋就是小矶。这位过渡首相自任职起屁股下的交椅就不稳当，他自己也明白这一点，因此便把战争出现转机当成了自个儿胸口上的一抹护心毛——用于金刚护体当然不可能，但一遇到反对声，至少还能拿出来挡挡煞吧。

丢失硫黄岛和轰炸东京，顿时让这撮护心毛也变得一钱不值，无论主战派还是“蠢蠢欲动”的求和派，都对小矶失去了信心。裕仁天皇对此十分不安，他召见内大臣木户幸一，让木户出面召集重臣征求意见。

到了这个时候，所谓的重臣们也没几个敢讲真话的。说好听点儿，这叫事关国之大体，所以出语谨慎；说难听点儿，就是明哲保身。木户问什么，回答都是东不着边，西不着际，弄得木户始终不得要领。

只有前首相近卫还算坦率，他当着天皇的面表态承认：“尽管十分遗憾，我认为日本这场战争已经打输了。”近卫提出的办法，是先用政变将军队里的“死硬派军国主义者”一网打尽，然后再直接与美英谈判。

政变太吓人了。天皇和木户都不能接受，他们能接受的是与盟国展开和谈。

其实小矶私下也想过和谈。他认为要体面地与美英谈判，关键还是要与中国的蒋介石言和，可问题是小矶没有这方面的路子，难以得其门而入。

意识到自己的内阁岌岌可危，小矶仍试图挣扎。他用丢卒保车的办法，向天皇和木户建议对内阁进行大改组，但对方反应非常冷淡，基本上是不把他当回事，天皇只对垂头丧气的小矶说了一句 “慎重研究”，就把他给打发走了。

天皇的话很婉转，那就是要小矶下课滚蛋的意思，拎得清的，就应该赶快卷铺盖准备走人。可小矶并不是一个拎得清的人，他找到裕仁的叔叔东久迩宫稔彦王，对东久迩宫夸口说，只要把杉山换掉，让他兼任陆相，就“会把这场战争打好”。

不知道东久迩宫有没有转述，反正天皇仍是不表态，而小矶面对的，也依然是要把他往死里整的节奏。

一气之下，小矶便对木户说：“我明天就辞职，你们抓紧时间另请高人吧。”

内大臣最重要的职能就是挑选新首相。4月5日，小矶正式向天皇提出辞呈，木户则分别试探了四位军方大佬的态度，他们分别是陆军参谋总长梅津美治郎、陆相杉山元、海军军令部总长及川古志郎、海相米内光政。

木户希望这四人中有一人能站出来主持局面，但四人都掌握战争中枢，知道战争已经打不赢了，谁也不愿意接下这烂摊子。米内倒是给木户推荐了一位——海军大将铃木贯太郎。

铃木做过裕仁的侍从长，天皇曾亲切地称他为“亲父”，木户觉得这个推荐人选还算靠谱。如果在平时，木户可以直接向天皇提出建议名单，但这回的新首相人选不比其他，不仅要进行和谈，还要能够被陆军接受，也就是说，要避免小矶身上的所有弊端，木户不得不慎之又慎，他决定召集重臣议决。

下午5点，重臣们都被召到皇宫。东条第一次以重臣身份出席会议，他一开口就咄咄逼人：“战争期间政府更迭频繁不好，下届内阁必须是最后一届！目前，国内有两股思潮，一派人认为为了确保国家的未来必须打到底，另一派人则想迅速实现和平，即使无条件投降也在所不惜。我认为我们必须先解决这点。”

东条的态度很明显，他反对任何主和派人士组阁。其他重臣没他这么不着调，但又不愿意跟东条公开冲突。

海军大将冈田启介支持铃木当选，他打起了圆场：“下一届内阁必须考虑各种各样的问题，和战问题不能在这里决定。”

室内一阵沉默。有人开始假惺惺地附和东条，说战争一定要打到底，更多的人模棱两可，能打太极就打太极。

当天主持会议的是铃木，眼见一个小时过去了，还是议而未决，他便建议从重臣中选择一人担任首相，并且提出了近卫：“当首相是很累的差使，我想请我们当中最年轻的近卫公爵出任。”

近卫哪里肯蹚这股浑水，马上就谢绝了，于是铃木便被作为木户和冈田的意中人选被提了出来。

听说将由铃木组阁，在座各位都表示赞成，只有东条不同意，他提议由陆军教育总监畑俊六元帅出任首相。

马上水到渠成的事，没想到被东条横插一脚，木户努力控制着自己的不满情绪：“我个人意见是，希望铃木阁下能出马。”说着，他把脸转向了东条：“我们必须以比你更大的视野来看待时局。”

东条一直认为，木户是促使他下野的罪魁祸首，现在木户语含讽刺，新仇旧恨便一齐涌向心头。他双眼瞪着木户：“（挑选首相）要非常谨慎。不然，我怕陆军会不服，如果是那样，新内阁就会垮台。”

东条想用这句话来吓倒木户，不料反而把木户给激怒了：“陆军不服可是非常严重，你自己是否也这样想？”

东条哼了一声：“我不能说我不这样想。”

木户怒不可遏：“这次会议的气氛确实是充满反军情绪的。国民也许会不服从陆军！”

冈田也大声说：“在这样一个危急关头，一个曾当过首相的人怎敢说陆军会不服？”

东条也知道话说得过了头：“对不起，我收回我刚才说的话。我的意思是说，陆军不会同意这样的人选。”

在取得会议大多数人的支持后，木户进呈天皇，通过了新首相的提议。晚上10点，铃木被召进天皇的书斋，裕仁只对着这位海军大将简单地说了一句：“我命令阁下组阁。”

铃木并不想接受这个差使。他是个老资格军人，早在中日甲午战争时，就作为水雷艇艇长率部突入威海卫，到了日俄战争，已经是颇具声望的驱逐舰队司令了。只不过好汉难提当年勇，铃木时年78岁，连背都驼了，而且他也知道新首相有多难当——和谈，军队不乐意；不和谈，军队又打不下去，最后他只会是受夹板气。

铃木对天皇说：“陛下器重，我不胜欣喜荣幸。可我不过是陛下的一个卑贱海军军官，对于政治毫无经验，也没有政见。我恳请陛下宽恕，我不能领陛下大命。”

天皇笑了笑：“铃木，我懂得你的意思，也理解你的处境，但在紧要关头，除你之外，没有人能担当此重任。我委你以大任就是这个原因。”

铃木明白了，他不能辞职，天皇还需要由他来收拾残局。

4月7日，铃木成立了新一届内阁。多年混迹于日本官场的经验告诉他，如果他宣布日本已经必败无疑，哪怕只对内阁宣布一下，他也会因此被迫离职或遭到暗杀。

为了能够维持下去，他只能玩弄一下“腹功”，即一面竭力寻求和谈，一面装得与东条一样要把战争进行到底。

第七章 置身于铁岛之上

铃木就职前，当木户征求军方四巨头的意见时，那四个人都不约而同地提到了正在进行中的冲绳战役，并把冲绳战况与日本要不要“打到底”联系在了一起。

日本与台湾岛之间是琉球群岛，在琉球群岛的正中，即为守卫日本本土的最后一个重要堡垒——冲绳岛。

冲绳乃至整个琉球明清时代实际上属于中国的势力范围。自明朝开始，琉球王国即为中国的附属国，向王朝进贡。这种情况一直持续到19世纪中晚期，裕仁的祖父明治天皇派兵入侵琉球王国，四年以后，日本宣布正式吞并冲绳，并派知事取代了冲绳王。

冲绳虽是琉球群岛的第一大岛，但作为殖民地，它起初并不受到重视。在太平洋战争爆发的头三年里，驻岛日军不到600人，直到1944年4月1日，意识到冲绳迟早会成为美军进攻日本的跳板，大本营才急急忙忙在冲绳配置了新组建的第32军。

第32军军长牛岛满中将麾下包括第九师团、第24师团、第62师团，皆为精锐部队，其中的第九师团更是老牌师团。除此之外，牛岛还拥有一个独立混成旅团、一个坦克联队、两个船舶工兵联队以及各种炮兵部队、勤务部队、民间防卫队，应该说兵力相当雄厚。

到1944年底，日军大本营却出现了判断失误，他们认为美军会进攻台湾岛，就把最有战斗力的第九师团给抽走了。

★惊你一身冷汗

美军要攻的当然不是台湾岛，而是冲绳。美军攻占塞班岛后不久，斯普鲁恩斯将军就率先建议占领冲绳岛，认为这座岛可为陆军航空兵提供基地，以便与马里亚纳基地遥相呼应。不过当时参谋长联席会议还在犹豫要不要进攻台湾岛，斯普鲁恩斯的建议没能立即得到采纳。

等到麦克阿瑟进攻菲律宾并发起吕宋战役，参谋长联席会议又考虑把吕宋岛用作进攻日本本土的前进基地，但后来感到吕宋机场距离日本本土仍然有些远，无法对日本的工业中心进行有效轰炸。这样，斯普鲁恩斯有关占领冲绳的提议才正式得到认可。

硫黄岛战役期间，尼米兹利用回国述职的机会，向参谋长联席会议和罗斯福汇报了进攻冲绳岛的作战方案。由于美军在硫黄岛伤亡惨重，媒体对尼米兹和陆战队高层有着各种指责和谩骂，尼米兹尽管并不是一个过分计较名利的人，但他也有自己的尊严，绝不愿意被人骂成是让子弟兵送死的刽子手，所以在谒见罗斯福之前，他的内心非常忐忑，也十分渴望在敏感时刻能得到总统的理解和支持。

如尼米兹希望的那样，罗斯福丝毫没有在意外界的流言蜚语，接待尼米兹时十分亲切和热情，并最终批准了作战方案。

尼米兹看到，几年的殚精竭虑已经完全摧垮了罗斯福的健康，使得这位总统衰弱不堪，不仅说话困难，双手不停地微微颤抖，而且身上的衣服也松松垮垮，就好像是挂在一副骨架上一样。

这可能是将帅之间的最后一次见面了。尼米兹意识到，他必须尽快结束太平洋战争，让罗斯福能活着看到胜利。

1945年3月15日，尼米兹回到关岛，对冲绳战役进行总体部署，在此前后，斯普鲁恩斯也同时展开了海上行动。

一般说来，一场登陆战的启航距离远一倍，登陆战的难度就要加大几倍。冲绳岛与日本本土相隔如此之近，使得每个人都明白这场战斗会有多么艰苦。日本东京广播电台一再声称，美军若接近日本本土防线，将会遇到越来越密集、越来越强烈的抵抗，最终还将遭到灭顶之灾。最后那句话可能是信口雌黄，但从硫黄岛一战来看，仗确实是越来越难打，日军的防御能力并不是摆着看看的。

作为冲绳战役的海上总指挥，斯普鲁恩斯最为关心的问题是，日军的空中防御力量究竟会对美军舰队造成多大危害。

如果没有“特攻作战”这种在美军看来不可思议的战术，日本海陆航空队本来和它的海军一样，早已变得不堪一击。或者退一步说，在“神风敢死队”尚未形成气候的时候，其取得的战果以及对美军的危害性，也没有想象中的那么大。

问题是，“神风敢死队”必然会形成气候。因为要驾驶特攻机实在太简单了，飞行员无须掌握复杂的技术动作，只要会开飞机，然后记住一发现目标，就不顾一切地撞上去即可。集体攻击自然吓人，即便是单人攻击也同样能惊得人一身冷汗。

3月初，当第58特混舰队还在乌利西锚地休整的时候，有一天晚上，停泊在礁湖里的“伦道夫”号航母放起了电影，机库中间甲板上挤得满满的，全是来看电影的舰员。电影正放着，好多人觉得航母在轻微地抖动，转瞬之间，巨大的爆炸声便把电影里人物的讲话声全给淹没了。

警报汽笛大作，观众们纷纷返回各自的战斗岗位，尽管银幕上的对话还在继续，但谁也顾不上去听上面的人说些什么了。

“伦道夫”船艉的飞行甲板起了火，从别的船上可以看到火倒映在昏暗的水面上。幸好在损管队的努力下，火没有继续蔓延，最后被扑灭了。

舰员们当晚都以为是一架F6F“地狱猫”出故障，撞在船上引发的事故。第二天早晨，等船舰凉下来后一查看，发现了一架日机残骸，这才知道是“神风敢死队”干的好事。

撞在美军航母甲板上的特攻机尾部残骸。这是一架“彗星”式俯冲轰炸机，本来是用以替代99式“舰爆”的，但在日本海军完全失去制空权的情况下，只能沦为自杀飞机了

日军飞行员驾驶飞机飞行了800海里，在撞击之前，就知道自己绝无生路了。对于这种疯狂的攻击行为，在场的人无不毛骨悚然。

“伦道夫”号被撞事件再次引起了斯普鲁恩斯的注意。他估计，一旦美军登陆冲绳，必定会遭到日军航空兵的全力反击，尤其是特攻机的拼死撞击。尽管这些特攻机从来没有改变任何一场战役的最后结局，但不可否认每一次都对美军构成了不小的威胁。

为防患于未然，斯普鲁恩斯将登陆行动提前十天，与米彻尔率领第58特混舰队离开乌利西锚地，悄悄地向日本近海驶去。

★拖油瓶

在舰队行进过程中，大家的一个共同担忧是：“在舰载机攻击日军机场之前，我们是否会暴露？”

3月18日，当舰队到达距九州东南约90海里处时，各舰警戒雷达的荧光屏上果然出现了“幽灵”。一架单引擎日机从云层里钻出来，向舰队俯冲下来。在甲板上观看的人们起初以为是特攻机，但随即日机便投下了银光闪闪的炸弹，证明不过是一架普通的攻击机。

在雷达发现目标的第一时间，美舰就实施了对空射击，高射炮弹撕破云天，将这架日机给当空打爆了。

整个白天，舰队一直遭到日机单机或小机群的攻击，但这些都不是特攻机，各舰也都未遭到大的损伤。

与此同时，美军舰载机扫荡了日本九州的所有机场。看起来斯普鲁恩斯发动的这次突袭战是成功的，日军完全没有戒备，舰载机群所到之处，遇到的只是很薄弱的防御，大部分机场都被打了个措手不及：飞机仍然安稳地排列在机库前，只有地勤人员像受惊的兔子一样四处乱跑。

舰载机使用的武器是安装于起落架上的火箭弹，飞行员按一下仪表上的按钮即可完成发射。这些火箭弹具有发射快、点火急、喷火长、爆炸猛等诸多优点，它们像绷直的直线一样向目标直冲过去，其精确度与爆炸力相当可观。

机场变成了一片火海，浓烟烈火足以吞没机场上的一切。有些机场的日机在紧急情况下强行起飞，但很快也被数量和质量都占绝对优势的美机机群给击落了。

那一天，大约有375架日机在地面被摧毁，另有100架日机被击落。

正要敲得胜鼓回营，米彻尔接到侦察机报告：“日军大型战舰在吴港集结。”

吴港是九州南部的一个重要港口，那里藏着联合舰队残余舰船的情报应该是确切的。米彻尔把眉毛一扬：“为什么不去攻击吴港呢？”

舰载机群于是又乘兴向吴港飞去。他们飞越了好几座日本城市，但一发炸弹也没投，直到进入吴港，才冒着高射炮的猛烈炮火，对停泊于港口的军舰实施攻击。

在空袭来临之前，联合舰队剩下的几艘军舰已经撤离港口，所以舰载机击沉的只是一些小船小舰，其收获远不能与空袭日军机场相比。

第一天，斯普鲁恩斯和米彻尔赚得盆满钵满，但是第二天，日本人开始要求还本，通过伪装和疏散得以幸存的日机展开了反噬。

美军航母“企业”号、“富兰克林”号都受了伤，“企业”号据说是在忙乱中被自己一方炮火误击中招的，“富兰克林”号则是挨了日机两发炸弹。

中弹航母损失的严重程度，主要不是取决于炸弹的落点，而是爆炸点。因为爆炸点不同，有时航母可能毫发无伤，有时却可能危害成灾。落在“富兰克林”号上的炸弹穿透了机库甲板，而“富兰克林”号当时正好在组织舰载机起飞，机库里全是加满油并且挂满炸弹的飞机。炸弹爆炸后，立即在机库内引起了可怕的连锁爆炸，结果有800多舰员丧生，舰体本身也遭到重创。

不过“富兰克林”号的损管队很得力，使得航母不仅没有沉没，还靠自身动力返回了美国本土。这种情况在二战乃至海战史上都很少见。

护航的“圣达菲”号巡洋舰正贴近“富兰克林”号，向其提供援助。图中可以看到“富兰克林”号已发生严重倾斜，甲板上的人们一边疯狂灭火，一边尽力采取措施进行修补

第58特混舰队的远程突袭使得许多日军机场化为废墟，在此后的三周内，“神风敢死队”也几乎未能进行

反击。但是斯普鲁恩斯的损失也不小，在日机的反击中，他一共有包括“企业” 号、“富兰克林”号等三艘航母受伤并退出作战序列，而这时美军尚未在冲绳登陆。

填补空缺的是英国远东舰队的航母。本来英国人跟冲绳战役毫无关系，但在美国宣布要在1945年进攻日本本土后，英国首相丘吉尔认为，英国也应该加入太平洋战场，这样才能与美国一样成为占领军。

罗斯福答应了丘吉尔的要求，然而金格和尼米兹站在实战的角度，却都感到英国人的想法很不现实。因为英国航母既不是为了支援大规模登陆作战而建造的，也未受过这方面的训练，来了就怕难以适应，忙帮不上，反而添乱。另外，远程作战的航母编队对后勤供应的要求极高，尼米兹尽了最大努力，才勉强满足第五舰队在后勤方面的需求，他认为英国远东舰队一来，只会令后勤供应更加紧张。

在英美首次会谈中，尼米兹直截了当地提到了英国舰队在海上的续航能力问题。英国舰队方面不肯丢面子，马上说他们的舰队有自己的后勤部队，可以海上加油，并能保证舰队一个月内可在海上连续航行八天。

尼米兹微微一笑，表示不太相信，但既然英国舰队已口口声声说要自给自足，总统又卖了面子，就不便再把对方拒之门外了。

结果不出尼米兹所料，英国人说了大话，他们所属的补给船只大部分仍需要由美国提供，甚至英国航母的舰载机都是美国的，因为英军舰载机的战斗活动半径太小，不适于远程作战。

从实力上看，英国远东舰队也只有四艘航母，尚不及第58特混舰队的一支航母大队。原先连斯普鲁恩斯都觉得这个“拖油瓶”式的角色很难安排，不过在美军损失三艘航母后，英国舰队倒正好派上用场。斯普鲁恩斯将之命名为第57特混舰队，任务是阻止日军从台湾岛方向派来的援军，并封锁冲绳与台湾岛之间的一些岛屿，使日军不能使用这些岛上的机场。与此同时，第58特混舰队本身则负责阻止日军从日本本土前来增援。

★提前拔除了一颗钉子

基于冲绳岛在日本本土防御中的重要战略位置，它被称为日本的“国门”，冲绳岛登陆战也因此成了“破门之战”。为了打好“破门之战”，美方制订了“冰山行动”计划，这是一个规模堪与诺曼底登陆相比的庞大军事计划，所用兵力几乎囊括了太平洋战区所属的全部陆海军。

攻占冲绳岛是进攻日本本土的前奏，行动计划之所以取名“冰山”，就是要显示美军的实力和雄心：如此多的部队也仅仅是冰山露出水面的一角，水下更多更厚的部分，将在登陆日本本土时出现。

由于美国陆军部的坚持，执行类似作战任务的老搭档第一次被拆开，特纳仍是执掌支援舰队的总指挥，但登陆部队的总指挥由史密斯换成了陆军中将巴克纳。

在塞班战役中，“咆哮的疯子”史密斯撤换陆军步兵师师长的做法，曾大大激怒陆军，现在陆军部希望巴克纳能让陆军的腰杆挺得更直。巴克纳指挥的第十军团由海陆部队共同组成，一半是陆军，一半是海军陆战队，前者为陆军第24军，后者是第三两栖军，皆为有战斗经验的精锐部队。

第十军团的全部兵员计六个加强师，15.4万人，而根据情报，冲绳岛上的日军只有约七万人，仅在人数上，美军就超过日军一倍有余。包括尼米兹在内的海陆军将领们都认为，战争固然可能会很艰苦，但要打垮冲绳岛上的日本兵应该十拿九稳。

大家都觉得胸有成竹，有些细节上的问题就容易被忽略。在冲绳岛西南有一座由十余座岛屿组成的庆良间列岛，主要岛屿礁石林立，地形崎岖，无法修建机场，日军认为该群岛对于美军冲绳登陆作战没有多大作用，因此防御力量非常薄弱，同样，“冰山行动”计划的大多数制订者也觉得庆良间列岛没有多大价值，可以不予重视。

唯一看好庆良间列岛的人是特纳。他认为虽然列岛岛面一时用不上，但庆良间海峡却值得拥有。庆良间海峡海面开阔，水深数十米，且海峡两端可以布设反潜网，乃天然的避风锚地，特纳根据硫黄岛战役的经验，认为在靠近战场的海域最好能取得这样一个前进基地，从而为第五舰队的紧急修理和补给提供方便。

最后，大家都被特纳说服了，攻取庆良间列岛成为冲绳战役的第一步。

3月26日，美军支援舰队对冲绳实施炮击，以吸引日军注意力，掩护真正的登陆行动。当天步77师登陆庆良间列岛，日军的抵抗非常微弱，到黄昏时分，美军已占领了列岛的四座岛屿，并开始在庆良间海峡布设浮标等锚地设施。

第二天，77师继续向其余岛屿扩展，很快就占领了整个庆良间列岛。当天，美军的供应舰和其他后勤辅助舰陆续进入列岛，并在此建立起能够对舰队进行补给和小修的海上基地。

对美军而言，占领庆良间列岛还有一个意外收获，那就是俘获了250余艘自杀摩托艇、100余发“人操鱼雷“（即载人的自杀鱼雷）。这时美军才知道，原来庆良间列岛还是日军的自杀艇基地，日军准备在美军冲绳登陆时，用这些自杀艇来实施夜间“特攻作战”。特纳的远见卓识，不仅让美军获得了一个初具规模的前进基地，还为登陆行动提前拔除了一颗钉子。

攻占庆良间列岛之后，77师又占领了离冲绳岛更近的庆伊濑岛。两个炮兵营在岛上建立起阵地，他们的155毫米野战炮可以发射到冲绳岛南部，对登陆部队进行有力支援。

下面就该轮到冲绳岛了。

自进攻庆良间列岛，美军对冲绳岛的火力准备就已经开始了。在登陆前一周，仅特纳的支援舰队就消耗炮弹四万余发，空中支援更是竭尽所能，参加轰炸的除第58特混舰队的航母舰载机外，还有来自马里亚纳、吕宋岛，甚至中国大陆的陆军航空兵。参战飞机各负其责，有的炸日军机场，有的炸防御工事，有的校正舰炮火力，有的实施空中警戒。由于数量过于庞大，美军还专门成立了空中支援控制分队，以对所有参战飞机进行统一指挥和协调。

冲绳岛上一切能看得见的地方，包括坟地都遭到了轰炸，但令人奇怪的是，牛岛没有进行任何还击，冲绳岛上的七万日军就好像完全不存在似的。

3月31日，支援舰队的炮击达到最高峰，爆炸声如同雷鸣一般。驱逐舰来回巡逻，按照做数字题一二三四的顺序，将3英寸和5英寸炮弹一排排射向岸上的密林。外围的巡洋舰和战列舰承担着更重要的任务，它们的6英寸、8英寸乃至16英寸口径的炮弹集中飞向陆地目标，这些目标先是跳一跳或者抖一抖，接着便沦为一阵烟雾或者一堆废墟。

水下爆破队开始行动。蛙人们戴着鸭脚蹼、护目镜，拿着捆有许多炸药的拖缆，向海滩游去。步兵登陆艇在他们后面进行掩护，用机关枪向海滩上任何可能的阻击位置进行扫射。

蛙人们得以毫发无伤地全部登岸，没有一颗子弹落到他们身上，这是水下爆破队做梦也想不到的——只要挨上日军狙击手的一颗子弹，蛙人身上的炸药就可能会爆炸，大家原以为多少都会付出一点儿伤亡。

美军巡洋舰的主炮塔向冲绳岛上的日军阵地猛烈开火，火炮引起的震动使得镜头画面都出现了一定程度的模糊

浅滩上纠缠一团的倒刺铁丝网和电线杆，被蛙人们

用炸药炸开，登陆部队登滩的道路由此畅通。

为什么爆破如此成功？也许直接负责登陆准备的布兰迪少将可以给出一个说法，因为当天支援舰队向冲绳岛发射了2.7万发炮弹，这是太平洋战争以来从没有过的。

硫黄岛的炮击准备也是由布兰迪负责，如果说那次还存有遗憾的话，这次他可以负责任地说，冲绳这里的火力效果绝对是摧毁性的。

炮击停止，布兰迪宣布："准备工作已足以保证登陆成功。"

★愚人节

4月1日，对冲绳的登陆行动终于开始了。拂晓时分，1400艘军舰穿过波涛汹涌的海面，从四面八方向冲绳岛聚拢过来。

凌晨4点，特纳下令："开始登陆！"话音刚落，布兰迪的支援舰队便再次发出吼声，犹如海上要塞一般的战列舰排炮齐轰，随着炮膛闪出炽热的火光，一发发大口径炮弹像钟摆一样有节奏地落在冲绳岛上。举头望去，银光闪闪的舰载机群以整齐的队形向前移动，对岸上目标实施新一轮扫射。

特纳选定的登陆点为冲绳岛的西南面海岸，但为了分散日军的注意力和兵力，陆战二师执行佯攻战术，首先在东南海岸实施了登陆。

到上午8点，特纳为他的登陆部队揭开面纱，主攻部队乘坐着履带车或登陆艇，排成五个攻击波向滩头冲去。半个小时后，第一攻击波的士兵看到，冲绳岛的海岸似乎全是烟雾迷蒙的悬崖峭壁，仔细一打量，才发现已经靠岸，所谓的"悬崖峭壁"是一堵三米高的围墙，墙上到处是炸弹和炮弹轰开的缺口。

履带车上早就备好了爬墙用的梯子。士兵们有的蹬梯而上，有的沿着炸弹缺口直接往上爬，爬墙的时候大家悄然无声，但每个人的心里都多少有些忐忑。登陆的美军几乎全都参加过两栖登陆战，那种一轰之后便可以全歼岛上的日本人从而让他们顺利登陆的神话，已经没人相信了。不管先前的大炮飞机有多猛，士兵们都清楚地知道，岛上一定还会有日本人存在，问题只在于什么时候向他们开火。

蛙人为什么没有受到袭击？原因很可能不是布兰迪这些高层指挥官想象的那样，什么日军阵地被完全摧毁了。更大的可能，是那些躲在暗处的日军狙击手或炮手知道你当时不是真正登陆。现在一旦发现你真登陆了，那就是苍蝇见到血，要么不开火，一开起火来就会没个完，有得你好受。

士兵们胆战心惊地翻过墙，继续向前缓缓推进。在他们面前展现出一片台地，从表面上看，那是一片荒芜的空地，但从军事上来说，这样的地形，却是野战炮和轻重机枪的理想阵地。

走在前面的士兵开始感到头皮发麻，生怕遭到突如其来的射击或者踩上地雷，然而这些情况都没有出现，四周只有美军自己的炸弹和炮弹在震撼着大地，除此之外，无任何险情。

对这些现象，新兵在庆幸之余，也许还会感到莫名其妙，不知道日本人葫芦里卖的什么药，莫非他们兵败如山倒，全都逃走了？

见多识广的老兵可不会这样想，他们会轻蔑地一笑："别着急，这里可能跟硫黄岛的情况一样，当我们的第一批军需物资运到海滩时，日本人就会露面了。"

可不，刚登上硫黄岛那会儿，不是也认为没事了吗，结果就被拦在滩头上，进不得进，退也不得退。日本人，任何时候都不能忽视他们那小脑袋里藏着的种种诡诈，所谓"贼有贼智，盗有盗法"，总会在想不到的时候来算计你。

然而老兵们这次没猜对。上午9点，太阳升起，阳光驱散了淡淡的晨雾。除

当美军登陆冲绳时，岛上显得十分平静，这让久经沙场的老兵们反而又惊又疑

了一拨接一拨的登岸部队外，LSM战车登陆艇也开了上来，第一批军需物资到位了，但是仍然没有遭到日军的炮火阻击。

战车登陆艇“吐”出的大批火炮坦克一上岸，即沿着围墙缺口的跳板，追上了在前面等候的士兵，并引导他们持续前进。

一路上还是看不到日本兵，举目四顾，只能见到四周被炸得面目全非的景物，以及脚下还散发着烟火味的焦土。冲绳岛原来的风景不知怎样，但就算曾经再好看，现在也荡然无存了。如果不报名字，初来乍到的美军士兵根本就不知道自己是到了哪个天涯海角。

接着往前走，士兵们发现了一座座用混凝土铺就的炮兵阵地，有的甚至完好无损，然而所有阵地上都已空空如也。冲绳岛显然被日本人打造成了战争王国，不过它似乎并没有想象中那么可怕。

第一攻击波只花三个小时，就到达了原定要在三天后才能到达的目标线。步七师一名士兵登上一座山头后自言自语：“我活得比我原来估计的久了。”

一名随军记者如实向后方报道：“我们在规定登陆时间开始后一个半小时上岸，没有人向我们开枪，甚至连脚也没有湿。”这样的登陆行动简直像是和平时期举行的一次演习，岸上和船上的人都在问同一个问题：“日军在哪里？”

要说是陆战二师的佯攻把日军全都吸引了过去，也不大可能，因为就连陆战二师本身，也在没遇到日本兵的情况下就轻松上岸了，又谈何吸引？考虑到4

月1日是西方的愚人节，很多人都有置身梦境的感觉，甚至想是不是日本人开的愚人节玩笑，因为“这简直令人难以相信”。

★愿者成交

按照计划，美军继续向内陆挺进，准备控制读谷机场和嘉手纳机场。美军估计，他们得苦战好几天，经过一番血战才能予以完全占领。

可是他们又猜错了，上午11点30分，美军不费吹灰之力就拿下了机场，而且更加让人惊讶的是，机场设施全都完好无损，许多停在跑道上的日机尚未来得及飞走。

特纳给尼米兹发去电报：“没有遇到日军火炮轰击舰只的情况，我们的很多坦克和大炮都登陆了，现在部队正向内陆挺进，而预备队也已开始登陆。”

下午，往内陆挺进的美军只遇到了少数日军狙击手和炮手的零星射击，抵抗极其微弱。在滩头上，物资卸载正加紧进行，至日落时，已有五万余人和大量军需物资上岸，速度之快，超出了所有人的预料。天黑之前，美军已经建立起一个正面约14千米、纵深达5千米的登陆场。

美军在冲绳岛建立起的滩头阵地。随着大批战车登陆艇和运输舰的到来，军需物资和装备被源源不断地运往该岛

自美军在太平洋上发起大规模的两栖登陆战以来，

除了在瓜岛登陆那次未遭到过抵抗外，此次登陆是代价最小的一次：一天下来，美军只战死28人，27人失踪。

白天露面最多的日本人，居然不是岛上的日本兵，而是日军飞行员。分散在冲绳岛前的舰艇遭到了几次日机的空袭，但是没有一次空袭真正奏效，而且参与作战的十几架日机中没有一架是特攻机。

美军舰队只受到一些小损伤，轻伤的军舰只需在就近的庆良间列岛进行维修，即可继续投入战场，而更多的军舰都还没有见到日本飞机接近，空袭就结束了。

日军的空中反击，与预料中那种垂死挣扎式的大规模袭击显然也有着不小距离。

黄昏过后，美军做好了迎接日军反扑或夜袭的准备，可还是没有一个日本兵撞到枪口上来。美军在晚上也不是没有损失，一共折了两个人——一个死于事故，另一个死于疾病。

从高层指挥官到基层士兵，无不认为这次轻松愉快的登陆过程是个奇迹。难道日本人在耍什么阴谋诡计？不可能啊，让你顺利登滩或许可以叫作“诱敌深入”，那机场又岂有白送的道理？

天下的事，是真难假，是假难真。三军已经登岸，读谷和嘉手纳机场已经拿下，经过修复和整理，它们很快就可以供美军飞机使用。这都是以往要耗费许多代价才能夺来的，如今轻轻松松送到你手上，要再说不开心，那不是犯贱吗？

现钱买现货，愿者成交，特纳赚了。他向尼米兹和斯普鲁恩斯发去总结式的报告：“登陆顺利，抵抗轻微。”

现实情况与计划差得实在太远了，巴克纳等登陆部队指挥官当天一直工作到深夜，与幕僚们一起对计划进行修改，以使得美军能适应环境和条件的变化。

原计划中规定，第24军和第三两栖军要齐头并进，每个军在最前线都要各摆两个师，其他师以及预备队殿后。巴克纳决定，如果第二天战场局势没有根本变化，美军即打破这种攻击顺序，以最大的力量和最快的速度向前推进。

4月2日，不出所料，日军的抵抗仍然非常微弱，无论第24军还是第三两栖军都没有遇到多少日本人，于是美军按照巴克纳的部署迅速扩展其攻击正面，为保证各战斗单位之间不产生空隙，原先殿后的师属、军属预备队一起进入了第一线。

没有抵抗，反而让人心里不踏实了。当各部队依令前进时，很多士兵心里都直打鼓，就怕掉到日本人设好的陷阱里去。所有部队也都保持了谨慎的态度，步调非常一致。

白天结束时，美军已经一口气冲过了原计划四天后才能到达的目标线。巴克纳大受鼓舞，他告诉各部队，只要情况许可，可以不必等候新的命令，自行向前挺进。

4月3日，海军陆战队总算发现了几座有日军占据的地堡，这让大家几乎有一种如释重负的感觉。

这几座日军地堡与硫黄岛上的地下工事类似，地堡里的守敌也和硫黄岛的日军一样顽强，但架不住人手少，美军用通常的火焰喷射器加炸药包的方式就解决了问题。

先前陆战队疑惑的是为什么遇不到日本兵，现在他们则奇怪，为什么日军防线上只有区区几座地堡，难道他们认为这些地堡是金刚所铸，别人撬不开？

没有谁是天生的受虐狂，战事的出奇顺利，令每个士兵脸上都洋溢着抑制不住的笑意

4月4日，日本人又消失了。陆战一

师和六师横跨整个岛屿，到达东海岸的中城湾。全岛很清楚地被切成南北两半，美军原计划十五天才能完成的任务，仅仅四天就完美收官。

★菊水特攻

陆地上的殊死苦战完全消失了，不过类似场面却在冲绳岛海域的上空得到了重现——日机发起了一波又一波的自杀式攻击。

应该说，用飞机撞击船舶，并不是日本人的专利。美军飞行员有时也会这么做，当然是在极少数情况下，例如飞行员受了伤，或是飞机已经毁坏的时候。中途岛战役中，美军就有过好几个这方面的例子。

日本人做得绝的地方，是把纯属自愿的英勇行为上升到了一种有组织的战术手段。从莱特湾大海战开始，“神风敢死队”就让美军领教了这种自杀战术的滋味，自那以后，美军对特攻作战有所认识，斯普鲁恩斯每次发起大规模两栖登陆战，必要先把预防工作做在前面。

这次冲绳战役也一样，斯普鲁恩斯用横扫日本机场的方式，迫使日军空中力量消停整整三周时间，其实主要防的就是特攻机。

问题是再怎么横扫，都没法斩草除根。三周后，缓过劲儿来的“神风敢死队”马上对冲绳海域的美军舰队进行了零星攻击。

奉命出击的特攻机都只携带单程燃料，而将剩余的空间全部腾出来携带炸弹，然后飞机被要求对美舰的要害部位，如烟囱、机舱、弹药舱进行撞击，以达到“一机换一舰”的目的。

在美军登陆冲绳的前一天，斯普鲁恩斯的旗舰“印第安纳波利斯”号重巡洋舰就被一架特攻机撞个正着，特攻机所携炸弹穿过数层甲板，将巡洋舰的舰体炸开了两个大洞。受伤的“印第安纳波利斯”号先在庆良间锚地实施初步抢修，之后又返回后方的海军工厂进行大修。斯普鲁恩斯本人也被迫将指挥部移至“新墨西哥”号战列舰。

4月4日当天，冲绳岛上的美军是顺风顺水，怎么打怎么有，但海上舰队再次吃了个大亏：一艘运输驱逐舰被特攻机撞中，并受重创而沉没。

同一时期，第57特混舰队即英国远东舰队也遭到特攻机的袭击。当时有一架由“零”式改装的特攻机垂直撞向航母，大概本来是想钻烟囱的，但没有对准，结果冲上了飞行甲板。

英国航母从飞行甲板到弹药舱、机舱等要害舱室，全都安装着50毫米厚的重型钢甲板，非常坚固，特攻机上携带的500磅炸弹，只能在甲板上留下一个不到8厘米深的凹痕。与之相比，美国航母吃亏就吃亏在飞行甲板大多为木制，很容易被击坏。

截至4月5日，被日军轰炸机和“神风”特攻机击伤的美国海军舰船已达39艘，其中就包括1艘护航航母。

冲绳海域的袭击行动皆由联合舰队统一指挥，然而面对“神风敢死队”报上来的战绩，丰田司令官却并不感到特别满意。

按照日本人的说法，他们的每一个飞行员都是候补的特攻队员，但在冲绳海域

被“神风”“惠顾”的英军航母“胜利”号。虽然船上已燃起大火，但由于采用了装甲飞行甲板，其生存能力远优于美军航母。这次撞击实际上仅仅给“胜利”号的飞行甲板上造成一个不大的浅坑，一小时后就恢复了飞机起降能力，两天后完全修复

上空飞过的日机编队，绝大多数还只是一般的轰炸机和战斗机，执行的不过是普通的攻击任务。

对于真正的特攻机而言，成功的机会也相当有限。被用作特攻作战的全是陈旧的老式飞机，型号也没有一定的规格，战斗机、轰炸机、鱼雷机，甚至是教练机都可以搬过去，称得上是鱼龙混杂、无奇不有。至于驾驶人员，更是什么人都能往里塞，除了现役航空兵中的菜鸟，航空学校刚刚淘汰下来的学生，还有一部分是来自海陆军乃至平民的“志愿人员”，里面不乏铁了心准备“以身殉国”的脑残。

好多“志愿人员”在加入“神风敢死队”之前，连怎么开飞机都不会，这就需要加以训练，但因为极度缺乏汽油，训练的次数不可能太多，而且日军高层想得也很清楚，反正是自杀，昙花一现的买卖，要掌握那么多空中技能干吗？没那个必要。

两项技术必不可少，一是让飞机起飞，二是让飞机在空中停留一段时间，直到撞向舰船。特攻队员只需要练这两项，练好了就出发。

如此低劣的飞机性能和飞行技术，使得大部分特攻机在接近目标之前就被美军战斗机和高射炮给击落了。

侥幸冲过了双重拦截，并不意味着特攻机随后就会撞向舰船。尽管日本用于宣传和洗脑的机器无比强大，尽管特攻队员在出发前都表示过誓不生还的意愿，但人的天性都是惧死恋生，到了这个时候，眼看着要走向死亡，往往会畏惧不前。

为了确保特攻队员不在最后一刻把飞机拉起来，“神风敢死队”里还有一种飞机：引路机。引路机属于非自杀式飞机，驾驶员都是有一点儿飞行时间和经验的航空人员，他们除了为那些连航向都辨别不清的特攻机引路以及报告战果，还有一项秘密任务，那就是监视特攻机，看这些自杀攻击者到了紧要关头，是否真敢豁出性命去进行撞毁式的俯冲攻击。

即便横下一条心真敢撞了，最后挨得着挨不着美舰的边儿，还得两说，飞行员心理紧张和飞机机件失灵，都会把特攻机引入海里，前功尽弃。

另一方面，美军主力舰上往往都配备极强的高射炮火力，足以阻止大多数特攻机接近，而且要把这样的巨型战舰撞沉，必须撞好些部位，也就是说，要拿不止一架特攻机去换。如撞伤“印第安纳波利斯”号那样，飞机撞中的恰好是舰体要害，那真得有点儿买彩票中奖的运气才行。因为这个缘故，特攻队员一般都不愿意招惹美军的大舰，他们宁肯攻击正在巡逻或担负前哨任务的单独驱逐舰，以及一些小型的辅助舰艇。

由此可知，引路机观察人员的收获往往都有限，不过这并不妨碍他们拿出各种赏心悦目的报告，里面有的是出于种种原因进行了夸大，有的却是观察员本身水平有限或确实分辨不清，比如他们会把驱逐舰当作巡洋舰，把战车登陆艇当成航空母舰，而辅助运输船居然也能被错认为巨型战列舰。

“美轮美奂”的报告被送上去后，日军指挥官在惊喜得狂呼乱叫之余，会再夸大修饰一番，再进行公开发布。美军舰队在冲绳明明只有一艘“吉普航母”和两艘战列舰略受损伤，到东京广播电台播出时，就变成了四艘航母、六艘战列舰，外搭整整一支运输舰队被炸毁，至于炸伤或疑似炸沉的那就更多了。

对于这种荒诞不经的广播，被蒙在鼓里的日本老百姓选择了照单全收，深信不疑，如丰田这样的高层军事首脑，虽然明知其中掺了太多水分，但出于自身的心理需要，也宁愿相信它们是真的。

丰田对战报不满意，不是说他认为战果都是假的，而是他觉得美军舰队既然有上千艘舰船，按照这种速度短期内还是炸不完的。一句话，要配合冲绳岛上的反登陆作战，必须得加量加价才行。

4月6日，冲绳海面的上空从拂晓起就布满乌云，风速达到每秒八到十米，眼看着海浪从西北边滚滚袭来。跟在汹涌海浪后面的，就是丰田即将展开的大规模自杀式攻击行动，代号“菊水特攻”。

所谓菊水，也就是水中的菊花，它是那个立下“七生报国”志愿的楠木正成的专用纹章图案，丰田以此命名，实际就是要效仿楠木正成的凑川之战。参加“菊水特攻”的除了“神风敢死队”，还混编了海陆航空队的非自杀式飞机，飞机总数达到699架，其中特攻机355架，参战的特攻队员一律穿上礼服，佩戴特别荣誉勋章。

斯普鲁恩斯和米彻尔对此早有准备，他们在冲绳岛西北边部署了一队驱逐舰，作为雷达哨舰。这些哨舰摆出半圆形阵势，像忠诚而又机敏的警犬一样，随时观察着天空中可能出现的任何动静。

下午1点，雷达显示屏上出现了第一批密密麻麻的“幽灵”。收到哨舰发出的警报后，各航母立即清理飞行甲板，出动战斗机前去迎敌。

★ 纯粹的自杀行动

日军的特攻机携带的燃料有限，无法做机动飞行，遭遇美机攻击时，它们一概不予还击，甚至也不想还击，真的就如待宰的羔羊一般。当然特攻机旁边也还有“零”式护航，但是护航机的数目太少，而且在空战中也不是美军战斗机的对手。

这一天美机以损失2架飞机的代价，击落了300架以上的日机，其中仅“约克敦”号航母所属的一支由4架飞机组成的飞行小队，就击落了50架特攻机，而自身一弹未中。

美军遭难的主要是舰船，又以外围的那些哨舰艏当其冲。有相当一部分特攻机逃过美机的截击后，第一时间就朝这些驱逐舰蜂拥而上。处于冲绳岛正北海域的“布什”号驱逐舰很快被三架特攻机撞毁，邻近的“科尔洪”号驱逐舰赶来支援，也被三架特攻机撞毁。不久之后，两艘驱逐舰双双沉没。

向美舰进行自杀攻击的一架“零”式。不管“零”式最后能不能撞上来，这情景都让船上的人不由得感到肝颤

紧接着，有约200架特攻机钻入冲绳内圈。美军舰队用密集的高射炮进行阻杀，弹片纷落如雨，竟然砸伤了船上的38名美军士兵。尽管如此，特攻机仍然撞伤美军中小型舰船22艘，撞沉运输驱逐舰和战车登陆艇各1艘。

在实施空中突袭的同时，丰田还准备了另一种形式的自杀性攻击。“菊水特攻”开始前，他通知联合舰队的所有指挥官：“帝国命运完全赖此一举，卑职已号召，组织一支海面特攻部队……”

经过莱特湾大海战，联合舰队的舰船已大多命赴黄泉，只有栗田舰队保存了一些实力，它们被重新整编为第二舰队，包括超级战列舰“大和”号、“矢矧”号轻巡洋舰以及八艘驱逐舰。舰队曾经的掌舵者栗田健男中将因在海战中出现重大指挥失误，被伊藤整一中将替代。

丰田所指定的“海面特攻部队”就是第二舰队，他要把自己兜里仅剩的这点儿本钱全部掏出来，用于支援冲绳岛上的日军。由于日本燃油严重短缺，丰田费尽九牛二虎之力才为第二舰队搜集到2500吨燃油，这点儿燃油尚不及“大和”号燃油舱容量的一半，即便供舰队单程前往冲绳，也只是勉勉强强。另一方面，在丰田孤注一掷，决定将航空兵力全数投入“菊水特攻”的前提下，第二舰队将得不到任何空中掩护。换句话说，这支舰队一旦出发，就只能像特攻机群那样有去无回了。

丰田此议一出，内部的吐槽声便如冰雹一般落下来，因为即便对战争一窍不通的人都不难看出，“海面特攻”完全没有取胜的可能，是一次纯粹的自杀行动。

军令部几次促请丰田重新予以考虑：虽说日本已经濒临全线溃败，但也不用如此冒险，而且在明知第二舰队到达冲绳的可能性不大的情况下，死那么多海军官兵，对改善战局又能起多大作用呢?

酒红人面，钱黑人心。长期的山穷水尽似乎已经让丰田完全丧失了理智和头脑，他以前就不是一个很接地气的人，现在干脆两脚都不沾地了。他气冲冲地回复说：“除此之外别无他法，即使（第二舰队）不能到达冲绳，也可以将敌人空中力量的半数吸引过来！”

丰田的意思，他是把“大和”号这些残存军舰当成腊肉了，只要美国人见了掉口水，就可以减轻美机的空中压力，从而帮助冲绳岛上的牛岛再反过来砍美军几刀，那样的话，日军打赢冲绳战役并不是没有希望。

有人把丰田的思维比喻成一个故事：从前，有一户贫苦人家，因为买不起蚊帐，儿子为尽孝道就往自己身上涂酒，以此把蚊子吸引过来，以保证父母晚上能够安睡。孝子的这一行为没能吸引蚊子，但是感动了老天，老天出面拯救，把蚊子都赶走了。

到了这个地步，军令部的高官们也都不同程度地在做着白日梦，他们虽然觉得丰田的计划经不起推敲，然而故事里不是说了嘛，孝子就算吸引不了蚊子，还能感动老天呢，那就死马当活马医，试一试吧。

丰田的参谋长草鹿是“海面特攻”的反对者之一。他认为，以“大和”号为核心的第二舰队可以在保卫日本本土的战斗中发挥更大作用，没有必要这么早就逼着海军官兵去送死。

可是军令部都通过了，丰田更是一副谁敢挡着就派谁第一个去特攻的架势，弄得草鹿也不敢多说什么了。不过最让他感到难堪的是，丰田还指令他去向第二舰队司令官伊藤整一中将递交命令，并阐明理由。

见到伊藤，草鹿言不由衷地说了一通大道理，什么这既是日本的最后机会，也是联合舰队的最后机会；什么第二舰队在冲绳海面突破美军舰队后，就可以让舰船搁浅，而以“大和”号舰炮的口径和射程，摧毁岸上美军阵地绝无问题，云云。

伊藤倒也不是一个不识大体之人，他在开战时就身居军令部次长要职，若不是日本战事濒危，也不会下调到联合舰队。皱着眉头听完之后，伊藤只问了一个问题：“如果我们在途中就受重创，不能继续前进，那我该怎么办？”

对伊藤的问题，草鹿根本不知道如何作答，他只好说：“这要你们自己去决定。”

伊藤点了点头，说：“我明白了，请不必为我不安。我的心情很平静。我没有什么值得遗憾的，我心甘情愿出征。”

★霸王硬上弓

草鹿来到“大和”号的当天，伊藤召集各战队司令及舰长举行了联席会议。

伊藤把草鹿带来的命令一宣布，会场上立刻炸了锅，几乎所有与会者都露出了苦恼的表情。只有一个人是笑着的，那就是“大和”号舰长有贺幸作大佐，但有贺笑有个前提，因为这厮不管伊藤说什么，他都会拍着个胖肚皮，露出一副乐呵呵的傻模样。

除了没心没肺的有贺，其余十几个人都强烈反对用特攻方式出战。想想看，在没有直接空中掩护的情况下，向完全掌握着制空权的美国海军发动进攻，跟主动送上门去让人家吃掉又有什么区别？

你说要是趁着黑夜偷袭，或许还有办法，可是根据丰田那道脑子进水的作战命令，第二舰队却要在光天化日之下进发，这无异于是把自己暴露在了海面上——美国的B-29和潜艇天天都在联合舰队所在的濑户内海周围侦察，又怎么可能不知道呢，知道了，美军飞机会放过这个大快朵颐的好机会吗？

就连平时最冷静的舰长都控制不住了："这样作战，我们肯定会在中途被敌机击沉。第二舰队是日本海军留给国民的最后一笔财产，我坚决反对无故将这笔财产抛弃掉！"

另一名舰长也发作起来："我们将死无葬身之地，可是只有同在本土登陆的敌人相拼杀而死，才是我们的最终归宿。什么特攻作战，简直浑蛋透顶！"

见部下们开了头炮，驱逐舰战队司令小泷大佐干脆把矛头指向了发布这道命令的高层："联合舰队司令部设在防空洞里，面对国家生死存亡的大决战，他们究竟在想什么？我们请他们从防空洞里出来直接指挥作战！"

丰田上任后从未到海上临阵指挥，后来，随着形势日紧，又躲到了防空洞里，躲在防空洞里倒也罢了，还吆喝着驱赶别人去送命，这确实太让小泷等人不忿了。

半年前的莱特湾大海战，第二舰队内部也有过议论和不满，但军官们的反对意见如此集中，情绪如此激烈，这是破天荒的第一次，实际上也是最后一次。

联席会议不欢而散。草鹿和伊藤只得又召开了第二次会议，这次两人把话挑明了：不是征求你们的意见，这是霸王硬上弓，行得干，不行也得干。

海军虽说自由度比陆军要大一些，可是绝对服从命令的原则在哪儿都一样。既然伊藤都表态要干，军官们也就没法顶着了，他们终于垂下了头：“那么，就干一下试试吧！”

说完之后，众人匆匆忙忙地回到各自的战舰上，为出击做准备。水兵比他们的长官有觉悟多了，很多人都认为自己的军舰不仅能够在冲绳岛搁浅，而且还能登陆与美军进行肉搏战，为此，他们把刺刀都拿了出来。

按照命令，刚到舰上实习的海军学校毕业生可以返回陆地，这批人正处在哭着喊着要给人当枪使的年龄，居然都不肯走：“一旦回国，我们拿什么脸去见自己的父兄？请务必让我们参战吧！”

舰长们不能说你们去了不过多添点儿炮灰而已，他们只得好言相劝：“这次战斗决定只让有实战经验的人参加，你们没有战斗经验，对作战将是一个累赘，因此才下令让你们上岸。”

经过劝说，年轻人都乘着小艇上了岸。他们上了岸还不肯走，全都列队站立，呆呆地望着舰队，直到太阳落山才恋恋不舍地悄然离去，全然不知道船上有人想走还走不掉呢。

晚上，伊藤为舰长们举办告别酒会。在酒会上，很多人都显得有些失态，他们一口气喝光了三十多瓶酒，却无一人醉倒。舰队的酒会结束，舰长们又参加各自舰上的告别宴会，继续喝，总之是一醉方休，提前酒精中毒没法走路才好。

以往出征前，为了展示自己的“英雄气概”，舰长们至少在同僚及部下面前都要装得有说有笑，更有甚者还会表现得特别兴奋，做出千欢万喜、头颠尾颠的表情。这一次大家都知道可能是一生中最后一个夜晚，脸上肌肉均做抽搐状，连做一个皮笑肉不笑的动作都极其困难。倒是年轻的少壮军官显得毫无畏惧，该吃吃，该笑笑，高声唱起了《樱花之歌》。

一位日本诗人曾经这样写道："欲问大和魂何在，且看野樱向阳开。"另有一句谚言："美不过樱花，勇不过武士。"日本人向来都与樱花有着说不清道不明的情感联系，想到自己明天就要像樱花一样"凋谢"，熟知内情的舰长全都难以抑制地流下了眼泪，这个时候，只有他们才能更深刻地感受到那种赴死前的悲怆与凄凉。

宴会到深夜还没散，"矢矧"号轻巡洋舰的舰长原为一大佐决定到各舱去查看一下。在轮机室，他看到有个轮机兵穿着满是油污的衣服，正在满身大汗地检查着发电机，原大佐便走到轮机兵身旁，询问对方为什么不去喝酒。轮机兵回答，他必须绝对保证军舰到冲绳后不发生电力故障，所以与战友换了班，自愿来承担发电机房的值班任务。

原大佐深受感动，加上喝了酒，浑身躁热，他没有走向自己的休息室，而是爬上甲板，一边流着眼泪一边大喊："矢矧万岁！日本万岁！"

喊吧，连原大佐自己都知道，以后是喊一次少一次了。

★不要老想到死

4月6日下午3点，由原大佐的"矢矧"号开路，第二舰队的十艘军舰缓缓驶出了濑户内海。

天气不错，是个出征的黄道吉日，所以丰田选择了这一天实施"菊水特攻"，但天气条件对对阵双方来说都是一样的，你觉得好，人家也觉得好。驶出内海的第二舰队刚刚编好航行队列，B-29就出现了，并对他们展开了轰炸。

显然，第二舰队已经被美军控制在了监视网内，"大和"号舰上的伊藤心情十分沉重。好在到黄昏时，负责观察"菊水特攻"的引路机报来了战果：目睹美舰有30艘沉没，20艘起火。

与以前一样，这也是一份虚远超过实的战报，不过它已足以令伊藤转忧为喜。另外，伊藤觉得草鹿也很够意思，自舰队出发起，这位联合舰队的参谋长一直乘坐着水上飞机尾随，直到燃料刚好够返航所需，他才向舰队挥手告别。

“矢矧”号的原大佐却不像伊藤那么壮志在胸。昨晚的一阵激情过后，他越来越感到“海面特攻”没有成功的希望，“矢矧”号上还有好些像那位轮机兵一样称职的水兵，他们不应该因为上司的愚蠢决策而轻易送命。

趁着夜幕降临，原大佐在甲板上召集全舰1000名官兵进行训示。他先是例行公事地宣读了丰田给第二舰队的最后一封电报：“帝国命运在此一战，（第二舰队）要光荣地战斗到死，全部消灭敌舰队。”接着，又说了一番心里话：“我们的任务，看来像是自杀，但我想强调说明，自杀并不是我们的目标，目标是胜利。你们并不是被赶上祭坛的羊群，一旦本舰受重创或打沉，你们要毫不踌躇地逃生，以便再战。”

很多基层官兵的脑子正在发热，全是如何跟美国人血拼之类，原大佐的大实话犹如给他们兜头浇来一盆冷水。一阵难堪的沉默过后，一名大尉嗫嗫嚅嚅地插话：“在军事学院时，教官教导我们要与军舰共存亡……”

原大佐打断了他的话：“在封建时期，生命是可以被轻易浪费的，但我们处在20世纪。我们要打赢这场战争，不要老想到死。”

晚上8点，第二舰队小心翼翼地驶过水雷区，进入太平洋，伊藤下令舰队以20节的速度沿九州海岸南下。

伊藤对白天十分忌惮，因为他知道B-29会侦察到自己舰队的下一步行踪，只有到晚上，B-29才会变得无能为力，但他不知道的是，美军潜艇无所谓白天晚上，而正是从这时候起，第二舰队的阴影出现在了美军潜艇的雷达荧光屏上。

这是两艘正在九州海域巡逻的美军潜艇。一分钟后，它们向斯普鲁恩斯发来电报："一艘装甲舰和几艘其他敌舰朝正南180度航行。"

美军潜艇所指的装甲舰就是"大和"号。斯普鲁恩斯立即决定把战列舰编队派出去，任务是将第二舰队向南引诱，诱得越远越好，最终使其不能返回本土基地，也得不到九州岸基航空兵的支援。

4月7日凌晨2点，当第二舰队通过大隅海峡时，也隐约发现了那两艘跟踪监视的美军潜艇。伊藤意识到处境险恶，但事已至此，除了硬着头皮全速前进，他也再没有别的更好的选择了。

早上6点，舰队进入九州西南海面。伊藤传令将队形改成以"大和"号为中心的环形队列，同时以五分钟为间隔，采取之字形曲折航线，以24节的速度向冲绳岛高速前进。

第二舰队没有护航机，没有侦察机，它的后面是紧紧尾随能断其后路的美军巡逻潜艇，前面是力量强大到可医小儿夜啼的美军第五舰队，已没有隐蔽的必要，也无退却的可能。伊藤唯一的指望就是像故事中所说的那样，老天被他这个"孝子"感动，亲自出面拯救，帮他打开一条通往冲绳的道路。

上午8点，天空乌云密布，大雨倾盆，似乎在昭示着一场海空战斗的即将来临。也就在这个时候，米彻尔第58舰队的侦察机确定了日舰队的位置。

按照斯普鲁恩斯的想法，准备让战列舰编队单独收拾来敌，在引诱日舰队南下后，用舰炮予以打击，但米彻尔觉得没有这个必要，他的舰载机飞行员完全有能力炸沉"大和"号。

"大和"号和"武藏"号号称是当时世界上最强大的水面舰船，在莱特湾大海战中，美国海军航空兵曾炸沉"武藏"号，然而因为缺乏旁证，也有人认为"武藏"号是被潜艇给打沉的。米彻尔一直不服这口气，现在"武藏"号的姊妹舰"大和"号突然出现，正好再炸炸看，因为它"提供了证明飞机优越性的大好时机，如果需要什么证明的话"。

侦察机一确定位置，米彻尔马上命令舰载机起飞，然后转身对他的参谋长说："请通知斯普鲁恩斯将军，除非另有指示，否则我提议于12时进攻'大和'号出击舰群。"

斯普鲁恩斯与哈尔西的指挥方式不一样，具体体现在对第58特混舰队的态度上，就是敢放手也肯放手，战术方面完全交给米彻尔掌握，他自己只管战略方面。不过在一些利害攸关的大决策上，斯普鲁恩斯仍会进行适当干预，比如在马里亚纳海战中，他与米彻尔就曾一度意见相左。正是鉴于这一点，在发给斯普鲁恩斯的电报上，米彻尔还是有些不情不愿地多添了一句："你攻呢还是我攻？"

斯普鲁恩斯即刻复电，在电报空白处批示："你攻！"

★好像是纸糊的一般

上午9点，大雨中行进的第二舰队开始脱节。驱逐舰"朝霜"号掉队，它向伊藤发出信号说，是发动机出了故障，将设法修理。

11点30分，雨停风住，舰队东面8海里处的空中出现了一架飞机——一架美国飞机。附近一座岛上的日军观察哨也发来警报，告知有250架美机出现在周围海域。

第二舰队的气氛变得十分紧张。午后不久，站在"矢矧"号舰桥上的第二水雷战队司令官古村启藏少将第一个发现险情，他向原大佐喊道："他们来了！"

当天阴沉兼暴雨的天气并不利于飞机飞行，5000～8000米的能见度，让寻找日舰的美军舰载机群也很费了一番周折，但众里寻他千百遍，总算还是让他们逮着了。

在第二舰队的左方先是来了2架美机，接着是5架，进而，由10架、20架、30

架美机组成的机群，争相从舰队前方穿梭而过。到了后来，100架以上的美机大编队也过来了，它们以波浪队形迅速将呈环形队列的日舰包围起来。

佐藤下令舰队以5000米的间距散开队形，并以30节的高速拼命南下，企图在遭到美机攻击之前到达冲绳。让他感到庆幸的是，海上又下起了大雨，舰队被掩盖起来。

果真是老天可怜见啊。佐藤这声慨叹只维系了10分钟，10分钟过后，雨停了。

“矢矧”号的一个观察哨喊道：“左前方发现飞机！”原大佐闻声转过身去，他看到40架美机从低厚的云层中俯冲下来，向“大和”号直扑过去。

“大和”号上的高射炮和高射机枪赶紧开火，包括“矢矧”号在内的其他日舰也拼命向空中喷吐火舌。美军的攻击策略是用战斗机劈头盖脸地对高射炮进行扫射，以压制日舰的对空火力，与此同时，鱼雷机和轰炸机则冒着密集弹雨，从各个方向和角度向下投掷鱼雷及炸弹。

论对军舰的攻击威力，鱼雷机要大大超过俯冲轰炸机，但在太平洋战争初期，美军的鱼雷机并没有很好的表现。尤其是在中途岛战役中，从老的“破坏者”到新的“复仇者”，都没能取得大的战果，其作用也仅限于牵制和吸引日军战斗机，为轰炸机攻击创造条件。

既然鱼雷机不行，轰炸机行，美军便调整了航母舰载机的编成，鱼雷机数量遭到削减，减掉的数量被俯冲轰炸机所替代。一直到莱特湾海战结束，美军才发现自己犯了个错误——在没有足够鱼雷机加盟的情况下，舰载机群在与日军舰队对阵时总好像缺着那么股劲儿。

于是鱼雷机再受青睐，美军航母舰载机的编成中又增加了鱼雷机数量，同时鱼雷机的攻击性能也有了很大提高。“复仇者”本身没有什么大的缺陷，它甚至拥有和俯冲轰炸机一样的俯冲攻击能力，原先之所以难以发挥水平，问题主要还是出在航空鱼雷上。

美国造的航空鱼雷曾是有名的臭弹，总是不爆炸，这样的鱼雷投下去再多也没用，但经过研发，这一问题已经得到解决，新一代的鱼雷无论是可靠性还是命中精度，都非昔日可比。

莱特湾海战后，联合舰队龟缩本土，美军鱼雷机有劲也没地方使，现在它们终于找到了机会，可以痛痛快快地证明自己才是有资格痛宰日本军舰的头号杀手。

有制空权便有制海权，这是现代海战中无可辩驳的真理。“大和”号在舰长有贺幸作的指挥下，不断进行高速大角度机动，以躲避呼啸而来的打击，但是仍有一发鱼雷打进了“大和”号的左舷，另有两发炸弹在“大和”号的主桅杆后面爆炸，炸开了舰艉雷达室，里面的观测仪器全部被毁。

“矢矧”号受伤更重，共被三发炸弹、两发鱼雷击中，舰体剧烈抖动，给原大佐的感觉就是，“矢矧”号就好像是纸糊的一般，随时都可能沉入海底。

这一情景很容易让人联想到三年前的马来海战，只不过现在遭到屠杀的对象，由“威尔士亲王”号、“反击”号换成了“大和”号、“矢矧”号而已。

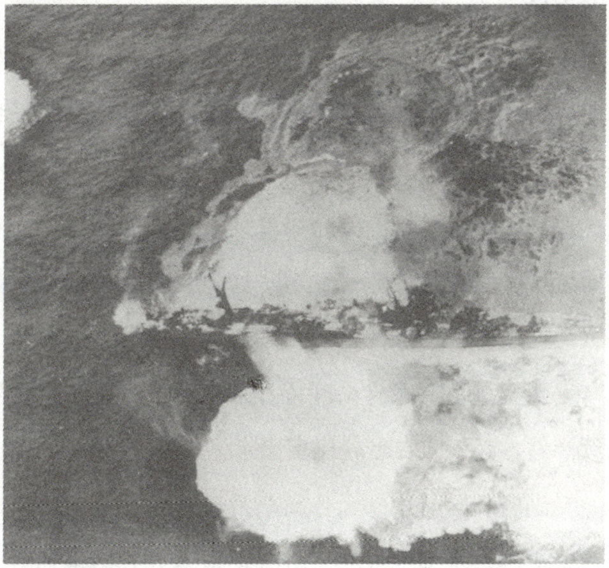
被鱼雷和炸弹击得走投无路的“矢矧”号轻巡洋舰。联合舰队的没落不仅体现在数量上，也体现在作战能力上

随着美机的第一轮攻击结束，海上出现了短暂的宁静。在离“大和”号200米的地方，裹在烟雾中的“矢矧”号已奄奄一息。

“矢矧”号是古村的旗

舰，眼看着它已完全失去了机动能力，古村决定转移到驱逐舰“矶风”号上去。就在“矶风”号奉令缓缓驶近“矢矧”号时，美军的第二攻击波已经杀到。

“大和”号再次组织防御，四艘驱逐舰围着它转来转去，“大和”号本身一边靠高射炮进行抵抗，一边也在左闪右晃。

由于美军第二攻击波中的部分飞机起飞较晚，所以它不像第一波那样集中攻击，而是分成几个波次连续不断地进行。这种阴错阳差造成的攻击反而让日舰失去了喘息之机，以致美机连连得手。

在美机节奏分明的凶猛攻击下，日军水手们就好像置身于铁岛之上，被一步步往死路上逼。对他们来说，最可怕的折磨还是来自于美军战斗机的扫射，那些银光闪闪的战斗机如同流星一般从头顶掠过，一顿弹雨扫过，或一发炸弹扔下来，甲板上都会歪七竖八地躺下一大堆人，受伤没死者有流出肠子的，有缺胳膊断腿的，鲜血顺着甲板的排水口往外流淌。这时“大和”号舰身已歪，速度也骤降至18节。

下午1点30分，第三攻击波旋风一样降临，并集中攻击“大和”号已损坏的左舷。“大和”号转身便逃，但左舷还是中了三发鱼雷，海水大量涌入，舰体继续向左倾斜。

到底是举世罕有的超级战列舰，“大和”号完善而庞大的注排水系统迅速消除了舰体倾斜，然而一发重磅炸弹恰好命中注排水控制舱，所有调节阀门都被炸毁，无法再进行排水。

负责排水的军官给舰桥打来电话：“进水已达到最高限度。为了阻止舰身继续倾斜，必须向右舷轮机室灌水。”

副舰长野村次郎大佐踌躇片刻，同意了这一排水方案。这时右舷舱室的人员尚未撤出，水却已经灌了进去。很多人死命地抓着梯子的铁栏杆，互相厮打，竞相逃命，然而这一切都是徒劳的，右舷被瞬间注入3000吨海水，数百官兵被汹涌而至的海水淹死。

“大和”号渐渐恢复了平衡，代价是丧失了一半的动力，速度锐降至9节。

到下午2点，“大和”号中了第八发鱼雷，这次是在右舷。应急轮舱室大量进水，水手被淹死在岗位上，军舰再次倾斜。

马步不稳并不是“大和”号出现的唯一状况，在浓烟烈焰的包围下，它的上层建筑已经面目全非，除完全丧失机动能力外，高射炮就像断了水源的喷泉一样，其火力已微弱到可以忽略不计。

★慈悲的一击

不单是“大和”号，整个第二舰队都到了任人宰割的地步。“矢矧”号已中了12发炸弹、8发鱼雷，一些倒霉的舰员被炮弹撕成碎片，纷纷扬扬地撒向天空，飘落下来之后就消失了。

“矢矧”号本身也在迅速下沉，甲板上浸满了海水。原大佐往周围望去，其他驱逐舰不是在下沉就是在燃烧，显然它们已经自身难保，谁都救不了“矢矧”号。

下午2点5分，海水已经涨到大腿。随后，古村和原大佐就被吸入水中，在漩涡中挣扎了很久，他们才被抛上浮着一层油脂的水面。

6海里以外，舰载机正不慌不忙地围着“大和”号，像蚊子一样不停盘旋。美机的确可以做到气定神闲，因为作为此行最大的猎物，“大和”号显然已经在劫难逃。

下午2点12分，四架鱼雷机冲出云层，向“大和”号俯冲过去。

这是战斗，但更像是在表演，参与表演的美军飞行员动作娴熟，一气呵成，他们投下的两发鱼雷分别命中了“大和”号左舷的中部和后部。

“大和”号舰桥的警报板上红灯闪烁，那是一号炮塔和五个弹药舱的红灯，显示弹药存放的地方温度在上升。“大和”号一共携带了2000发18英寸口径的炮弹，只发射了3发，剩余的炮弹有连续爆炸的危险。

舰长有贺如被撕裂了喉咙一样朝副舰长野村大喊：“不能把水抽到弹药库去吗？”

野村只能报以苦笑。有贺的脑子十有八九是被飞机炸弹炸坏了，船上的注排水系统早已瘫痪，短时间内又如何能够救急。

野村下令升起紧急求救信号旗，通知驱逐舰帮忙接走舰员，但环绕“大和”号的驱逐舰也都知道它随时可能爆炸，都不敢靠近。

下午2点15分，又一发鱼雷击中“大和”号左舷中部。不过在野村看来，这倒是缩短痛苦的“慈悲的一击”，反正是迟早要发生的事，多延长哪怕一秒，就只能让他多煎熬一秒。

“大和”号左舷甲板已经浸水，舰身倾斜很快达到了30度，舰员已经无法站立，很多人不等舰长下令就自行跳海逃生。野村赶紧从第二舰桥上给有贺打去电话：“快完了。”他希望有贺不要犹豫，尽快发布弃舰令。

有贺知道“大和”号已无可挽救，他用传声管通知伊藤，纠正倾斜度无望：“舰队司令，长官身体贵重，请跟乘员一同离舰，我一人留下！”

接着他嘶哑着喉咙告诉野村：“副舰长，请立即离舰，向联合舰队报告战斗经过。我的命运与‘大和’号是分不开的，我无论如何不能离开这艘同我命运相连的战舰，所以我留在舰上，但你一定要活着回去。”

野村坚持要走一起走，要死一起死，有贺不由分说：“副舰长，这是命令！”说完，就把电话挂了。

有贺叫来一名水兵，指着舰桥的罗盘仪对他说：“我的游泳技术好，说不定我还会浮在水面上，那样有可能幸存下来。这儿有一些绳子，请你用它把我十圈二十圈地捆绑在罗盘上吧。”

水兵从未接受过这样的命令，一时愣在那里，有贺加重了语气：“请满足我这最后的愿望，这也是上级对你的命令！”

当水兵把有贺绑在罗盘仪上的时候，有些水兵居然也效仿着要互相绑在罗盘仪箱上。有贺大声制止：“你们这是干什么？你们年轻人应该往下跳，游泳逃生！”

伊藤也准备以身殉舰，他跟参谋长握了握手作为告别，然后让其他人离开舰桥。见幕僚们迟疑着不挪步，他生气地大声喝斥道：“年纪轻轻的，怎么能抛弃报效祖国的机会去白白送死呢？马上下去！”

伊藤的幕僚走下舰桥的时候，“大和”号已达到了80度的倾斜，甲板几乎与海面垂直。这座超级战列舰已变得像一条动弹不得的鲸鱼，大炮残骸、弹药、尸体开始无情地滑入大海。

下午2点20分，舰炮炮膛里的炮弹滑落下来，撞穿了弹药舱甲板，弹药舱里的炮弹终于被引爆了。远远望去，“大和”号上出现了一道炫目的强光，仿佛是金灿灿的朝阳喷薄欲出，之后，伴随着一声惊雷般的巨响，剧烈的爆炸几乎将“大和”号的舰体完全炸断。

“大和”号沉没爆炸时腾起的巨大蘑菇云，使得海面的军舰都瞬间变小了

烈焰冲天而起，翻滚的蘑菇状烟柱竟高达1000米，

连110海里以外的岛上的居民都能看到火光与浓烟。“大和”号犹如被棺罩紧紧盖着，接着被强按入水下。海面出现了一个深达50米的漩涡，“大和”号副舰长野村以及一些逃生的水兵皆被吸入其中。野村先是沉入了身下那个深蓝色的无底洞，由于“大和”号的弹药在水下发生大爆炸，爆炸产生的气浪又将他重新推上了海面。

野村感到一阵阵窒息，看着波浪上面滚动的一个个火球，他心中产生的第一个念头就是：“大和”号完了，日本海军完了！

随着“大和”号葬身海底的，有伊藤、有贺以下2498名舰员，仅269人获救。自服役起，“大和”号就被视为联合舰队的象征，它的沉没，不仅标志着联合舰队的彻底覆灭，也宣告了海战理论中巨舰大炮主义的完全破产。

在“大和”号之前，“矢矧”号就已经被击沉了。几小时后，古村、原大佐及其他逃生者被救上了“初霜”号驱逐舰。尽管已是如此狼狈，可按照丰田的命令，这本来就是一次自杀式攻击，上级不让撤就不能撤，还得进。于是，古村只好给联合舰队发去一封电报：“我们目前正开往冲绳。”

事实上，第二舰队的驱逐舰不是被美机击沉，就是因受重创而自行凿沉。剩下的四艘驱逐舰，也只有“初霜”号等两艘留在原地，另外两艘已经踉跄着航行在返回日本的路上。

丰田的脑细胞并没有全部死光，一收到战报，他就知道原定计划彻底失败了。古村的电报尚未发出，余下的两艘驱逐舰便都收到了丰田关于取消特攻任务的指示，遂双双掉头返航。

联合舰队偷袭珍珠港之前，古村曾派搜索机对珍珠港进行过侦察，时过境迁，如今他却只有狼奔豕突的命了。奔逃途中，早已卸掉伪装的古村不断喃喃自语：“我算是够了。”

如果愿意，美军舰载机群还可以奋起直追，但显然米彻尔对当天丰硕的战果已经相当满意，他采取了任其逃逸、不屑一追的态度——放几个小卒回去给丰田报报信，讲讲第二舰队在刚刚结束的海空之战中如何被打到屁滚尿流，同样是件很快意的事。

斯普鲁恩斯还未动用他的战列舰编队，丰田派出的海上特攻舰队就被舰载机给消灭了。当剩下的四艘驱逐舰失魂落魄地逃回基地时，舰长们却出乎意料地收到了联合舰队司令部发来的战功嘉奖令：“由于第二舰队发扬英勇顽强、不怕牺牲的战斗精神，致使我‘菊水特攻机’取得了很大的战果。”

原来当天丰田又出动大批特攻机，对停泊于冲绳海面的美军支援舰队实施了第二次攻击。这次除有驱逐舰、登陆舰、军火船遭击沉或重创外，护航航母“汉科克”号和战列舰“马里兰”号也被击伤了，数以百计水兵的死亡，令支援舰队的士气都受到了影响。

就算第58特混舰队不去全力迎击日军的特攻舰队，支援舰队也难保不受损失，但米彻尔把舰载机派出去作战后，肯定加大了特纳支援舰队的防空困难和压力。从这个意义上，丰田把一部分功劳分给第二舰队，也算是事出有因。只是看到自己的舰队落到此等凄惨的境地，舰长们实在难以从嘉奖令中得到安慰，唯有面面相觑，无可奈何地报之以一丝苦笑。

第八章

战争也是一种探险

根据最初对冲绳战役艰巨性的估计，美军为各登陆部队都安排了轮换式的休息和调整恢复时间，但没有哪一支部队觉得他们是需要坐下来喘口气的。

在参战部队中，陆战一师应该说是最牛的，他们从疟疾横行的瓜岛、泥泞遍地的格洛斯特角、血流成河的贝里琉岛一路走过，什么样的苦战和意外都经历过，然而在冲绳岛上，老兵们却只有揉着眼睛惊异的份儿。

新来的补充兵还问老兵，你们不是说日本人的抵抗多么多么顽强吗，怎么会出现这种情况？老兵只好红着脸一再赌咒发誓，保证在自己经历的战斗中，从来不曾有过类似奇事。

海军陆战队的一名团级军官干脆写了张字条给师部军需官："上校，请给我们一具日本鬼子的尸体，我的许多部下还从未见过日本人长什么样。请放心，我们会替你把他埋掉的。"

另一名军官则给他留在国内的战友写去了一封信，信中说："此地一片和平景象，真是太古怪了！"

这名军官能想象得到对方读信时的惊讶表情，因为他的战友是在贝里琉岛战役结束后被调回国的，拿冲绳的情形与贝里琉岛一比，确实是"太古怪"了。

★请君入瓮

在将岛上日军像切苹果一样切成两半后，巴克纳指挥第十军团兵分两路，第三两栖军向北，第24军向南，逐步向纵深推进。最初几天，推进过程依然顺利，沿途至多只会遇到些藏在岩洞或其他掩蔽物后面的散兵游勇，消灭他们也花不了太多力气。

岛上战斗结束得越快，海上支援舰队面临的压力就越小。登陆部队旋风般的突进，让特纳欣喜不已，4月8日中午，他给尼米兹发去电报："我可能疯了，不过看来日本人好像已放弃了战争，至少在这一段地区是如此。"

尼米兹却没有这么乐观，他在复电中明确告诉特纳："把'疯了'后面的字全部删掉！"

尼米兹如此谨慎，是因为他已经从截获和破译的日军密电中闻出了一股不寻常的味道，那就是冲绳岛上的日军可能并不是放弃抵抗，而只不过是在请君入瓮。

登陆部队很快就有了同感。当天，陆战六师作为第三两栖军的前驱，通过了崎岖多山的半岛颈部。从这里开始，岛上的地形变得越来越险恶，这让陆战队员本能地警觉起来，海岛作战的实践告诉他们，不怕鬼子人多，就怕地形复杂。从缴获的文件和俘虏口供中，也证实在冲绳岛的北部确实还有一些成建制的日军，尽管数量不详，但可以确定的是，这些日本兵十有八九还会以山区作为自己的藏身之处。

果不其然，陆战队第二天就在山地遇到了不少日军，并且遭到了对方的强烈抵抗。陆军境遇与之相仿，他们也几乎是在同一时间被冲绳岛南部的山地和敌人挡住了。

这一切正如尼米兹所料，全是有意为之。其中有一个人对此起到了关键作用，他就是日军第32军高级参谋八原博通大佐。

美日陆军的决策方式很不一样。美国的军事主官在研究参谋们收集的情报资料后，都是由他拍板，决定如何采取行动。日本陆军不一样，指挥官大多不太管事，具体酝酿作战方案的是高级参谋。

第32军军部就是这样一个典型。军长牛岛对部下较为温和，且不喜独断，大事小事主要听幕僚的意见，而一众幕僚里，除参谋长，便数八原的分量最重。

八原也确实起到了他的美国同行难以想象的作用。他是日本陆军中公认的军事奇才，性格偏于内向，平时脸色总是阴沉沉的，与人交往时甚至显得有些过分冷漠，人送外号“死顽固”，但此君却有许多不同于一般军官的真知灼见。像八原这样的奇才怪才，过去的日本海军里大概只能找到两位，分别是山本和南云在鼎盛时期的首席幕僚——“黑岛怪参谋”和“神经病源田”。

八原认为，战争是一门学问，指挥战争不能光靠脑子发热或想当然，归根结底还是要依赖于理性思维和科学判断。他的这一认识与美军较为合拍，但显然与当时日本陆军的主流思维模式背道而驰。

围绕着冲绳岛的防守，两种完全无法调和的作战理念自然而然地打起了架。大本营的防守原则是把整个冲绳岛都控制起来，不管美军在哪个滩头登陆，第32军都要在滩头上将其击溃。八原的意见则是，由于日本陆军长期奉行轻步兵的战术理论，导致重型师团较少，第32军虽有些重装备，但数量和质量都非常有限，说得更清楚一点，就是滩头守了也等于白守，而且根本就守不住，倒不如实施机动的纵深防御战术，这样更节省兵力，也能给予美军以更大的杀伤。

双方的另一个重大分歧集中在岛上机场。在新几内亚战役中，日军曾企图用飞机轰炸的方式摧毁位于莫港的盟军航空基地，最终无功而返。原因是莫港基地由六条相邻的飞机跑道组成，即使炸了其中的一半，另一半照样发挥作用，基地并不至于瘫痪。

大本营的参谋们从这一战例中得到启发。他们把冲绳岛设想成一个巨大的航空基地，认为第32军只要像莫港那样多修建一些机场，这个塌了那个用，然后在航空兵的协助下就可以消灭美军登陆部队。

八原对此同样不以为然。让航空兵做主打不是不行，问题是日军已严重缺乏飞机和飞行员，就算是特攻机，也是打一架少一架，这样的航空部队如何指望？另外，美军能守住莫港基地，并不光是飞机跑道多，更主要的还是雷达和反空袭网较为强大，而日军并无这样的条件。如果修建了机场却无法保护，无异于是在给美军送礼。

经过一番激烈争论，八原的观点在第32军内部得到了支持，牛岛也表示认可，然而包括牛岛在内，没人能拗得过大本营。

★只有自己才能救自己

在大本营看来，我这里布置了任务，下属部队只要照做就行，其他闲话尽量少说少提。在硫黄岛一战中，栗林根据堀江的建议，起初也不想守海滩，最后不得不守，表面看来是屈从于驻岛海军的压力，其实同样是被大本营根深蒂固的决战论给逼的。

现在牛岛也是如此，他曾背着大本营，把所有部队都调去修筑防御工事，修建机场的活则全部交给了劳工。结果大本营也不是好糊弄的，多名中将级特派员被派到冲绳岛视察，发现机场进度缓慢，他们将陪同视察的第32军参谋长长勇狠批了一通，威胁说，如果不予整改，大本营将解散整个第32军军部。

第32军军部的合影。前排标1的是牛岛，标2的是长勇，标5的是八原

尚方宝剑一晃，牛岛不敢再犟着来了。于是在很长

一段时间里，第32军的大部分精力都被迫放在了修建机场上。

除了机场，第32军的防御部署基本上也只能照着大本营的吩咐办，也就是均分开来，一摊一摊地守，哪一摊都不能落下，并且预计美军登陆后，大家还得一拥而上，不让美国人轻轻松松地上岸。

牛岛不像栗林那样有胆魄，又被大本营盯得太紧，看起来八原似乎没有了用武之地。事情出现转折，是从第九师团被调走开始的。

所谓宁可无了有，不可有了无，何况第九师团还是牛岛原来辖有的三个师团中最为精锐的部队，这么一调，等于抽走了牛岛手中最重要的一颗棋子，原先的防御计划被完全打乱了。收到大本营的征调命令后，牛岛的心像被割了几片肉一般，那个难受。

起先他还以为第九师团是被部署到菲律宾的，最后却发现调去的地方是台湾岛，从牛岛到整个第32军指挥层一下子就被激怒了。

台湾岛当时和冲绳岛一样，都是美军下一步登陆作战的可能目标，两座岛的驻军也正在争夺有限的战争资源。只是在日本的指挥体系中，驻台湾岛的第十方面军在级别上要高于第32军，显然是这帮人暗中策划，影响了大本营的部署。

大本营在调走第九师团时，曾许诺以本土的第84师团进行填补，但末了大本营自食其言，理由是日本本土可能很快也将遭到美军攻击，实在难以从本土抽调部队增援别的地方。

大本营的这一做法犹如火上浇油，直令牛岛、长勇等人怒不可遏：你们一口一个“国门”，说我们是守门员，可实际上对冲绳的重视程度不过如此！

和硫黄岛上的栗林一样，第32军对大本营存有的那点儿希冀也像肥皂泡一样破灭了。

既然认识到只有自己才能救自己，大本营的一套就没什么人愿意搭理了，牛岛决定采用八原的办法，海滩不守了，机场也不守了。大本营问起来，回答简捷明了：分不出兵，要守的话，你们得再派人来。

到硫黄岛战役打响前后，大本营已被搅得手忙脚乱，不仅派不来步兵，就连航空兵都打了水漂——大本营看重机场的目的，不过是认为可以作为航空兵的起飞基地，原来他们说要派300架飞机来执行这一任务，可是直到美军登陆，总共也没几架飞机被部署到冲绳岛。

大本营也难啊，整个日军的防御体系就好似没底的吊桶，只管漏，不是这里漏就是那里漏。漏来漏去，连他们对自己的战略方针都逐渐失去了信心。除了岛上的新部署获得批准外，第32军要求破坏读谷机场和嘉手纳机场的请求也得到同意。

这就是美军登岸时，日军基本采取不抵抗策略的原因。至于读谷机场和嘉手纳机场，破坏是要破坏的，只是下手晚了。为了在美军占领前对机场予以破坏，牛岛部署了一个特设联队，这个联队的大部分人都是冲绳岛上的壮丁，不仅作战素质不高，武器装备也完全谈不上，日本人瞧不起他们，称之为“饿鬼部队”。

早在支援舰队进行火力准备时，特设联队就已经被炸得溃不成军。美军现身后，这些人一哄而散，自然也没有余力去破坏了。

牛岛本不想守住机场，加上对特设联队的乏力估计不足，所以让美军捡了个大便宜，但是当美军向冲绳岛的南北两端尤其是南端延展时，情况就大不一样了。

在讨论如何部署防御时，八原一共起草和提交了四种方案，每一种作战方案都对应着一种作战方式，也代表着各个时期不同的战术理念。

第一种方案是在第九师团被调走后，将剩余兵力分散开来，对冲绳岛进行全面防御。这种方案对大本营的意图未做任何更改，也正是大本营喜欢的，就战术理念而言，可以被看成是“瓜岛模式”。

八原自己否决了“瓜岛模式”。因为在瓜岛战役中，日军甚至还未和美军主力全面接触就崩溃了，说明它是下下策。

第二种方案是将第32军部署于拥有读谷机场和嘉手纳机场的中部平原，也就是美军登陆滩头的对面。如此做法，虽然可以保住大本营视若珍宝的两大机场，但要在开阔的平原进行防守，就只能像塞班战役时一样，对美军实施自杀式攻击，结果不仅会伤亡惨重，过早地失去战斗力，而且极可能导致第32军陷入灭顶之灾。“塞班模式”是下策，所以也被八原否决掉了。

★上上策

接下来的方案是将部队部署于冲绳岛北端山区，也就是美国海军陆战队现在进入的区域。这里有很多天然洞穴，比较容易改造成防御工事，而且这片山区无战略价值，美军短期内不会重点进攻。

这一方案如果要找相应的模式，非吕宋战役莫属。山下后来就是将部队撤到吕宋北部山区去的。“吕宋模式”对保存部队实力而言，自然是再合适不过，然而八原认为它仍是不得已的情况下所出的中策。

回到吕宋战役上，山下统领的部队并无很强的战斗力，他当然只能那么做。第32军不一样，尽管缺了第九师团，但剩下的两个半师团还算兵强马壮，此外，为了最大限度地填补第九师团调离后形成的真空，牛岛已经尽可能地把驻岛海军和后方部队全部改编成了一线步兵。这些步兵虽然装备低劣，也没受到过多少训练，但起码在主力部队缺员时可以进行补充。

后卫部队缺了，牛岛再来个拆东墙补西墙，将3900名冲绳百姓作为劳务部队临时编入第32军，600名学生则被分配到各司令部充当传令兵、勤杂兵和报务员的助手。

美军情报估计岛上日军只有约7万人，但第32军的可作战兵员实际达到了10万之众。如果把这10万人马全都塞到不值钱的山窝窝里去，造成兵力上的极大浪费不说，知道的人，也必然会认为第32军是十足的懦夫。

下下策、下策、中策都讲完了，八原开始竭力推销他的上上策，也就是第四种方案。

冲绳的首府那霸和老城首里都在南部，那霸是第32军军部及军港所在地，更重要的是南部同样有山区，日军若全力以赴，不仅可以守住那霸军港，还可以用大炮对读谷和嘉手纳机场进行封锁，让美军有了机场都用不爽。

就思路来看，它与栗林在硫黄岛战役中使用的战术最为接近和相似。八原推出“硫黄岛模式”后，果然一眼就被牛岛、长勇相中，第32军军部的其他成员也都表示满意。

八原据此对防线重新进行了部署，除派两个大队在岛的北部做象征性防御外，其他部队全部开往冲绳岛南部。一个月后，他对新防线进行视察，结果发现防线整体仍过于薄弱，恐怕难以抵御美军的密集攻势。在征得牛岛和长勇的同意后，八原又进一步缩短了各部队之间的距离，第32军主力所在区域也相应变得越来越小，其集结范围仅占全岛总面积的八分之一。

尽管像刺猬一样扎堆到了易守难攻的最南端，但由于认识到大本营对冲绳岛已爱莫能助，无法再派援兵来，第32军的官兵还是打不起精神来。

事情也明摆在眼前。战前他们估计美军将有6～10个师在冲绳登陆，一个美军师的火力约为日军师团的5～6倍，整整多出3～7个师，这就意味着美军地面部队的火力至少是日军的15倍，甚至更多。这还不算上美军占有绝对优势的海空军力量。

如此悬殊的实力对比，没打两下，第32军就可能输得跟死人差不多了，光靠山区又能挡得几时？出路出路，有出无路，很多人想着想着，便把心灰到了大西洋，从上到下都陷于沉闷绝望的气氛之中。

八原给第32军找到的法子，就是像硫黄岛的栗林那样，全力修筑和利用地下坑道。为此，他还专门写了一本名为“必胜之路”的小册子，作为防御作战的指导性文件。在这本小册子里，八原提出，只要拥有完备的坑道设施，要战胜人数、火力和技术都占有优势的美军就不是没有可能的事，因为“胜利的信心来自于坚固的堡垒”。

岛上日军被鼓动起来，开始干劲十足地大挖坑道。不过天下事总是讲起来容易做起来难，冲绳岛南部表面全部由珊瑚石构成，厚达10～20米，像钢筋混凝土一样坚硬，而日军缺乏挖地道的机械设备，土木作业完全依赖铁锹、锄头等原始工具，挖掘难度非常之大。士兵们挖着挖着，铁锹、锄头常常被挖成断柄，直到珊瑚层被挖穿，下面出现了松软的红黏土，作业过程才变得顺畅了一些。

★一次都未刷到要害

冲绳岛北部的土质与南部完全不同，挖坑道相对要轻松得多，但八原认为，南部坚硬的土质正是他需要的。

由于美军潜艇很早就对冲绳海域实施了封锁，使得冲绳岛难以获得必需的物资装备，在修筑地下坑道时，第32军基本就处于一穷二白的状态：既无水泥，也无钢筋和炸药。

缺了水泥钢筋，你就是挖了坑道，上面掉一发炸弹下来，还是够呛。要知道，坑道不仅用来藏身，更主要的还是防空袭和炮击。厚厚的珊瑚层解决了这一难题，它就像是给坑道做的钢筋混凝土盖子一样，就算是美军弹飞如雨，只要拿“盖子”一盖，就不用害怕了。

水泥钢筋虽然可以用珊瑚层代替，但坑道顶部总得用什么东西撑起来，否则很容易塌。

能想到的就是木头，冲绳岛南部没有大片森林，松林都集中在北部，于是，第32军便在北部森林给各部队划分伐木区，每个师团和旅团都要抽调数百人组成伐木队负责伐木。

松木伐下来了，得往南送。从北到南，有近65千米的路程，沿途没有铁路线，只能用卡车运输。第32军虽然配有卡车，像第24师团还有专门的运输联队，但在美军此前对冲绳岛发起的空袭中，岛上储存的汽油大部分都已被摧毁，第32军被迫利用甘薯中提炼的酒精作为燃料，这当然无法满足长途运输的需要。

研究来研究去，最后的办法仍是让各部队自己动手，用当地一种称为“塞比尼”的小型船只作为工具，从海上将木材运往各自位于南部的防御阵地。

莱特战役结束后，从莱特岛机场起飞的B-24轰炸机开始进行每天的例行侦察，飞行员一瞅，日军正从北向南运木头，马上就用机枪对船只进行扫射。日军不得不改在晚上进行水上运输，运输效率也由此大大降低，不过到1945年3月底，冲绳岛南部的地下坑道已基本就绪，各部队也早就进入坑道隐蔽。等到美军大规模登陆的那一天，第24师团和第62师团已在坑道内待了100天，第44独立混成旅团的时间短一些，也待了50天。

虽然美机每天都对冲绳岛实施航空侦察，但是美军并不知道日军主力到底在哪里，航母舰载机和舰炮只能从冲绳岛的表面一遍遍地刷过去，刷的次数多，却一次都未刷到要害，而且日军以珊瑚层当盖的坑道体系也确实可以有效抵御美军的猛烈炮火。

看到美军的16英寸舰炮拿他们的坑道毫无办法，长勇得意了，他专门在第32军军部的坑道旁竖了块牌子，上写：“天堂般的洞穴战司令部。”

第32军猜到了美军的登陆点，但是按照八原制订的方案，他们采取了不抵抗策略，没有对美军的登陆行动做出任何反应，其用意就是允许美军“充分登陆”，将美军“诱至得不到海、空军火力掩护和支援”的地方，再一举歼灭其登陆部队。

八原的部署本来应该是很完美的，然而就因为牛岛失于计算，结果还是在机场方面出了点不大不小的漏洞。当获知美军居然轻而易举地便抢占了岛上两座最重要的机场后，大本营不由得大为光火：机场费了牛劲才修起来，你们却说修了也守不住，要毁掉，以免落入敌人之手，可你们倒是毁啊，全都心急火燎地躲坑道里去了！把你们当块材料抬举起来，你们倒越发得意了，想怎么样就怎么样，是不是？

收到大本营的电报，长勇又气又恼，脸上热辣辣地跟块火炭相似的。

在第32军军部，如果说八原算知识分子的话，长勇就是个莽夫。他早年在参谋本部坐办公室时就喜欢招风揽火，曾多次卷入军事政变，也因此受到审查，被下放到了部队。长勇最惊人的表现，也可以说是他的成名之举，是在日苏张鼓峰战役进入谈判阶段时，爬到苏军能看得见的山坡上睡大觉，还打着很响的呼噜。

靠着这个不知所谓的“搏出位”举动，长勇再次受到重用。他本人性情暴躁，打勤务兵、副官或下级军官的耳光是家常便饭，同时他还喜欢抽烟喝酒，嗜酒如命，在被派到冲绳担任第32军参谋长后，经常一个人坐在指挥所里，一边品着好菜，一边喝着纯正的苏格兰威士忌，一旦酩酊大醉，就会拿着指挥刀乱舞一通。

像绝大多数日本陆军将官一样，长勇性情偏执，崇尚进攻，并且容易将战略判断建立在自己的狂热之上，而不喜欢冷静客观地分析现实。他之所以同意八原的方案，一方面是出于对大本营忽视冲绳以及不能调来援兵的愤恨，另一方面是实在被逼得走投无路了，但这并不表明他和八原之间取得了真正的一致。

现在大本营来了兴师问罪的电报，长勇便对先前的安排后悔起来。就在4月3日那天晚上，他主持召集参谋会议，提出就算顾及军长牛岛的名声，也应该立即发起一场大规模攻势，以日军擅长的夜间渗透和近战方式重新夺回机场。

★抵抗转强

日本陆军指挥层做出决策时，一般都要举行参谋会议，听取参谋们的见解，然后采取举手表决的方式，决定议案是否通过。与美军相比，这种方式无疑赋予了参谋更大的权力。第32军的参谋普遍年纪轻，职务低，没经过多少大风大浪，被这么一煽动，都纷纷举手表示同意。

年轻参谋中只有长野英夫少佐对发起进攻提出了疑问，但是他的意见很快就被其他人的口水给淹没了，其中航空兵参谋榊直道少佐最为踊跃，那样子仿佛只要一出兵，夺回机场便是滚锅中爆出一个豆儿，轻而易举的事。

眼看会议就要定调，一直默不做声的八原发话了。他毫不客气地指责在座的参谋们是眼高手低："如果你们认为美国人将被我们打得措手不及，简直是完全的妄想！"

八原话一出口，立刻招来一堆白眼：你这不是长他人志气，灭自己威风吗？

八原并不理会旁人的态度，他断言，如果第32军贸然进攻，不出几天，肯定会完全失去战斗力，精心修筑的坑道工事也将白白浪费。

你说完了？说完了。好，长勇腾地站起身，大声宣布，按照少数服从多数的原则，这次进攻就算通过了。

半小时后，所有参谋着装整齐，佩戴着绶带勋章走进了牛岛的办公室。牛岛作为最高军事主官，可参加也可不参加参谋会议，但按照日本陆军的传统，一般情况下他不会对决策程序进行干涉。现在既然大家都嚷嚷着要打，他也同意出动大部分兵力夺回机场。

八原仍不肯放弃，在师旅团长来领受命令时，他还试图进行游说，无奈木已成舟，在命令进入实施阶段后，再费尽口舌也无济于事了。

第32军定于4月6日对机场发动总反击，就在4月4日下午，航空兵转来侦察报告，告知在那霸南部海域发现有美军3艘航母、50艘运输舰在活动。八原情急生智，赶紧将这个情报呈报给长勇，并且告诉长勇，美军很有可能从那霸实施登陆，如果他还要坚持发动反击，就等于为美军从侧后偷袭创造了机会，后果将是灾难性的。

牛岛、长勇一听就蒙了。迂回包抄和偷袭是日本陆军的惯用战术，他们岂能不识其中厉害，于是只得临时取消反击行动。

如今能够差使第32军的不光有大本营，还有驻台湾岛的第十方面军，对第32军来说，那也是上级。听说4月6日的行动已经取消，第十方面军司令部马上向牛岛下达了新的反击命令。

这次的命令没有任何含糊，非常具体和明确，连时间都给牛岛定好了：4月8日。

牛岛虽然不像长勇那样鲁莽，但充塞在他脑子里的，也全是进攻至上的观念，躲在地下坑道里打坑道战实乃不得已。现在上司有令，说要拉出去打，那还有什么可迟疑的。牛岛随即签发命令，将4月6日的行动内容挪到了4月8日。

眼看就要出窝，4月7日下午，情报显示有数百艘美军舰船又在向那霸西边移动。

日军利用冲绳独特的墓室构建成坚固工事。战场突然就变得险恶起来，看起来好像是累积起来的运气都透支了，其实是里面早就暗藏着阴谋

美军并不想在那霸进行二次登陆，舰船之所以移来移去，主要还是要选取一个适当位置，以便为南下的陆军地面部队提供火力支援。不过日军并不清楚这些，牛岛、长勇都感到自己的侧背有受袭之虞，不需八原多费

口舌，已经签发的反击命令被迫再次搁浅。

取消反击行动，对牛岛来说其实是福，而不是祸。4月8日下午，当美军第24军进军至首里以北山区时，被嘉数高地挡了个正着。

嘉数高地两面是山，中间呈马鞍形，上面长满野草、灌木和小树，乍一看，既不高也谈不上有多崎岖，但日军在高山上构筑的防线却令人叹为观止，其复杂和完善程度甚至超过了硫黄岛。

冲绳岛山区的许多地方都有一些可用以藏兵和防守的天然岩洞，只要稍加改造，即可成为极难区分且易守难攻的防御堡垒，嘉数高地的有些岩洞非常大，里面能够容纳多达1000名士兵。此外，冲绳居民仍遵从中国习俗，坟墓大多为圆形建筑，日军不顾许多冲绳老年人的反对，强行将山间墓地也都改为机枪巢。

通过错综复杂的地道的连接，岩洞、坟墓与修筑的地下坑道结为一体，构成了连续不断的火力网。当天下午，美军便见识到了它的厉害，前线部队停滞不前。

一战时期，只要在前线挖上一条条壕沟，就可以阻挡敌军的步伐。现在随着飞机大炮坦克的加强，一方面，炸弹、炮弹、坦克履带可以轻而易举地把壕沟变成平地，另一方面，守军也必须建立起一道对付空中力量的屏障，所以防御工事就自然而然地出现了重大变革。从硫黄岛到冲绳岛的防守战，正是这一变革的具体体现。

直到碰了壁，美军才终于明白，原来岛上的日本人既没有逃走，也没有放弃抵抗，他们只是躲在了最难以攻克的地方，随时准备将前来进攻的美军打到遍体鳞伤。

嘉数高地扼守公路，是通往首里的关键要地，纵使进攻难度再大，美军也无法将其绕开。4月9日上午，第24军所属的第七师和第96师对高地发动了新一轮猛攻，但还是攻不上去。日军的防御阵地伪装得太巧妙了，美军飞机飞低至3米高，才看到4～5个暗堡，实际在那个区域分布的日军不少于5000人，可见隐蔽工事之多。

到傍晚时分，由于弹药耗尽，且伤亡惨重，美军前线部队报告："敌人的抵抗转强。"巴克纳只得传令收兵，面对着日益增强的抵抗，他决定将原作为留船预备队的第27师也抽调到南部战场。

★和尚道士的命

4月10日至11日，冲绳岛上连续暴雨，已经被炸弹深翻过的土地更加泥泞不堪，美军无法使用坦克助阵。在此情况下，一字排开的三个步兵师虽从高地两翼反复发起进攻，然而均无斩获。

在进攻中，巴克纳发现对方的火力一点儿不弱。防守嘉数高地的第62师团本身是一支轻型步兵师团，当时组建的目的就是反游击作战，所以没有配备重武器，火力不强、机械化能力不足是该师团的主要缺陷。不过八原却未雨绸缪，向大本营争取到了一支数量可观的炮兵部队，这些炮兵部队一部分来自于日本本土，一部分来自于中国东北。与此同时，八原还通过大本营调来了中将级的炮兵专家，组成第五炮兵司令部，对炮兵进行统一调度和指挥。

作为一支旅团规模的特种部队，第五炮兵部队辖有四个炮兵联队和三个迫击炮大队，炮兵联队主要使用150毫米榴弹炮和150毫米加农炮，迫击炮大队则装备了320毫米迫击炮，这种超级口径的龙头迫击炮可发射300千克的重磅炸弹，曾在硫黄岛战役中使用过，尽管它的实际破坏力并不是那么可怕，但听起来仍令人发怵。

第五炮兵部队将所有火炮隐藏在防御阵地的中心地带，集中起来对进攻嘉数高地的美军猛轰，几乎是弹无虚发。太平洋战争开始以来，美军还是第一次遭遇如此猛烈的轰击，至此，指挥层清楚地做出判断，即美军已进入日军主防御阵地的范围。

终于见着真人了。巴克纳决定继续保持对嘉数高地的压力，同时准备于一周后发起大型攻势，争取一举突破日军防线。

在发动进攻这一点上，大家都想到一起去了。八原和长勇以及他们各自支持者之间关于反击的争论从未停歇过。八原虽然几次制止了长勇的冒险，但他在幕僚群中属于少数派，再怎么较劲，总有撑不住的时候。早在4月8日，在长勇的指示下，八原就不得不硬着头皮制订了一个夜袭方案。

之前还要想办法钻到机场附近去打，现在美军攻到了门口，当然就不用跑那么远，只需让第62师团就近实施反击即可。长勇的意思，是将第24师团所属的第22联队派到前线，纳入第62师团指挥范围，同时让第62师团配合该联队全力出击。

八原已经意识到这是一场必定要失败的进攻——讲穿了，第32军就是和尚道士的命，跟福禄全不沾边，能不能守住洞口还得看运气，要跑出去砍人，十有八九反被人砍。为了减少损失，多留下点防守兵力，他暗暗叮嘱第62师团长藤冈武雄中将，可以少投点儿部队出去。

藤冈的主要精力用于防守嘉数高地，这时候要抽调兵力本来就很吃力，有八原为他做主，自然乐得顺水推舟。于是第62师团各部仍防守原有阵地，藤冈只调了师团的三个预备大队参与夜袭。

第24师团是从中国东北调来的关东军重型师团，该师团的特点与第62师团正好相反，它是为应付诸如日苏诺门罕战役那样的武装冲突而组建的，因此武器配备较为精良，不仅每个联队、大队乃至中队都有自己的炮兵部队，师团还有一个专门的运输联队。

要在东北平原与苏联人打机械化战争，第24师团再合适不过，但在夜雨天搞偷袭，就不如第62师团那么灵活了。在这次夜袭中担任主攻的第22联队便遇到了这种尴尬。联队长吉田胜中佐到冲绳岛还不满一个月，他在召集军官训话时不无忧虑地说：“你们将摸黑行军，到一个不熟悉的地方去，路不好走，敌人的炮火也会很猛烈。”

4月12日晚，第22联队采取鳗鱼型曲折行军方式，冒着大雨向前线进发。吉田胜要求对此次行动严格保密，一到达预定地点，即挖好掩体，并在天亮前将掩体伪装好。

吉田胜担心泄密，但美军事先并没有探知到夜袭计划的半点儿风声。在过去的战役中，美军很容易在日军的营地及尸体上找到有价值的情报资料，然而从贝里琉岛战役起，一直到硫黄岛战役，这样的好事越来越少。日军越来越重视保密工作，在撤退或失守阵地时，他们会烧掉所有无法带走的资料，之后别说文件，美军连尸体口袋里的日记本都很难找到了。

美军固然不知道日军当晚会发动夜袭，不过他们非常清楚，对方有拿夜袭和侧面机动当灵丹妙药的嗜好，因此一到晚上，舰炮打得甚至比白天还欢畅。第22联队不得不经常化整为零，以躲避炮弹，这使得行军队伍拉得很长，比“鳗鱼”更甚，指挥官很难进行控制。

除了进行轰击，美军支援舰队还不停地向岛上发射照明弹。一直摸黑走路的日本兵一时难以适应，很多人瞬间失明，队伍只得一会儿走一会儿停，很耽误工夫。

好不容易到了前线，吉田胜和他的部下都傻眼了，因为他们不知道指定的任务区域到底在哪里。

★特攻年

第22联队对冲绳岛的地形不可谓不熟，而且行军时也带上了地图，问题是现在的冲绳早已面目全非。美军舰炮摧毁了岛上的许多村庄和树木，不管是凭记忆还是看地图，村庄和树木都是至关重要的标志物，当它们突然全部消失后，众人连自己的确切位置都搞不清楚，当然更不知道应该朝哪个方向突破。

第62师团的三个预备大队距离前线相对较近，才未在黑暗中迷路。当晚他们按计划到达了北部集结区，还没来得及修筑工事和掩体，就被照明弹的亮光给罩了个严严实实，随即美军的炮弹便呼呼地飞了过来。

三个大队，一个全军覆没，另外两个也折损了一半，残部失魂落魄地逃回日军防线之内。只有没能到达预定地点的第22联队因祸得福，暂时逃过一劫。

虽然事实证明八原的观点是对的，夜袭行动等于送死行动，但在得知第62师团未尽全力，乃是出自于八原的授意后，长勇还是暴跳如雷地将八原叫去痛骂了一顿。从此以后，两人的分歧和矛盾更加激化。

美国陆军士兵在呼叫炮火支援。说句不分斤掰两的话，日军要是想出来向美军发动进攻，怎么着都只能是一个死，区别仅在于死相到底有多难看而已

刚刚击退日军的夜袭，冲绳海面上的美国海军就听到了一个令他们无比震惊的消息。4月13日黎明，2000艘舰船上的扩音器都不约而同地喊叫起来："注意，注意，全体人员注意！"

要舰员们注意收听的内容是："罗斯福总统逝世。

再播一遍，我们的最高司令罗斯福总统逝世。”

许多年轻的士兵和水手简直不敢相信自己的耳朵。从小到大，他们除了罗斯福，就不知道白宫还有别的人，尤其在这样的非常时期，罗斯福已成为引领他们走出困境和迈向最终胜利的一面旗帜。在没有任何预兆的情况下，旗帜怎么可能说倒就倒？由于太多人对罗斯福逝世的消息提出质疑，特纳不得不亲自出面，对这一消息予以证实。

就在4月12日中午，吃过午餐的罗斯福总统让画家给他画一幅水彩肖像。过了一会儿，他闭上眼睛低声说：“我头痛得很。”说完便倒下失去了知觉。两个多小时后，这位旷世巨人的心脏永远停止了跳动。

华盛顿传来的噩耗亦使位于关岛的太平洋舰队司令部大受震动。尼米兹的心情十分沉重，虽然那次与罗斯福的最后见面，已经让他生出了一种不祥之感，可他还一直心怀侥幸，认为总统至少可以活到盟军全面获胜的那一天。

美国是一个自由的社会，尼米兹对罗斯福的一言一行也不是全都拥护和赞同，然而毋庸置疑的是，罗斯福始终对海军建设贯注着巨大的热情，甚至于如果没有他的支持，尼米兹未必能得到施展抱负和宏图的机会。

斯人已去，只有他的音容笑貌以及亲切、友好的态度仍浮现在眼前。尼米兹在写给夫人的信中说：“（罗斯福逝世）就我来说，我深深感到这是我个人的损失。”

这是让尼米兹备受煎熬的一段日子，坏消息接踵而来。由于地面作战遇到挫折，支援和掩护舰队都只能继续停留在冲绳海面，面临的危险也相应大大增加。

1945年被一些日本史学家称为“特攻年”。在冲绳战场，只要天气情况允许，特攻机的小规模袭击和一般空袭几乎天天不落，每隔几天，丰田还会发动一次类似于海啸式的“菊水特攻”。4月6日至7日发动的第一次“菊水特攻”被称为“菊水一号”，在那次作战中，出击日机共被击落335架，约占出击总数的48%。其攻击之疯狂以及损失之惨烈，不仅令前线官兵为之失色，就连曾担任过驱逐舰队司令的现任首相铃木贯太郎也坐不住了。

铃木出身于海军，他认为日本海军与陆军是有区别的，日本陆军打仗就是两个字——“玉碎”，而海军用兵的惯例是将九死中求一生作为限度，因此他把军令部的参谋们召到自己的官邸，谈了自己对“菊水特攻”的看法：“全然没有生还希望的用兵，在严格意义上很难说是作战，关于这一点，应予以考虑。”

首相的话并没有对前线作战产生任何影响和作用。说到底，在资源枯竭且飞行员技术极其低劣的前提下，除了特攻战，日军大本营实在也没有其他选择了。

★樱花弹

4月12日至13日，也就是岛上日军实施夜袭的同一时期，丰田发动了“菊水二号”。

在“菊水一号”中，由于损失的飞机来不及补充，参与“菊水二号”的飞机数量明显减少，总共是392架飞机，其中特攻机202架。为了弥补飞机数量不足的缺陷，日军在攻击战术上做了一些改进，以前都是特攻机直挺挺地僵尸一样往上冲，现在改成先用战斗机吸引美军战斗机，等美军战斗机燃料耗尽，返回航母加油时，特攻机再飞至舰队上空进行攻击。

此外，日军还大量准备了“樱花弹”等新的自杀式武器。之前美军曾注意到，在几架双引擎日机的机身下装有两个很小的襟翼。一开始他们没搞清楚这是做什么用的，后来经过研究才发现，这两个小襟翼居然就是“樱花弹”的旋翼。

“樱花弹”其实是一种由双引擎轰炸机运载的单人驾驶滑翔机，远远看去，就像装了小翅膀的鱼雷一样。当接近攻击目标时，“樱花弹”即脱离母机的挂弹装置，由飞行员操纵着，依靠惯性和滑翔能力撞向攻击目标。

“樱花弹”装有800千克高爆炸药，如果真的撞到舰船上，杀伤力不可低估，不过能撞到舰船的机会其实并不多，整个冲绳战役中，只有四艘驱逐舰被“樱花弹”击中，而据日本东京电台透露，日方总共使用了300发“樱花弹”。由此可知，大部分“樱花弹”没有击中目标，中途就掉海里去了，这使美国海军对“樱花弹”有了新的认识，称之为“八格弹”，意即“蠢弹”。

尽管“蠢弹”的实际作战效能并不突出，但在初期却让美国海军着实感到恐怖。在4月12日的“菊水二号”作战中，“艾贝尔”号驱逐舰就被“樱花弹”拦腰炸成两截，当即沉没。另一艘驱逐舰也被“樱花弹”击中爆炸。

经过“菊水二号”，日军以损失飞机205架的代价，共击沉美军驱逐舰、登陆艇各一艘，击伤包括战列舰、驱逐舰在内的各式舰船13艘，许多海军官兵在空袭中被打死打伤。

舰船倒也罢了，沉了可以再造，关键是官兵们为此而流的鲜血。尼米兹对部属的伤亡痛彻心肺，在每天给夫人的家信中，他都提到了这种痛苦的心情。

美军在读谷机场缴获的一架“樱花弹”。它的舱门从里面不能打开，也没有起落架，无法驶回基地降落在跑道上，这就决定了驾驶“樱花弹”的飞行员从开始飞行的那一刻起，就只有死路一条

如果巴克纳可以及早结束岛上作战，美军舰队就不用白白地在海上挨炸，到底岛上发生了什么情况，为什么会毫无进展呢？尼米兹很想就此问一问巴克纳，但他非常清楚“将在外军令有所不受”

的道理，向来也很少干涉前线将领的指挥，这使得他内心十分矛盾和纠结。

在击溃日军的夜袭后，岛上的美日两军主要进行的是炮战，以炮对炮，你轰我，我轰你，似乎不见巴克纳有什么积极的措施。唯一能使人得到一些安慰的是北部战况稍算顺利，海军陆战队克服重重困难，占领了除本部半岛以外的大部分地区。4月16日，经过三天激战，陆战队又攻下了怪石嶙峋的八重岳。站在八重岳的山上，整个本部半岛一览无余，至此，北半部的战斗实际已经结束了。

美军并不了解牛岛的具体部署，不知道日军主力全在南部，北部只有两个大队，而且南部防御体系之复杂也非北部可比。指挥层所掌握的情况仅仅是，北部都快要“结账”了，南部还没有一点儿眉目，连究竟鹿死谁手都还说不清楚，这怎么能行？

企盼中的速战速决变成了海陆两方面的消耗战，而且眼看着有演变成另一个瓜岛战役的趋势。4月16日，海军陆战队司令范德格里夫特带着两名幕僚来到关岛指挥部，请求尼米兹能派他去视察冲绳，以便亲自解决那里出现的问题。

尼米兹没有同意，他让范德格里夫特先视察关岛和硫黄岛的部队，表面的解释是冲绳岛战斗激烈，危险性太大，任何高级官员都不能随便冒险前往。范德格里夫特是如此，其他人也一样不能破例——要是可以去，他尼米兹早就去了。

内心深处，尼米兹一方面仍不想打破自己不轻易干预前线作战的惯例，另一方面，他也必须顾虑到，范德格里夫特代表着陆战队，而现在岛上的陆战队又归巴克纳指挥，派范德格里夫特登岛，明眼人都能看出是对巴克纳指挥上的某种不放心。尼米兹希望能够一碗水端平，以免引起海陆两军之间不必要的纠纷。

可是形势的发展却不容许尼米兹如此气定神闲。就在4月16日当天，丰田实施了“菊水三号”作战，共出动飞机498架，其中特攻机196架。出发前，特攻队员举行了祝酒和祷告仪式，随后他们便从九州岛和台湾岛的机场起飞，在“零”

式和其他轰炸机的护航下，朝冲绳海面的美军舰队袭来。

★不沉之舰

“菊水特攻”中的日机被称为“浮着的菊花”，这次它们选择了集中攻击外围担任雷达警戒的驱逐舰以及各种小船。原因是后者不仅数量多，而且不像航母和战列舰那样，周围有一大群战斗机护卫，属于舰队中最为薄弱也最易受到攻击的部分。

上午8点，“拉菲”号驱逐舰率先发现日机的到来，它立即发出预警，并引导舰载机前去拦截。“拉菲”号遭到特攻机群犹如鬣狗一般的轮番攻击，尽管水兵们使出浑身解数，全力以赴地对空射击，但来自不同方向的特攻机太多，前后竟然多达22架，实在难以兼顾。

“拉菲”号一共击落了22架特攻机中的9架，但被另外5架撞中，还中了4发炸弹。军舰燃起熊熊大火，喷出的火焰和浓烟高达60米，后半部的火炮全部被炸毁，舰员也死伤了近三分之一。

经过损管队的努力，身负重伤的“拉菲”号不仅没有沉没，还独自开往庆良间列岛进行了维修。它因此赢得了“不沉之舰”的荣誉，成为美国军舰中摧不垮打不烂、福大命大的“拉坚强”。

在“菊水三号”中，美军被击沉运输舰和军火船各 1 艘，包括“拉菲”号在内，共有5艘不同类型的大小舰船被击伤，日军则为此损失了182架飞机。

就日机出击的数量和第五舰队庞大的体量而言，特攻机撞击成功的比例并不高，美国海军也远未到伤筋动骨的程度，问题是它对官兵的士气影响很大。

空袭的常规，是掷炸弹、放鱼雷，然后飞行员和战机一起返回。特攻战却从根本上改变了这一常规：飞行员和飞机居然可以被当作炸弹投下去！

这种情形下的作战甚至已超越了通常所说的殊死战斗的界限，增加了一种咄咄逼人的精神因素，毕竟，迎击一个誓死决战的敌人是一回事，自己遭到一个不惜与你同归于尽的敌人的攻击，又是另外一回事。

虽然在冲绳作战的各舰官兵还不至于被吓倒，但心里多少都有些忐忑不安。作为第五舰队最高指挥官，“活机器”斯普鲁恩斯向以冷静闻名，但现在也有些沉不住气了，他致电尼米兹：“敌人拼死空袭的技巧和效果，以及对舰只击沉击伤的比率都很高，应该使用一切手段来防止进一步的攻击！”

斯普鲁恩斯所说的“一切手段”，就包括派李梅指挥的陆军航空队去破坏九州岛和台湾岛的机场。可是那一带的机场不仅多而且散，且有高射炮严密防空，要予以彻底摧毁并不是一件容易的事，另外当时李梅奉命攻击的重点区域也不在九州岛和台湾岛。

海军作战部长金格对此很有意见，认为海军做出巨大牺牲，完全是为了支援在冲绳岛上作战的陆军，然而陆军却似乎并不关心海军官兵的安危。他声称，如果陆军航空队不支持海军，他就让尼米兹撤离舰队，大家一拍两散。

金格所说的自然都是气话。尼米兹也希望在发动大型攻势后，能够一举打破冲绳岛南部的僵持局面，为此他要求第五舰队对巴克纳的陆上行动予以全力支援。

4月19日，经过10天准备，巴克纳终于下达了大规模攻击的命令。

陆军对进展缓慢已经做过一番分析，第24军军长霍奇中将预计，在冲绳岛南部，应该有6.5～7万日军藏在洞里，所以“这仗确实难打”。至于解决之道，“除了一码一码地把他们炸出来外，没有别的办法”。巴克纳所做的准备，主要就是集中炮兵部队和积蓄弹药，以提升火炮的打击力度。

早上5点40分，特纳支援舰队的 6 艘战列舰、6 艘巡洋舰和 8 艘驱逐舰驶近冲绳岛，首先用舰炮猛轰日军防御体系。6点，陆军集结的27个炮兵营，总计324门重炮，对日军前沿阵地展开了长达40分钟的轰击，1.9万发炮弹飞上了日军阵地。在太平洋战争中，就一次炮击而言，这次是最猛烈的。紧接着，650架美机乌云压顶一般覆盖日军阵地上空，大量炸弹以及在硫黄岛战役中建立殊勋的凝固汽油弹被丢了下去。

直到巴克纳想要的火力效果完全达成，第24军的三个步兵师才向嘉数高地发起冲锋。一开始他们推进了500～800米，但随后情况就不对了。

在美军轰击时，日军都躲到了地下坑道里，等到炮火延伸，地面部队正式展开攻击，他们就进入阵地作战。因此虽然美军实施了前所未有的猛烈轰击，但日军其实并没有受到太大的损失。

★硫黄岛战役的增强版

长勇盲目发动的“4 · 12夜袭”以及之前连续的炮战，都使得防御嘉数高地的第62师团实力大损。截至美军大举进攻前，该师团已经损失了35%的兵力和39%的火炮。不过也正是因为这个原因，第62师团获准将预备队残部全部投入一线作战，师团各部的防御范围由此缩小，防守压力也大为减轻。

第62师团由日本“华中派遣军”组建于中国山西，是岛上日军中唯一一支有实战履历的部队，其主体均为侵华老兵，作战经验丰富，且顽强凶悍。在高地争夺战中，他们寸土必争，不肯放弃每一座山头、每一座暗堡、每一条坑道，甚至每一块岩石。

美军几乎难以找到对方的防守漏洞，因为一旦哪个地方出现漏洞，日本兵就会不顾一切地冲进来予以弥补，根本不管自己是不是会在那里被打成筛子。

在日军的顽强抵抗下，美军一次又一次的攻势都化为泡影。一位美军将领说，冲绳战役让他联想到了凡尔登战役中的德军。德军虽然在凡尔登战役中失利，但其战术仍旧表现出机动灵活、协调一致的特点。防守高地的日军也一样，美军一支先头部队费尽九牛二虎之力，好不容易才将一座山脊上的日军防御工事予以分段摧毁。登上山头后，他们满以为可以顺利下山，继续往前冲，没想到的是这座山的阴坡还有防御工事，而且数量和攻克难度丝毫不比前面的阳坡少。

当天三个步兵师都冲得很猛，但无一例外均被击退。伤亡最重的是步27师，配合该师向高地猛冲的22辆坦克也全被击毁，可想而知战斗之惨烈。到黄昏时，第24军的死伤和失踪人数已达720人。

激烈的战斗整整进行了五天，美军的战果可以用微不足道来形容，每天的进展只能用米甚至用尺来计量，而这还要靠成打的牺牲和以升计数的鲜血来换取。可以明显看出，现在的冲绳战役已经偏离了与瓜岛战役形似的轨迹，要知道美军在瓜岛上作战并没有这么困难，某种程度上，它更像是硫黄岛战役的增强版——日军的兵力和要争夺的面积比硫黄岛上还要多得多。

岛上僵持局面的延长，使得第五舰队只能继续在冲绳岛附近海面上忍受自杀式攻击的袭扰。4月21日至22日，丰田发动“菊水四号”作战，共出动飞机317架，其中特攻机131架。

与前面三次菊水作战不同的是，由于损失飞机和飞行员太多，来不及补充，“菊水四号”不仅出击规模降了下来，原先的白天攻击模式也不得不改为夜间攻击，以降低自身的损耗。

白天容易发现目标，晚上相对来说就没那么好辨别了，在这种情况下，日机的攻击效率自然会打折扣，只是空袭对美军情绪上造成的影响还是一模一样。

经过炮火的重复洗刷，地面已经没有明显的堡垒或工事，威胁主要来自地下

面对自己舰船遭受的损失，急脾气的特纳认为陆军在打法上太过保守。他向巴克纳提出建议，要求在冲绳岛南部的日军防线背后发动一次两栖进攻，以打破岛上僵局，并提前派出运输舰在冲绳岛南部海岸活动，准备帮助进攻部队实施登陆。

特纳与海军陆战队做过无数次配合，他所提出的向翼侧运动战术，也正是陆战队在作战中追求效率的集中体现。可是他的建议遭到了巴克纳的拒绝。

巴克纳出身于军人世家，父亲是美国南北战争时的南军战将，他本人毕业于西点军校，性格刚猛且极富毅力。据说他为了训练自己不戴眼镜就能看书，他常常斜着眼睛看东西，参加阿留申群岛战役时，他更是不畏艰苦，曾睡在一张单薄的草席上，上面只盖一条被单。

但是对一名优秀将领来说，光是勇毅坚忍还是不够的。作为一名典型的美国陆军将领，巴克纳更倾向于有条不紊地向前挺进，他主张谨慎用兵，反对冒险，对陆战队的战术打法也有一种本能的排斥。

虽然遭到巴克纳的反对，特纳的想法仍在巴克纳的第十军团引起不小反响和共鸣。不仅军团参谋部支持这么做，就连一些陆军战地指挥员也表示赞同。

步77师曾参加过莱特战役中的奥尔莫克港登陆，那是麦克阿瑟在指挥艺术上的一大生花妙笔。该师尚未投入冲绳岛战斗，师长布鲁斯少将便向巴克纳毛遂自荐，要求让77师在冲绳南部海岸登陆，重演奥尔莫克港登陆的精彩场面。

可惜巴克纳不是麦克阿瑟，布鲁斯的请求同样未获批准。巴克纳给出的理由是：冲绳岛南部不是奥尔莫克湾，那里的暗礁太危险，海滩也不够宽广，不适于装卸给养，一个师的兵力在此处登岸会比较困难。同时由于沿岸多峭壁，易守难攻，到时步77师就算建立了滩头阵地也难守住，反而会被优势日军团团围困。

巴克纳的谨慎当然不是一点儿道理没有，但实在有些过了头。事实上，日军最害怕的正是美军可能从他们的后方实施登陆。前面牛岛、长勇两次被迫取消反击计划，都是顾忌美军会开辟第二战线，用牛岛的话来说："如果真的那样，就会立时结束战斗。"

八原事先有针对性地在冲绳岛南部进行了兵力部署。除第62师团朝北面防守外，第24师团面向西南海岸线，第44独立混成旅团面对东南海岸线，都是出于类似的考虑。

至4月22日，第62师团已损失了一半兵力，北面防线变得千疮百孔。为了进行补救，八原拿出了两个方案，一是将第24师团、第44旅团北挪，以支援第62师团；二是索性放弃北防线，让第62师团南撤到首里防线进行防守。

选择第二方案，八原心有不甘，若是取第一方案，万一美军真的从南部登陆怎么办？

★钟不叩不鸣

八原判断第十军团已经有六个师登陆冲绳，可是部署在南部一线的仅有三个师，这使他相信美军下一步必然会在东南海岸登陆一个师或更多的兵力，那样的话，日军将被迫两线作战。

八原左思右想拿不定主意，于是决定去向长勇讨教。这是八原第一次就作战问题请教长勇，此前两人曾多次发生过激烈争执，然而纠结之下，八原也只好把自个儿的脸皮当牛皮象皮用，而不再当鸡皮猫皮使了。

长勇尽管大多数时间鲁莽冲动，但为人倒还有真诚的一面，看到八原登门求教，并没有摆臭脸说怪话，而且他决断力很强，考虑问题不像八原那样思前想后，犹豫来犹豫去。

长勇毫不犹豫地告诉八原，应该立即增援第62师团。至于美军会在冲绳岛南部登陆的假设，他认为不是不可能，不过到时再做出反应和调整也不迟，一来第24师团可以很快掉转过身，依靠洞穴工事进行防守；二来要让第五炮兵部队掉转身对滩头实施炮击，也不是很难做到的事。

长勇快刀斩乱麻式的指点迷津，让八原茅塞顿开且感激不尽。他赶快对防线进行重新部署，将第24师团、第44旅团的部分兵力北移至第一线。

这时的尼米兹也改变了主意。范德格里夫特结束在硫黄岛的视察后，突然接到了尼米兹一起去冲绳岛视察的邀请，这让毫无心理准备的范德格里夫特感到很是惊讶。

尼米兹是一个有原则的人，但也必须视情况而定。巴克纳的大型攻势已经证明无法改变岛上的僵持局面，他不能再坐视下去了。

4月22日，尼米兹和范德格里夫特搭乘C-47运输机，在12架战斗机的护卫下飞往冲绳岛。第二天，两个人会同斯普鲁恩斯，一道对岛上美军已占领地区进行了视察，接着又同第十军团的陆军指挥官讨论了战局。

尼米兹从中了解到，由于巴克纳拒绝采纳特纳等人的意见，海陆军之间已经逐渐产生出敌对态度，而且这种情绪和摩擦正变得日趋严重。

人有奇法，我有妙招，在战局陷于僵局的情况下，使用两栖进攻的战法，在敌人防线后面寻求突破，这有什么不对？没错，登陆的陆军部队被压制在南部滩头或遭遇较大损失的可能性也很大，然而唯其如此，陆军才有办法加快推进速度，从而使海军的支援舰队从令人生畏的特攻战中及早脱身。

尼米兹诧异于巴克纳的固执态度，他甚至怀疑，巴克纳之所以满足于这种按部就班的缓慢推进战术，只是为了减少陆军伤亡，而根本不顾海军支援舰队的安危。

范德格里夫特对在日军侧后实施登陆的方案也举双手赞成。尼米兹就此希望巴克纳多听听海军和陆战队方面的意见，没想到巴克纳却说这只是一场地面作战，言下之意，冲绳岛上的战斗是陆军的事，不需要海军插手过问。

巴克纳不说这话还好，一说立刻激怒了尼米兹。他冷冷地回敬巴克纳："是的，这是一次地面作战，但问题是，我每天都要因此损失一艘半军舰！"

尼米兹仍坚持认为，怎么打是前线指挥官的事，他可以不予干预，然而有一点他得跟巴克纳讲清楚："如果五天内这条战线不能取得突破，我将抽调别的部队来，这样我们大家才能出去，不受这些可恨的空袭之害。"

临阵换将素为兵家所忌，不能轻用，可是万不得已，尼米兹也只能这么做。

钟不叩不鸣，鼓不打不响，巴克纳终于从尼米兹的语气和脸色中感受到了压力。他同意在冲绳岛北部战斗接近尾声的情况下，将陆战一师和六师调到南部战场加强正面进攻，同时保证对战术进行改进。

不过巴克纳始终不肯采纳侧后登陆的方案，他认定，只要美军在南部海岸登陆，不管采取什么样的登陆方式，都将付出巨大代价。海军要予以支援，不是提供登陆艇，而应该用更大规模的舰炮火力，将敌人从据点中轰出来。

尽管尼米兹仍有保留意见，但为了弥补海陆军之间已经出现的裂缝，他还是接受了巴克纳的让步。

回到关岛，一向不喜欢跟新闻界打交道的尼米兹破例举行了一次记者招待会。会上他特地赞扬了陆军的非凡表现，对海军和海军陆战队在冲绳海做出的牺牲则选择了避而不谈。在军队内部，尼米兹也对陆军的战术予以肯定，指出巴克纳不同意开辟第二战线的判断不无道理，因为位于首里防线北部的美军炮兵部队尚无法覆盖南部海滩，自然也不能为登陆部队提供火力支援，而单靠舰炮火力是远远不够的。

尼米兹视察冲绳岛。从左至右分别为斯普鲁恩斯、尼米兹和巴克纳

尼米兹的这番话，或许言不由衷，或许对陆军过于迁就，但尼米兹自有他的处世之道，他坚持认为，现在的首要前提是保持军种间的和谐一致，只有团结一致，才能帮助美军走出困境。

第九章 多幸运呀，你还能活着

巴克纳没有自食其言，尼米兹一离开冲绳岛，他就用两翼包抄的战术取代了缓慢推进。日军防线由此遭到迂回夹击，战斗进程也大大加快。

4月24日，美军取得显著进展，嘉数防线遭到突破，第62师团退至前田高地继续抵抗。也就在这天晚上，八原完成了对阵地的调整，第24师团和第44旅团的部分兵力北移到了新阵地。几天后，美军发现日军防线上有士兵佩戴着第24师团的番号标志，这才确认第24师团也开来了一线。

日军援兵上来的时候，正赶上美军进攻前田高地。尽管他们从总体上挫败了美军的攻势，但还是丢掉了前田高地东端的两座山头。为了防止美军借此冲破防线，并从山后包抄过来，牛岛命令第24师团打破师团界限，不惜一切代价协助第62师团封住缺口。

然而对手冲击的速度比他的命令还要快。4月27日上午，在“谢尔曼”坦克的掩护下，美军再次对高地东端的日军残余阵地发起进攻，天黑前又占领了剩余的两个山头。

至此，前田高地东端已全部落入美军之手。为了执行牛岛的命令，第24师团派了一个联队过来封缺口，但现在缺口不用封了，他们要做的是再从美军那里把高地东端夺过来。

当晚，该联队所属的志村大队通过首里，向预定的出发线开去。从城市街道走过时，众人看到了一个无比惊悚的场面。原来有发美军舰炮的炮弹不偏不倚地击中了一辆弹药车，结果炸死了几百人，地面上东一具西一具地躺满尸体，若不仔细辨认，还以为是被丢弃在外的布娃娃。再往脚下一看，鹅卵石铺就的道路上沾满鲜血，跟开了染匠铺一般，有的石墙上还有飞溅上去的人肉。

★小狗们回来了

志村大队虽然名属第24师团，但以缺乏实战经验的新兵居多，也就是俗话说的，面子很艳，里面塞的却多是老棉花。大队的600多名官兵大多从未打过仗，有的还是第24师团调到冲绳岛后临时从首里师范学校征召的学生。这些年轻人还没踏上真正的战场，精神上就已经饱受刺激，出城后，发现有炮弹飞来，他们赶紧在田间散开，唯恐一不小心也被炸得粉身碎骨。

到达出发线后，大队长志村常雄大尉亲自带领两个中队，冒着美军的迫击炮火力向高地进攻。凌晨时，他们爬上了一座陡坡，没想到在山坡下的公路上，美军坦克正一字排开候着呢。

所有坦克一齐开炮，火力异常威猛。顷刻之间，100多名日本兵便命丧黄泉，侥幸没死的手脚并用，往被挖通的坟墓里或岩石后面乱钻。

志村和七个部下蹲在一座坟墓里，当了一天的“活死人”，直到太阳下山，美军坦克撤走，才敢从坟墓里钻出来。

死里逃生的志村一检点部队，发现三分之一的士兵都翘了辫子。志村深感自己的大队已无进攻美军阵地的能力，可是联队部不管：你不是还有三分之二的兵力吗，断腿掉胳膊的全算上，最好当晚就给我把高地顶部拿下来！

志村只能服从，他在自己背上绑了块白布作为标记，沿着一条干涸的河床，率领部下向联队部所说的目标地点前进。

走到中途，志村脚一滑，掉进了一个伪装得很好的洞口。洞里面屈身躲藏着50个日军官兵，但只有几支步枪。一问，原来这伙人就是被美军从高地顶部赶下来的。

志村一进洞，洞里的人听说他带着部队上来了，全都含着眼泪欢呼起来。欢呼的人中居然还有一个大佐。志村希望这个大佐能说说他们经历的战斗或者是悬崖的情况，以便作为自己进攻的参考，可那个家伙就像是刚刚做过噩梦一样，提都不愿提，只是紧紧抱住志村："今后，全靠你了！"

你这么大的官都靠不住，靠我能行吗？志村十分郁闷，大佐要端杯酒给他喝，也被他拒绝了。

离开山洞，志村率领部下继续前进，最后在高地边缘找了个地方躲了起来。4月30日上午，天一亮，在轻机枪的掩护下，志村大队的残部端着刺刀，高喊着向高地顶部发起冲锋。

所谓高地顶部，其实是一块孤立于山顶上的石灰石，从外形上看很像是一座耸立于城堡的塔楼，美军把它叫作"针岩"。志村原以为自己就算不死，也会像洞里躲着的那个大佐一样被打残，没想到冲锋相当顺利，在消灭驻守"针岩"的美国兵后，他们重新在高地东端拉起了一条200码的防线。

这种消耗战是八原所乐于看到的，也是冲绳日军唯一能做到的事

志村能够取胜，一方面是由于出击突然，没有退路的日本兵都有一股子冲劲和狠劲；另一方面，是经过连续的拉锯战，美军一线部队也已经精疲力尽，其中步27师受损最重，自登陆起该师已伤亡了2661人，许多部队的战斗力减弱到约40%，有的排只剩五六个人了，像

“针岩”那里就只有寥寥可数的几个美国兵，自然经受不住日军几百人的冲击。

一方面是要对尼米兹有所交代，另一方面，前线部队确实急需撤下战场进行休整。4月30日，陆战一师与步27师换防，第二天，陆战六师也进入南部战场。

此时岛上的美军已增至17万，冲绳岛俨然成了“小美国”。美军完备的后勤体系为兵员快速流动提供了良好保障，经过加宽和改善的道路可供数万辆汽车和卡车通行，送上岸的弹药食品源源不断地被运往前线，海陆军的各种设施之间还架设了电话，以便陆战队和陆军能够更好地协同作战。

随着一声暗语：“小狗们回来了。”精神抖擞的陆战队员们上了前线，在进入陆军营地时，他们看到陆军同行不仅满身尘土，而且个个无精打采，就像一具具回魂尸一样。

一名陆战队员说了几句风凉话，别的人急忙制止。经过类似贝里琉岛那样“最糟糕的战役”，大家早已充分体会到了战争的艰苦、冷酷和非人道。这里没有人性本善，没有孩子气的天真，如果最终能够活下来，即使身上再脏，样子再狼狈，都能算是幸运儿。

当然敬畏不等于害怕。同样是那些一次比一次更惨烈的战役，不仅让陆战队员们学会了如何在巨大的压力下有效使用武器装备，还告诉他们，某种程度上战争也是一种探险，他们完全可以依靠严酷的训练、铁的纪律、良好的团队合作以及必不可少的好运气去闯过一道道看似难以逾越的关卡。

★五则攻之

一进入南部战场，陆战队的士兵们马上就意识到，南线确实比北线艰巨。此处的日军像贝里琉岛上的敌人一样顽强，为了他们的天皇，几乎个个都甘于奋战至死，与之相比，美国海军陆战队的队员不会为了某个人去当炮灰，但他们知道要尽忠星条旗和自己的祖国，所以就要表现得更强硬、更忘我。

毫无疑问，这又是一场不设时间限制的绵长苦斗。陆军拥有多个步兵师，因此可以整师整师地换防，比如巴克纳在将步27师对换到岛北面的同时，就由一直跃跃欲试的步77师代替了步96师，步96师休整十天后，再替换步七师。陆战队换不了，第三两栖军参加冲绳战役的原本有三个陆战师，但是因为担任浮动预备队的陆战二师已调回塞班岛，如今岛上就只剩下陆战一师和陆战六师了，没有其他陆战部队可以替换。

陆战队破解这道难题的办法，是每师在作战时，只将两个团并列在最前线，有时甚至只部署一个团，其余兵力都放在后方充当预备队，这样尽可能地使每个陆战队员都能获得休息，哪怕是短时间的。

早在一战时期，为了冲开对方的密集火力区域，突击队概念由此诞生。这种突击队不仅需要比一般步兵部队更精湛的技术、更灵活的身手，还要无所畏惧和能够承受重大伤亡。到了太平洋战争，美国海军陆战队就成了实际上的突击队，试想一下，如果没有他们的参与，仅靠陆军，要击破日军依靠洞穴坑道实施的定点防御，必然还要耗费更多的时间和付出更大的代价。

调整部署后的美军气势如虹，他们的阵地也距离日军越来越近。炮弹不断落在第32军司令部指挥所的洞口附近，在洞口站岗的日军哨兵接连被炸死。洞里的抽风机经常把由于爆炸产生的浓烟也抽进来，这使许多人惊恐万分，以为美军在实施毒气战，因此都戴上了防毒面具。

你落刀子、下剑雨都无所谓，关键是不能开外挂，那是极品大坏蛋啊！日本人自己一直都在研究和开发毒气，但因惧怕美军以牙还牙，所以在太平洋战争中一直没敢用过这一损招儿，第32军也对此毫无准备。长勇气急败坏，他召集参谋会议，坚决要对“极品大坏蛋”实施一次大规模进攻。

其实即便没有这些无孔不入的“毒气”，以长勇的性格他也憋不住了。第32军司令部设在首里城垛下方约30米处的隧道里，非常阴暗潮湿，在里面待久了，自然而然就会让人产生出一种幻灭感和压抑感。不单是长勇，第32军军部的大多数人都认为，如果任由美军这样步步逼近，所有日军都将战死在冲绳岛，而这座岛最后也必将落入美军之手。

长勇的想法是，事无三不成，前面进攻遭致失败，并不说明后面还会败。现在趁着手里还有实力和资源，不如痛痛快快打它一下，这样才能改变颓势，扭转被击溃的命运。

美军的连日轰炸，已经把参谋人员都给整惨了。当炮弹和“毒气”倾泻而下的时候，众人的眼泪都在眼眶里滴溜乱转，只是不好意思哭出来罢了。他们需要一个发泄口，而长勇的提议正好提供了这个出口。

毫无意外，参谋们大多举双手赞成，只有一个人不为所动，这个人当然又是八原。

在解决到底是防北边还是防南边的问题后，八原对重新建立的防线以及战况还是满意的。目前美日两军的火力对比是十比一，人员数量是二比一，也就是说美军占有绝对优势，但在日军的顽强防守下，美军每天也只能向前推进100米左右。到4月底，第32军已经在太平洋战争中创造了纪录，他们是第一支在美军登岛后能坚持30天以上，并保持完整防御阵型的日军部队。

美国大兵擂鼓一样敲门，纵然拳头都敲肿了，也难以把冲绳岛的大门轻易敲开。这正是八原在战争之初就要达到的效果，而长勇的动议显然与之背道而驰。

那次登门请教拉近了八原和长勇之间的心理距离，也让八原对长勇产生了些许好感，但这并不等于说他会在原则问题上自动让步。尽管明知自己在会上处于孤家寡人的地位，八原还是利索地站了出来。谁的鼻子底下都是一张嘴，你们还能不准我说话不成？

八原要说的是兵法。兵法有云，十则围之，五则攻之，倍则战之。回到现代战争上，要想打一场成功的进攻战，不说五倍于敌的兵力优势，三倍总要有吧？可是我们有三倍于美军的兵力吗？

除了兵力不足外，嘉数高地已落入美军之手，如果日军要发动进攻，就只能去进攻制高点上的美军阵地，那是一个非常吃亏的打法。他断言："这样去采取主动，就等于不计后果的盲动，不啻于以卵投石，必将导致失败！"

失败的后果是什么？不仅是战斗的失利，还有成千上万人的损失。第32军的人马本来就不多了，再遭重大损失，让谁来防守冲绳岛？

在八原看来，第32军最后被消灭是不可避免也是可以预料到的，但起码可以用这种持久战和消耗战，来拖住美军对日本本土的进攻，因此，比较明智的办法是按现有打法继续打下去。

★眼泪战术

八原雄辩滔滔，凭的不是意气，而是理性。见一些参谋已选择闭口不言，作为航空兵参谋的榊直道赶紧起身为长勇站台，其实也就是把长勇的那一套换个方式，重新兜售了一遍。

八原不是辩不过榊直道，而是双方的思维模式实在不在一个马车道上。见跟榊直道说不出个子丑寅卯，八原索性拂袖而去，离开了参谋室。

在参谋中间，八原的人缘并不好。相反，长勇却很受一众恃勇斗狠的年轻参谋的欢迎。八原在场时，大家对他多少还有些忌惮，他一走，参谋们马上又全部站到了长勇的一边。

不过，这一回光靠"少数服从多数"，长勇已经没法随心所欲了。作战意图定下来，计划还得由八原来写，八原在情绪上非常抵触。受八原的影响，牛岛也对进攻表现出了谨慎态度，迟迟不愿予以批准。

在整整喝了一个小时的闷酒之后，长勇找到牛岛，质问对方为什么不肯签发进攻命令。牛岛说再等等看，长勇便借着酒劲，红着脸跟这位师团长大吵大嚷起来，一边吵闹，一边还像挥舞武器一样不停地晃动着手里的长烟嘴。

牛岛素以性格温和著称，他毫不动气地倾听着，并不时对长勇表现出的战斗精神表示赞许。周围的人都觉得牛岛够宽容够大度够有涵养了，可长勇仍然不肯罢休。

这样也不是个事儿。牛岛想了想，让传令兵把师旅团长都叫过来，看他们的意见到底怎样。

日本陆军长期以来奉行的战争策略，就是要通过进攻达到速战速决的目的，从侵华战争到太平洋战争都是如此。在这样一个传统思维和教育方式下成长起来的日本军人，内心都对进攻的有效性推崇备至。牛岛不是不想进攻，只是站在他那个位置上，不得不三思而后行。与之相比，一线的指挥官就没这么前怕狼后怕虎，在将官们应召来到司令部后，第62师团长藤冈武雄中将第一个对长勇的意见表示支持。

第24师团长雨宫巽中将也早就对防守战术感到失望了。虽然他这个师团从没和苏联老毛子真刀实枪地打过仗，却一向自认为拥有无穷大的进攻精神，击溃拥有先进装备的苏军三个师都不在话下，又岂惧美军？

师旅团长们众口一词，概括起来就是苦的不尽，甜的不来，再也不能一块石头抱到老了。牛岛原先就无定见，与会者这么一推波助澜，终于点头同意长勇的主张，下令在两天内组织反攻。

牛岛的关都过了，八原的关却还是过不了。急惊风撞到了慢郎中，这位有些书呆子气的参谋真要犯起倔劲来，别说长勇，谁都拿他没办法。为了能够打动八原，4月30日凌晨，长勇亲自来到八原的住处，一进门他就紧紧握着对方的手不放。

“没错，在过去的日子里，我们之间曾有许多矛盾和争执，但我俩如今随时都有可能死在冲绳岛上。我们是一根藤上的瓜，谁也离不开谁，请你不计前嫌，支持我的进攻计划！”

长勇平时给人的一贯印象就是彪悍骁勇兼盛气凌人，但这回他不仅对部下说了软话，而且说着说着还老泪纵横。在如此突然且强大的情感攻势面前，即便是被参谋们公认为“冷血动物”的八原也坚持不住，开始随着长勇一道哭了起来。

除了施以眼泪战术外，当天受到长勇撺掇的牛岛还专门把八原拽到参谋室，劝他不要再嫌长嫌短，左不是右不是地难为长勇等人了：你就支持一下他们为进攻付出的努力吧。

八原恨不得生出几百个舌头来争辩，说明自己不是有意从中作梗，而实在是觉得发动这次攻势得不偿失：“进攻的结果与第一次不会有什么差别，同样是让士兵们白白送死，对改变战局而言也没有任何意义。”

牛岛听后，一脸平静地回答：“此次攻势将是一场光荣的自杀式进攻！”

在美军的持续推进下，牛岛毫无疑问也承受着巨大的心理压力，他同样渴望殊死一搏，至少从心理上缓解这种难以忍受的压抑感。

要说压抑，八原也压抑，但他从大局出发，始终反对用破罐子破摔的情绪来确定决策，他认为自杀式进攻看着很“光荣”，其实是对艰苦局势的过早逃避，是一种不负责任的做法。无奈牛岛、长勇都把话讲到了这个份儿上，作为他们的部下，再犟着就有点儿给脸不要脸的意思了，八原只好做出妥协：“已经是会议决定的事情，我肯定会尽力配合。”

★如堕冰窖

八原开始埋头制订进攻计划，也像第一次制订计划时一样，他又塞进了“私货”，即在这场注定要失败的进攻中，想方设法减少兵力损失，其中之一就是让44旅团延迟一天投入进攻。

类似的事情，八原已经做过一次，而自打跟八原玩起了细腻之后，看似粗犷的长勇就慢慢展现出他的另一面：鼻头尖，眼睛亮，什么都瞧得出来。他很快发现了八原在作战计划中做的手脚，当即责令八原更正过来。

5月3日，攻势准备就绪。牛岛嘴上说“自杀式进攻”，其实也像长勇一样，指望靠这场进攻翻盘。他和长勇特地在指挥所举办了舞会兼提前庆功会，司令部一共有九名将官参与，八原也在受邀之列。岩洞里灯火通明，摆满食物和饮料，牛岛的威士忌、长勇的罐头食品都被拿出来与众人共享，在当时情况下，这就算是煮凤烹龙般的待遇了。军部的艺妓们则打扮得花枝招展，在旁边或斟或陪。想到第二天就可以把美军踢得跟鸡蛋一样在地上乱滚，一众人等高兴得甚至连屁股都笑了。

一片莺歌燕舞中，八原想到的却是滑铁卢战役前的惠灵顿舞会。在那次舞会结束后，惠灵顿成了击败拿破仑的英雄，拿破仑被打落凡尘，永无翻身之日。

在即将展开的攻势中，谁会拥有惠灵顿式的幸运，谁会落得拿破仑那样的下场？八原心中的答案与其他人完全不同。

就在军部舞会进行当中，攻势已经展开。5月3日黄昏，第五炮兵部队把平时舍不得用的火炮和炮弹都从山洞里搬出来，对美军阵地进行猛烈炮击。大本营同时响应，实施了“菊水五号”作战。

自“菊水五号”起，为填补损失的飞机数量，日军将水上侦察机也改装成特攻机投入战斗。美军被击沉驱逐舰和登陆艇各一艘，其他型号的舰船也被击伤了四艘。

午夜过后，特攻作战基本结束，60架非自杀式的轰炸机对美军后方进行轰炸，以掩护八原计划中的一个重要环节。在这个环节中，两个海运工兵联队将分别在美军后方的东西海岸登陆，以便进行日军自认为最擅长的侧翼包抄战术。

两栖登陆战的要诀是攻其不备，从西海岸登陆的第26联队不熟悉地形，尤其在黑暗中，更像去了头的蚱蜢一样不辨东西，他们居然在陆战一师的前线防御带附近上了岸。

听到动静后，陆战一师立即让对方见识了“瓜岛屠夫”的本色，在重机枪的密集扫射下，第26联队无一生还，留下的唯一俘虏是一只信鸽。

美军不杀俘虏，这一人道主义政策也惠及了信鸽，它被予以释放，带去了致日军的一封信：“我们把鸽子归还给你们，不过非常对不起，我们不能把你们的爆破工兵也同时还给你们了。”

沿东部海岸登陆的第23联队比这还惨。还没靠岸，他们就被美军的一艘巡逻艇给发现了，巡逻艇打出照明弹，把东部海岸照得如同白昼一般。第23联队所乘的驳船成了活靶子，大部分被击沉，少数上了岸的士兵也在平坦的滩头阵地上被尽数歼灭。

第32军军部并不知道两个负责包抄的工兵联队已经完了，这时他们最为关注的还是发起正面进攻。就在天亮前一小时，日军炮击达到高峰，震耳欲聋的炮声持续了半个小时，之后，天空升起两颗红色信号弹，那是启动进攻的信号，刹那间，早已蓄势待发的日本兵像潮水一样冲了出去。

按照八原制订的计划，担任主攻的第24师团率先发起突击。整个上午，第32军军部从该师团收到的零星报告，都是说行动进行得相当顺利，其中第32联队已占领真荣田山附近，接下来就可以往前拿下棚原峡谷了。

指挥所内一下子变得喜气洋洋，人人都像除了心头钉一样快活，就连平时不苟言笑的八原也主动与上司和同事们打着招呼，说着一些相互赞美的话。

牛岛感到了一身轻松，他开玩笑说现在就可以将军部移到真荣田，近距离观赏第32联队如何攻入棚原峡谷。

但这只是短暂的快活。中午过后，各参战部队将完整的报告送了上来，众人读完如堕冰窖，开始急得像转磨一样在洞里乱转起来。

★谨慎过头

牛岛、长勇之所以如此冲动，急不可耐地要发起攻势，在一定程度上也缘于之前美军的压力时紧时松，让他们产生了错觉，以为对方的刀也生锈变钝了。其实那是因为在“菊水作战”中，特攻机击中了两艘美军运输舰，舰上三万吨子弹和炮弹被全部炸毁，地面部队的弹药供给也因此出现了不足。

不足是可以弥补的。美军指挥系统保持了他们一贯的高效率，斯普鲁恩斯当机立断，下令直接从菲律宾空运弹药。

空运弹药的成本当然会很高，但以美国雄厚的国力，承担这笔开销根本不成问题。巴克纳在一次记者招待会上也表达了同样的意思，即无论如何，美国大兵的性命是最重要的，为此即便把银子拿来当土似的丢，也完全值得！

一个是嘴上用功夫，一个是心里用功夫，结果当日军冒冒失失地发起进攻时，正好给美军已经满满当当的弹药库提供了大快朵颐的机会。位于最右侧的第89联队虽然一开始向前推进了几千米，但最终还是被拦在一片无遮蔽的开阔地里。美军的陆炮、舰炮以及战机排着队上，一会儿工夫，整整2000名日本兵就都被拿去打点了阎王爷，第89联队损失惨重，几乎丧失了一半人。

中间的第22联队为了加强掩护，特地施放了烟幕弹。因为要放烟幕弹，前进的步子就慢了，等到烟雾散去，美军的炮弹正好飞过来，把日军士兵们炸得魂飞魄散。

第24师团的三个联队中，只有左侧的第32联队依靠坦克联队的支援，算是小有成就，已到达真荣田山附近。这是冲绳战役中日军唯一一次使用坦克来担当进攻的角色，付出的代价是坦克联队几乎被打垮，中战车被打得动弹不得，只有一些轻战车还在先头部队后面跟着，但在夜色降临后，也被美军火炮给一辆接一辆地点了天灯。更让人哭笑不得的是，第32联队在推进过程中还与第62师团一部搅和在了一起，部队被弄得乱七八糟，没法整理。

第32联队的先头部队是伊东孝一大尉率领的一个大队，他们成为日军当天取得突破的最大指望。即便在缺乏坦克支援的情况下，伊东大队长仍接到命令，要他继续向棚原峡谷发动攻击。

伊东已经被打醒了，知道若还是从正面硬攻，部队就算全部死光，也到不了峡谷。他改变策略，花时间对美军阵地进行了侦察，然后实施穿插，乘夜色越过公路，神不知鬼不觉地渗透进了棚原峡谷。

5月4日凌晨，伊东大队终于夺取了峡谷的控制权。伊东清点了一下人马，尚余459人，但是随队的无线电报务员已走失，没法发电报，伊东只得向军部所在方向发射了一颗预定的信号弹。

按照原定计划，第24师团不管从哪个地方取得突破，第62师团或第44旅团就要上去接力。在实际作战过程中，第62师团因自身防线薄弱，想上去帮忙也做不到，第44旅团倒是能动，事实上也准备动了，就是一旦伊东大队夺取棚原峡谷，就马上予以增援，可是他们一直没有接到八原的命令。

制订这次作战计划的是八原，具体负责指挥的也是他。八原不是没有看到伊东的信号弹，问题是他不确定这是否表示伊东真的已经占领了峡谷，他还想等电报来了予以确认，结果便造成第44旅团按兵不动，没有在伊东大队最需要的时候施以援手。在这之后，即便八原想调援兵也来不及了，因为美军已迅速对伊东大队形成包围。

棚原峡谷位于美军后方一千米处。显然，谨慎过头的八原错失了一次大好战机，如果他当时能够胆子再大一点儿，没准儿就能在战场上创造出一个奇迹来。由此可见，一个善于谋划的军师不一定擅长现场指挥，八原跟长勇或者牛岛的角色位置真应该调个个儿。

5月5日凌晨，围绕棚原峡谷，两军展开了拉锯战。伊东凭借战前在此开掘的地下坑道以及新挖的一些工事进行防守，美军则把迫击炮、手雷、火焰喷射器都用起来，铁扫帚般一座掩体一座掩体地扫过去。当天，有100多名日本兵被烧死或炸死，能让伊东感到些许安慰的，是原先走失的报务员又找到了部队，还能靠他和军部取得联系。

第二天，经过持续的激烈交火，伊东大队只剩下不到150人。眼看着伊东自己都要进坟墓了，这时忽然有一块用纸包着的石头飞进了他的掩体，打开一看，原来是报务员刚收到的撤退命令——此时即使是长勇也能看出，反攻已经完全失败，如果不让伊东大队撤退，这个大队就一个人都回不来了。

陆战队的爆破兵用炸药引爆并摧毁了一座日军碉堡。日军攻势的再次失败只说明了一件事：你是哪个林子的鸟，就还是老老实实地在哪个林子里待着为好

接到命令后，伊东赶紧

组织撤退。伤员是没法带回去的，按照日军的规矩，伊东给他们分发了手雷，然后再把还没受伤的人集合在山脚下，到午夜时分才摸着黑进行突围。

在突围过程中，伊东的人马又报销了不少，真正突出来的，只有包括伊东在内的十几个人而已。

★度日如年

5月6日，傍晚6点，牛岛使用加密的无线电报，命令所有参与进攻的部队回撤到5月4日前的阵地。随后他召见并向八原道歉，后悔自己没有听对方的话，贸然发起了进攻。

这的确是一个赔巨本的买卖，在为期两天的战斗中，第32军共损失了7000人：除了那两个一去不复返的工兵联队外，第24师团整整被削掉了五分之二。

为了支援这次攻势，日军的坦克大炮统统上阵且被毁得不轻。坦克联队从战场上撤出时，仅留下六辆坦克给牛岛作为纪念，它们就像莱特战役时的日军坦克那样，被用土掩埋起来，当作碉堡使唤了。第五炮兵部队投入作战的大炮多数被美军摧毁，与此同时，还白白耗费了大量炮弹，使得岛上无法补充的弹药储备接近枯竭，牛岛不得不下令节省弹药，之后每天每门炮的用弹量从50发减到15发乃至10发，其火力已下降到了最初的一半。

本来是想提高士气，打美军一个措手不及的，到头来不但落了个“江里来，水里去，枉费心机”的下场，肠子还被人踢成了三段，第32军内部一片愁云惨雾，士气也由此一落千丈。

5月8日，继击破日军的攻势后，又一个重大喜讯传至冲绳岛：德国宣布战败投降！

当天中午，冲绳海面的每一艘美军军舰都向日军阵地发射了三发炮弹，以示庆贺。第十军团参谋部内群情振奋，大家摩拳擦掌，都希望借着捷报频传的机会，向日军“发起决定性进攻”，必要的话，可以吸收海军和海军陆战队的建议，在敌兵侧后伺机登陆。

美军士兵们通过收音机聆听德国投降的消息，欧洲战事已经结束，盟军在太平洋战场上取得完全胜利的一天也不会太远了

巴克纳没有听从参谋们的意见，他还是认为心急吃不了热豆腐，像现在这样逐步深入日军防线最为妥帖。

妥帖自然是妥帖了，但在避免冒险的同时，后者有可能带来的甜头你也就品尝不到了。在重新展开进攻后，美军才又一次体会到，打败日军白白送死的冲锋是一回事，要消灭躲在洞里的日军却依旧是另外一回事。

5月9日，美军在东海岸攻下了一座名叫锥子山的高地。高地上有日军留下的炮兵阵地，美军炮兵立即予以控制，准备反过来对日军发动急袭。可是天不助人，突然下起瓢泼大雨，重型武器和军用物资运不上来，只得暂时停止进攻。直到两天后，经过激烈的肉搏战，前线部队才终于又向前推进了800米。

美军那边不过是快与慢的问题，日军这边则早已是度日如年。尽管八原使出浑身解数，在发动攻势时，没有让另外两支主力整建制上阵，但仗打到现在，第62师团也仅剩下四分之一的兵力，第44旅团算是最好的，人马尚余五分之四。所谓折脚猫儿难学虎，断头鹦鹉不如鸡，第32军军部的唯一想法只能是守住防线，但就算是要实现这个目标，看起来也已经是千难万难。

在和航空兵参谋榊直道等人计议之后，长勇决定派榊直道去东京，面对面地敦促大本营对美军舰队实施大规模空袭，以求扰乱第十军团的海上供给线。

和尚跟着月亮，要真能借它点儿光倒也不错，但八原认为榊直道的东京之行不会起多大作用——从冲绳战役开始，大本营实施的“菊水作战”基本就没有停过，虽然确实对美军舰队造成了不小威胁，可对地面作战的影响实在有限。

再说了，明眼人都能看得出来，大本营可用的作战飞机将越来越少，冲绳岛最后总是要丢的，又何必把飞机都拿来填坑呢，若是囤积起来用于日本本土防御岂不更好？

话虽这么说，可谁又甘心坐以待毙呢？所以八原不仅没有像以往那样对此进行反对和阻挠，还参加了榊直道的欢送会。

其实，不管长勇发不发求援信，大本营都在卖力地组织力量对美军舰队实施空袭，每次使用的航空力量也都几乎达到所能动员的极限。在五次“菊水作战”中，数百架特攻机冲破美军密集的高射炮火力网，把近20艘美军军舰送入海底，另有25艘军舰被撞到遍体鳞伤。

被自杀飞机撞中的“邦克山”号航母。火焰从甲板上喷出，舰上官兵慌忙躲避。虽然在冲绳作战期间，美军舰队已提高警戒，但仍有漏网之鱼，水兵们往往都要到攻击前一刻，才会惊觉大难临头

鉴于新手往往不敢也无能力攻击大舰，他们开始在特攻队员中增补一些经验丰富的老飞行员，以便将攻击范围重新扩展至航母级别。这种饮鸩止渴的做法固然不可能持久，但在宝贵的飞行

人材耗尽之前，其攻击的威力和效率却不容小觑。

就在5月11日晚，日军实施了“菊水六号”，加上此前的“菊水五号”，总共出动飞机597架，其中特攻机300架。这一次，连第58特混舰队的旗舰“邦克山”号航母都遭了殃，它被两架特攻机撞中，损伤极其严重，死亡和失踪舰员达到396人，264人受伤。其中一架特攻机撞上“邦克山”号，爆炸产生的气浪将飞机发动机掀进舰队司令官米彻尔所在的舱室，舱内的14名参谋军官当场阵亡，米彻尔仅以身免。当他逃出来时，除了身上所穿衣服外，其他行李物品全被烧得精光。

只好换旗舰了。伤愈复出的“企业”号航母的桅杆挂上了一面蓝旗，上面有三颗白星，这正是米彻尔的旗舰标志。

★一个孤零零的“幽灵”

在美国海军中，“企业”号是绝对的元老级战舰，甚至可以说是整个太平洋战争的缩影。在它身上，可以闻到珍珠港轰炸散发出的焦烟味，可以看到从中途岛死里逃生的飞行员们那苍白而坚毅的面孔，还可以回忆起瓜岛“铁底湾”时期一个个不眠之夜。

最残酷的海战、最冷血的厮杀、最难开启的航程、最令人心潮澎湃的两栖登陆战，它都身在其中，几乎一次都没有错过。最初同“企业”号一道并肩作战的兄弟航母，“列克星敦”号、“约克城”号、“大黄蜂”号、“黄蜂”号一艘接一艘沉入海底，它的首批敌手也相继毙命——最后一艘是沉没于恩加诺海的“瑞鹤”号。

硝烟散尽，“企业”号依然生龙活虎地游弋在海上，而且每次受伤，都能在最短的时间内重返战斗岗位。截至1945年5月初，由“企业”号舰载机独立炸沉的敌舰就有74艘，在与其他航母协同作战中击沉的敌舰更达到数百艘之多。

“企业”号完工于太平洋战争之前，老资格的海军军官们都认为，那正是“企业”号练就金刚不坏之身的秘密：战前时间宽裕，那时的人们制造每艘船都像制作一把竖琴一样精雕细刻，用尽心思和工夫。

不管是不是这个原因，“企业”号都成了美军军舰中的阿喀琉斯，那个希腊神话中无人可以打败的英雄。它也由此无可争辩地成为太平洋舰队的象征，并被赋予了一种人格化的生命意义，水兵们亲昵地称呼它为“老E”（ E是“企业”号英文单词的第一个字母）。虽然在某些方面，“企业”号可能不如那些新的重型航母先进，但只要它出现在海面上，就会立即引起所有人的注意和欢呼：“老E来啦！”

5月14日晨，已升格为米彻尔旗舰的“企业”号航行至九州岛以南海面，准备出动舰载机攻击九州机场。

早上6点25分，护航战斗机与前来攻击的五队日机发生空战，飞行甲板上的人员眼看着几架飞机从云层中跌落下来，拖着火焰和烟雾栽进了大海。

这些来袭的敌机并不可怕，直到警戒雷达发现了一个孤零零的“幽灵”。

“幽灵”距航母20海里，舰上尾炮一齐指向这个方向，等待对方一出现便立即开火。一刻钟后，“幽灵”果然迅速向航母接近，它先是钻进云层飞了一会儿，接着便从2600米的空中下降。

此时“幽灵”与航母之间的距离已拉近至三海里。大家都看清了，这是一架“零”式。

“企业”号装备的127毫米高射炮开火了，“幽灵”马上缩回云层，反应极其快捷。

每个舰员都知道“幽灵”来者不善，绝不会轻易离开，因此所有眼睛都紧盯着飞机隐蔽的云层，雷达也保持着密切监视，甲板上没有起飞的飞机则全部泻空汽油入库，以免甲板被撞或被炸弹击中后发生连锁反应。

“幽灵”的确没有走，它还紧贴着船艉在飞行，不过由于受到云层的遮蔽，好像穿了隐身衣一样，舰员们凭肉眼发现不了。

在方位上，日机与航母呈30度角，速度大约为每小时450千米，据此判断这肯定是一架用于自杀的特攻机。能够罩住这架特攻机的只有雷达，依靠雷达的指引，127毫米高射炮、40毫米高射机枪全被集中起来，持续不断朝其射击。

不明真相的人看到这一情景也许会感到奇怪：航母上的枪炮都在朝着同一个方向开火，可那里除了云朵，什么也没有啊！

这个时候，唯有舰员们才能感受到那种直攫人心的恐怖和紧张。他们知道空中有一架不顾死活地要与舰只相撞的飞机，而且驾驶员不把自己撞到粉身碎骨就决不会罢休。这名驾驶员显然是一个非常老练的空战高手，从飞行技术到心理都极其成熟稳定，他一边从容镇定地向航母接近，一边敏捷地变换高度位置，在避免被过早击中的同时，也不让正在左右转舵的航母脱离自己的攻击范围。

早上6点56分，特攻机冲出云层，开始向“企业”号俯冲。目睹这一情景的人都不禁倒吸一口凉气，有人周身血液都凝固了。谁都能看出，以飞行员驾驶水平之刁钻以及发动自杀攻击时那种义无反顾的决然态度，飞机一定会朝航母薄弱的地方撞过来，最后的结局是不管损失程度如何，舰员出现伤亡将注定难免。

经历过这么多生死劫，“老E”早就知道什么情况是最危险的。舰上除了127毫米高射炮、40毫米高射机枪外，20毫米高射机枪甚至于步枪等各种口径的轻重武器也全都呼啸起来，大家使出吃奶的劲儿，想把特攻机阻杀于半途之中。

★绝处逢生

天空中的枪炮痕迹密如烟雨，日机机身多处中弹，机尾已经拖出火焰和黑烟，但除了微微晃动外，飞机并没有因此坠入海中。之后，飞机越来越近，眼看着机翼形成一条笔挺的直线，犹如一把雪亮的利剑扎向航母。

随着惊雷般的一声巨响，这个火光四射且尖声呼啸的流星滑过舰桥，径直撞在了前升降台的后面，整艘航母为之一震。

就在撞击前的一刹那，炸弹脱离飞机，接连穿透两层甲板，在一间塞满卫生纸的舱室上面炸开了。舱室里的卫生纸起到了类似弹簧垫的作用，结果爆炸力向上冲起，将升降台炸掉了三分之一，被炸掉的部分腾空甩出有100米远。

爆炸产生了炽烈强光，站在驾驶台后面的军官被这一强光刺激得眼花缭乱。他们勉强挣扎着看到一块长达40米的钢板已经像香蕉皮一样翻卷起来，仿佛飞鸟般迎空飞舞，再接着便落到了海面上。

被自杀飞机攻击的“企业”号航母。在遭到自杀飞机重创后，“老E”退出战斗，就此结束了自己在太平洋战争中富有传奇色彩的战斗生涯

除了制造时精益求精，拥有一支经验丰富、反应快捷的损管队，也是“老E”能够无数次绝处逢生的秘诀。仅仅几秒种时间，身穿石棉工作服的损管队员便冲上被滚滚浓烟包裹着的甲板，控制了船上的火势。

特攻机爆炸时的场面看上去惊心动魄，但“企业”号物质上的损失并没有想象中那么可怕。除了破损的升降台、被掀起的甲板以及机库中被烧毁的几架飞机外，仅炸断了几根集流管，而且自始至终也没有造成难以控制的大火。

集流管被炸断后，船内涌进了2000多吨海水，修复甲板也得花上好几个星期的时间。不过在“企业”号的征战史中，这些都只能算是轻微的小伤，“老E”依旧可以像一个遍体伤疤的老兵那样，一边开着玩笑，一边让军医替他包扎伤口。

但有人永远都不能开玩笑了。“企业”号一共有14名舰员被炸死，这14名士兵从尘世间带走的最后一个印象，就是那架拖着火焰并急剧增大的特攻机，以及它那利剑般笔直的机翼。

死里逃生的人们同样忘不了刚刚经历的惊悚一幕。日军飞行员的尸骨被捡拾起来，与被烧黑的飞机残骸一块儿陈放在甲板上。

透过军装和衬衣的撕破口可以看出，这是一个肌肉发达、健壮结实的航空兵。不过无论他生前做过什么，能力有多强，现在他就是一具残尸，而且只有上半身是比较完整的。

水兵们列队从这具残尸前鱼贯而过。他们的注意力不在肿胀的面孔、瘫软的脖子，或者是仍旧圆睁着的呆滞的眼睛上，几乎所有人关心的，都是日军军装上的黑色纽扣。那些纽扣上面雕刻着“神风敢死队”的队徽：一枝带三片叶子的樱花，大家心里所想的是，这些漂亮的战争纪念品不知会落在哪些幸运的高级军官手里。

战争会让人变得残忍和可怕，即便是从所谓文明社会出来的美国大兵，打仗打久了，心理上也会产生阴暗和冷血的一面。作为一个典型的美军陆战队员，莱基直言不讳地透露，其实早在瓜岛战役时，当听到“某某牺牲”的消息时，除非战死者是自己的亲密朋友，否则他并不会感到特别伤心。很多时候，为了不让别人认为自己是一个冷血动物，他只能被迫做出悲伤的表情，装出如丧考她的样子。

莱基开始以为只有他是这样，后来发现大多数人都是如此。他们如同那个“战利品狂人”一样，脑子里只接收两种信号，其一是逃得性命的暗喜，其二就是猎杀对手和获取战利品时的刺激。这是人性光辉被剥离后，战争褪色为单纯的死亡游戏的一种本能表现。

当“企业”号上的水兵看到返回的另外两艘航母时，脑子里的第一种信号开始变得愈加强烈起来。这两艘航母分别是“富兰克林”号和“邦克山”号，它们也遭到了特攻机的攻击，而且全被炸得焦头烂额，满船的尸臭竟至数日不绝。

“5 · 14攻击”令第58特混舰队损失惨重，米彻尔也不得不在三日里两易旗舰。怎样防范和对付特攻机，由此成为美国海军需要重点攻克的一大课题。

美国人理性和善于总结的头脑，是其撒手锏。他们运用统筹学原理，重新设计了舰队面对特攻机攻击时的战术：大型军舰比如航母和战列舰须与日机来袭方向保持垂直，这样既便于高射炮集中轰击，也可减少被特攻机撞中的概率；小型军舰比如驱逐舰和登陆舰则要与日机攻击航向平行，同时采取突然急转和增速的方式，尽可能让日机难以对准目标。

读谷机场，美军用防空炮对夜间来袭的日机进行射击。在密集的火力网下，可以看到机场上停靠的“海盗”式战斗机的轮廓

当然最好的办法还是防患于未然。美军在冲绳岛和附近小岛上都建起雷达站，陆基战斗机根据雷达预警的报告，不间断地实施空中巡逻警戒以及拦截。

大量战斗机迅速进驻冲绳岛上的嘉手纳和读谷机场，它们的频繁出击，在很大程度上遏制了日军在冲绳海面发动的空袭。

指挥空袭的丰田不爽了：早就说这两座机场重要，你们不听，任美国人捡了去，如今可给你们颜色看了。

再多说也是无益，第32军连自家防线都难以维护，哪里还能指望他们反击夺回机场。丰田只能自己想办法，他想到的办法是实施一次敢死空降突击。

★空降突击

此次空降行动被命名为“义号作战”。大本营从陆军伞兵第一旅中抽调了120名精锐官兵，组成“义烈空降队”，由奥山少佐担任空降队队长。空降队原计划5月23日发起攻击，但因为天气不好，行动推迟了一天。

5月24日，傍晚6点40分，载运着空降队的12架轰炸机向冲绳岛飞去。途中因发生故障，有4架飞机返航或迫降，剩下的8架于10点抵达目的地。

日机以机腹着陆的方式分别在两处机场强行降落。未等飞机完全停稳，空降队即从机舱中跳下，向机场上停放的飞机投掷手榴弹和燃烧弹。

等到机场燃起冲天大火，美军守备部队才反应过来，急忙开火还击。经过短暂交战，突击队员连同机组人员共56人被全部消灭。

突击队除队长奥山的座机装有电台外，其他飞机均无通信设备，在飞抵目标后，奥山也中断了通信，因此空降队着陆和予以破坏的情况，日军指挥部全不知晓。丰田原计划在实施空降突击后，再发动一次大规模的航空兵攻击，但由于接下来几天的天气条件都不理想而被迫放弃。

事实上，这是一次较为成功的空降突击。到大火被扑灭时，两座机场已瘫痪

两名陆战队员一边前进，一边用汤姆森冲锋枪进行射击。这种无险可据的地形，迫使作战双方只能当面锣，对面鼓，拼个你死我活

了近三天三夜，美军共有7架飞机被击毁，26架飞机被击伤，另有7万多加仑的航空汽油化为灰烟，损失相当惨重。

缺少了陆基战斗机的预警和拦截，美军舰队的防空任务重新变得艰巨起来。但是正如八原预料的那样，无论空袭多么猛烈，能造成的后果至多也就是美军舰队受损失，巴克纳的第十军团不会也不可能受到太大影响。

当然美军在岛上的推进也一点儿不会轻松。在双方殊死争夺的前田高地，山头已被鲜血染红。美军一个步兵营在8天中减员过半，36小时内连着折损了8个连长。

日军也被打到了脚底直晃悠。以守卫“针岩”的志村大队为例，兵员已经从首里出发时的600人锐减至150人，且大多身负重伤，只能奉令撤往后方。

前田高地很快落入美军之手。攻下前田高地后，美军继续前推，M4坦克和改造的新型喷火坦克全都被投入了第一线。这些战场上的钢铁猛男冒着日军的枪林弹雨，一马当先地冲在最前面，M4碾轧日军的战壕，冲入日军的阵地，喷火坦克则张开大口，将凝固汽油射入日本兵躲藏的山洞和坑道之中。

一旦感觉防线有被突破的危险，日军就像防守前田高地那样，借助夜色和烟雾的掩护，悄悄把部队撤往下一道防线，战斗逐渐发展成一种固定模式，即日军凭险死守，美军依靠猛烈火力的支援取得突破，接着，日军后撤到下一道防线死守。

这样重复的结果，就是日军防区变得越来越小。截至5月21日黄昏，美军已进入首里城的外围，并对首里形成三面包围之势。

眼看首里防线已接近崩溃，且再无预备队可以进行补充，八原首先想到的就是放弃首里，后撤到冲绳南端的喜屋武半岛建立新防线。可是这个想法，他却不敢当着面跟长勇讲。

人心不同，各如其面。在中国古代的官渡大战中，袁绍因没有听从谋士田丰的话吃了败仗，回过头来，他不仅没有感佩田丰，还在又羞又恨的情绪支配下，把田丰杀了。第二次攻势失败后，长勇的心态与袁绍相仿，见到八原后那一张臭脸板得比铁片还难看，两个人的关系已经到了不能心平气和地进行交流的地步。

为了避免一见面就电闪雷鸣，八原让年轻参谋长野英夫去向长勇提出他的建议。听说要放弃首里，长勇果然一百个不情愿，不过他同意召开会议进行定夺——不是一般的参谋会议，而是包括了所有作战单位参谋长的扩大会议。

一开会，想法更多，三支主力部队的意见全不一致。第62师团说不是不能撤，是撤不动了，因为他们已经耗掉了几乎全部的实力。

与之对立的是第24师团，他们的运输联队还有八辆完好无损的卡车，这使得该师团更倾向于撤到喜屋武半岛。

同样支持南撤的还有第44旅团，但是旅团参谋长认为最好是撤到东部的知念半岛。理由是知念半岛拥有防御坦克的天险，而且由于四面不是海就是悬崖，美军很难通过两栖登陆来实施包围。

与会者众说纷纭，会议只能无果而终。长勇原本以为军队会毫不犹豫地站在自己一边，未曾想三票中仅得一票，脸上的表情马上就起了变化。

★这些人到底在想些什么

趁着长勇气焰稍减的机会，八原鼓足勇气找到他，指出第62师团和44旅团的想法均不靠谱：首里城过于拥挤狭小，一旦遭到围困，全都得做美军的炮下之鬼；在东部防线已遭突破的前提下，撤往知念半岛颇不容易，更重要的是那里的防御工事也很小，没法容纳第32军。

在八原看来，只有南撤喜屋武才是上上之策。它一方面具有知念半岛的优势，沿岸以天然悬崖作为屏障，基本不用担心美军的两栖登陆，另一方面又没有知念半岛的缺陷，地下坑道和储存物资足够第32军所需。

按照长勇一贯的恶劣脾气，八原猜想对方听后很可能会气得跟个活死人差不多，然后朝他大叫大嚷，他也已做好准备与长勇展开一场激烈的口舌之争。不料长勇此时苦守首里的信心已经动摇，再经八原正过来反过去地这么一分析，居然直接就同意了他的观点。

5月23日，牛岛也批准了八原的建议。接下来要做的，就是如何成功有序地撤往喜屋武半岛。毕竟第32军还有五万人马，加上伤员和火炮弹药，要想做到让美军没有丝毫察觉，本身就是件极其困难的事，会议讨论时，第62师团顾虑的也正是这一点。

八原最担心部队还没撤过去，防线已被捅穿，倘若后撤路线因此被渗透进来的美军拦腰截断，第32军就可能遭到合围，那真是画虎不成反类犬了。

为了不让自己的担心成为现实，八原制订了周密的撤退方案。其中重要的一项是在5月25日，由第62师团残部主动发起攻势，不过这次进攻是假，抑制美军的推进从而为后面的大规模撤退提供掩护是真。

大本营虽然没法减轻第32军的防守压力，但在掩护撤退方面还是能帮上点儿忙的。自5月24日起，丰田接连下令实施了“菊水七号”和“菊水八号”作战。

在一架又一架特攻机的俯冲攻击下，美军水兵魂飞魄散，他们可以预想到接下来会发生什么，但实在无法理解这种与西方哲学和思想完全不同的可怕行为。有那么一刻，他们甚至会忘掉自己以及自己危险的处境，不由自主地猜测起来：所有特攻队员都好像被施了催眠术，着了迷一样要寻找舰船同归于尽，这些人到底在想些什么？

由此，美军中开始流传关于特攻队的种种说法和谣传。有人说，特攻队员参加战斗时会像僧侣那样穿长袍戴头巾，并且服用兴奋剂；有人说，特攻队员只要一走进飞机驾驶舱，就会被紧锁在驾驶舱里，就算想出来也没有机会；还有人则怀疑特攻队是一支经过特殊自杀训练的精英部队。

其实这些都是局外人的想象。特攻队员不会服兴奋剂，也不会被锁在驾驶舱里，而且成员中除了后期加入的少数老航空兵外，大多数都是在宣传的蛊惑下，自愿加入的普通日本青年，称不上是航空精兵。

青木保宪少尉就是其中之一。青木时年22岁，参战前在农校读书，后来应征加入海军，并学会了开飞机。到太平洋战争末期，有经验的飞行员越来越稀缺，青木便被调到航校担任了教官。

“神风敢死队”要征集志愿者，他们反复宣传，说日本的生产率比美国要低得多，特攻作战是克服这一劣势的最好办法，谁只要有胆加入敢死队，一个人就可以干掉一艘美军航母或战列舰，让至少1000名敌人与自己一起葬身鱼腹。

在发动宣传攻势的同时，航校的所有教官、学员和飞行员都拿到一张纸，自愿者要在自己的名字上画个圈，不愿参与的画三角。

说好都是自愿的，有几个人想都没想就在自己名字上画了三角：你们就算是说出大天来，性命还是我自己的，不去！

轮到青木，他觉得画三角的都是老鼠胆，太不给航校争气了，与其这样，还不如参加敢死队，像宣传中所说的那样，撞沉一艘美舰，也算是英雄一场了。

画完圈圈，青木以特攻队员的身份前去接受训练。所谓的特攻训练非常简单，先是进行距离水面九米的低空飞行，爬高后即向一个控制塔开火。

都是一去不复返的人机，大本营既无条件也无必要在这方面花费成本，短平快地让你们适应一下，差不多就得了。

几个星期的训练很快就过去了。所有参与训练的教练机都被改装成特攻机，机身内安装了副油箱，机翼两侧则各安一发250千克的炸弹。这时青木才真正感受到自己画的那个圈圈的分量。

★拼死出击

5月25日，青木所在的飞行队被调至九州岛上的出击基地。随着死神的一步步逼近，他整个人如同被火烧油煎一般。

其他人也是如此，先一批的六名特攻队员奉令参与“菊水七号”作战，但他们在飞走后又驾机飞了回来。看到同伴的窝囊样，青木觉得心里舒服了许多，甚至还产生了一丝优越感。

5月26日，青木将要参与的“菊水八号”作战进入倒计时，他刚刚产生的那点儿优越感顿时荡然无存。中午，美军对出击基地进行了轰炸，但是青木却躺在草地上石头似的一动不动，他的想法是反正都是死，被炸死了跟自我毁灭又有多大区别?

如果不知不觉中真让一发炸弹给报销了倒也好了，最难受的就是像现在这样，一步一挨地朝埋葬自己的土坑走去。青木在路边看到了一只苍蝇，他停住脚步，突然大声喊道：“多幸运呀，你还能活着！”

5月27日，出击的最后时刻到来了。青木似乎已经想通了一切，他的情绪突然又变得亢奋起来，他分别给家人写了明信片，作为最后遗言，誓言：“我神土绝不会毁灭。”

晚餐时，好多特攻队员只是轻轻呷了一口断头酒，青木却毫不犹豫地举起杯子干了个底朝天。不一会儿，他的脸色就变得通红，一位大佐问他：“你是不是觉得不舒服？如果你觉得不舒服可以留下来，下一批再去。”

青木回答：“不，没有问题！”

用完晚餐后，特攻队员们即乘着卡车来到机场。他们不像有些美军想象的那样穿长袍戴头巾，他们身上穿的都是画有“膏药旗”的救生衣，也就是说必要时候同样能选择逃生。

即将执行“神风”特攻任务的飞行员，表情神态非常复杂

照例，特攻队出发前都要举行告别仪式。举行仪式时，青木听到一群参谋在交头接耳，在说话在发笑，他对此愤懑不已，感到他们的牺牲完全没有得到任何尊重。但是接下来主任教官的一席话令他不禁动容：“今天晚上是满月，它会照料你们的，所以你们并不孤单。我日后再去与你们团聚，请你们等待我。”

以主任教官平时表现出来的品德，青木相信对方一定能说到做到，包括他在内的所有参战队员都因此流下了眼泪，觉得自己的拼死出击已经有价值并获得了认可。

青木乘坐的是一架双座机，他是指挥官兼领航员，另外还有一名更年轻的驾驶员横山。青木的职责之一就是要监督横山，以免他在半途中扛不住，掉转机头又飞回基地。

按照计划，“菊水八号”将在午夜12点开始，青木让横山降低高度，以便与其他特攻机一道发动攻击。这时相隔尚有一英里的美军舰队已开始发飙，高射炮火的闪光令青木的眼睛都无法睁开。

除了越打越准的高射炮外，他们的飞机还差点儿被一架“地狱猫”给逮住。特攻机上连支手枪都没有，碰上战斗机就是作死的节奏，青木和横山立刻被唬走了三魂，吓掉了七魄。幸运的是，“地狱猫”并没注意到这只“小龙虾”，当青木打开玻璃舱盖，站起来四下张望时，发现“地狱猫”已经飞走了。

继续往冲绳飞，他们终于发现了一艘美军驱逐舰，青木喊道：“俯冲！”

由老掉牙的教练机改装成的特攻机机身笨重，速度奇慢，一个俯冲之后，并没有撞上驱逐舰，而是“扑通”一声钻到海里去了。

青木和横山从水里爬出来，眼睁睁地看着飞机机头朝下地沉入了海底。他们给自己的救生衣充了气，准备向冲绳岛上游去，但是一艘军舰驶到了他们身旁——那是一艘驱逐舰，美军的。

一个用于救人的钩子搭住了横山的裤子，青山命令他：“把钩子踢开！”

横山使尽力气也没法把钩子踢掉，最后像条鱼一样被拖上了驱逐舰。在他后面，青木紧抓着他的胳膊，也沿着船侧的软梯爬了上去。

“你在往上爬？”横山回头一看，难以置信地叫了起来。

★打错了算盘

在“菊水七号”和“菊水八号”中，日军共出动飞机737架。正如青木、横山遭遇的那样，为了增加特攻机的数量，在这两次特攻作战中，教练机也被改装成了特攻机，使得特攻机达到208架。尽管相当数量的特攻机都不可能撞中目标，但它给美军舰队造成的骚扰完全可以想象。

第58特混舰队的舰载机飞行员不得不每天出击，有时一天就要起飞好几次，这样连轴转的日子一过就是两个多月。为飞行员服务的机械师和维修队每天都要值班到深夜，等待对飞机进行检修和保养。

舰队的水兵也同样处于24小时待命状态。特别是驱逐舰，它们必须轮流进行雷达警戒，水兵在六天中有三天完全不能休息，只能抽空在甲板或自己房间的地板上打个盹，吃饭也只能趁战斗间隙狼吞虎咽地嚼上几口干粮。

士兵累了困了，至多发几句牢骚，骂几句娘，若是指挥层都打熬不住，就会对整个战局产生直接的不良影响。冲绳战役已进行80多天，斯普鲁恩斯的班子一直处于高度紧张状态，身心受到的压力简直要把他们给压垮了。为了保证战役指挥，尼米兹果断采取了一项前所未有的举措：在战役进行当中更换指挥官！

5月28日，哈尔西接替斯普鲁恩斯，米彻尔和特纳也分别被其他高级将领替换，第五舰队和第58特混编队同时被改称第三舰队、第38特混编队。

海上的真空袭和陆上的假进攻，果然在一定程度上迷惑了美军。侦察机虽然观察到日军在向南移动，但并不认为是在组织撤退。这时首里一带正好在下大雨，坦克陷在泥潭里动弹不得，前线的掩体也像漏了底的船一样，必须不断往外舀水才行，第十军团情报部门由此得出结论：日军在利用恶劣天气做掩护，用预备队来替换前线部队，“现在看来，日本人认为坚守首里是最妥善的办法”。

巴克纳和陆军的战术是逐渐包围首里，但海军陆战队不愿如此拖拖拉拉。5月29日，陆战一师向首里高地发动进攻，发现日军防线十分薄弱。第十军团情报部门据此才做出新的判断：“首里阵线的守军只是一个空架子，军队的大部分已撤至别处。”

5月31日，陆战队和陆军击溃日军的殿后部队，从两个方向开进了首里。首里是古代冲绳国的都城，此时这座城池已成一片瓦砾，大块大块的城墙像被推倒的积木一样东倒西歪，只有两个被炮火打坏的铜钟还能勉强被辨认出来。

占领首里让巴克纳欣喜若狂，认定：“将首里防线后撤，牛岛可打错了算盘。”

为什么打错了算盘，巴克纳告诉身边的幕僚：“日本人没有办法再筑起另一条防线了。现在除了对付零星抵抗外，大功已经告成。”

陆战一师一营营长罗斯中校冒着可能受到日军狙击的危险，勇敢地在首里城的城墙上升起了旗帜

巴克纳的话可以说对，也可以说不对。对是因为一般而言，弱势一方在这种临阵大撤退中往往会付出极大代价。第32军的撤退行动基本算是成功的，但在美军的猛攻和追击下，有足足2万名日军被消灭，要知道，在那次失败的攻势中，日军也才损失了7000人。在剩下的3万日本兵中，训练有素的精兵仅占20%。

另一方面，倾盆大雨在给美军追击造成困难的同时，也同样阻碍了日军对武器的搬运。第32军在撤退过程中损失了大量武器，只有五分之一的机枪和十分之一的重型武器随部队运至喜屋武半岛。

为了解决第32军武器短缺的问题，附近尚未遭到攻击的日军守备部队用小船运来弹药，但刚刚接近喜屋武就被美军击沉了。大本营冒险用飞机空投，投下的不过是些手雷、掷弹筒等小零碎，对第32军而言，不过是杯水车薪。

巴克纳说得不对的地方，是牛岛又在喜屋武半岛依托可供防御的山峰建立起了新防线。与之前的前田高地相比，这道新防线更高，山势也更险，像一堵大墙拦住了美军的去路。

6月9日，在经过一阵炮击和轰炸后，美军踩过齐脚踝深的泥泞道路，向喜屋武防线东部的八重濑岳发起全线进攻。

美国人给八重濑岳起了个名字，叫它“大苹果”。八原用于防守“大苹果”的是第44旅团的两个联队，其中的第六特设联队是新组建的部队，全部由后方勤杂人员组成，从来没有打过仗，能对付着用，完全是秃子当和尚——将就材料罢了，因此很快就被美军给赶出了阵地。

情急之下，八原急忙将预备队派上来补漏。这支预备队是八原从第五炮兵部队、信号部队以及工兵部队中抽人手组建的，一样属于烂到掉牙的杂牌军，不仅没有经过训练，而且装备也非常拙劣。说是拿去补漏，结局却是被美军放进水晶茶碗，一口就吞到肚子里去了。

6月12日，美军攻克八重濑岳，防线西部的第24师团侧翼被暴露，第24师团长雨宫巽中将向第32军军部告急，要求赶紧组织力量重新夺回八重濑岳。

力量，力量在哪里呢？八原手上还控制着仅有的两个独立大队，不过那也是第32军最后的预备队了。

只有吃老本吃到死了。八原把牙一咬，脚一跺，干脆全派上去吧。

★难解难分

在编制上，八原派出的两个大队均隶属于第62师团。第13大队接到命令先上，但一上来就气了个半死：美军占据着山头，他们得仰着头攻，几乎没有什么

陆战队士兵穿过一座已被战火破坏的村庄，路旁有阵亡日本兵的尸体。置身于这种狼藉一片的环境，显然谁的心情都不可能好得起来

地形可作为掩护，完全暴露在美军的火力之下。头天战斗，第13大队便损失了一半人马。

第13大队好歹上来了，第15大队却还不知踪影。打人就要先下手，八原急得没法，他不惜打破正常指挥程序，绕过第62师团，直接向第15大队队长发去命令，要求对方立即发起进攻。

不是第15大队不想攻，是他们没那个能力。在预备向八重濑岳开拔的时候，美军坦克横在了前面。

第15大队没有反坦克武器，步兵跟坦克斗，犹如堂吉诃德在跟风车打仗，根本就无门径可入。大队长受伤后，坐在担架上指挥作战，可依然拿面前这些砍不开、扯不烂的钢铁战车毫无办法。

6月15日，美军在巩固了八重濑岳阵地后，又攻破了第44旅团的两翼防线。八原再无预备队可用，被迫拆东墙补西墙，将第62师团残部补充给第44旅团，第62师团长藤冈武雄中将也随之接过了第44旅团的指挥权。

第62师团的实力只剩下以前的60%，而且就这60%也不是开战时的那些人了，所以即便两支部队并为一支，还是挡不住美军的强大攻势，到6月18日，第62师团、第44旅团都被逼退至海边。

美军攻击西部防线的时间比东部要晚一些。原因是位于小禄半岛的日本海军分遣队对其侧翼具有一定威胁，若不事先铲除，往前攻时就有腹背受敌之忧。

这支分遣队原来就驻扎在小禄半岛，任务是保护海军港口以及航空站。8000多人的海军，加上1000多名冲绳国民自卫军，有接近10000人，但他们中大多数是信号兵、鱼雷保养兵、海军仓库兵和自卫队员，只有几百人受过地面战训练，装备也非常有限。

按照牛岛发出的撤退命令，分遣队应该在自行摧毁所有重武器后，向南撤退到喜屋武半岛，与陆军会合。结果分遣队司令官太田实少将错误地理解了命令，提前五天便开始了南撤。

撤到喜屋武半岛后，他们发现新阵地用起来不爽，于是又匆匆忙忙地回到了熟悉的小禄半岛。

美军用来对付这支鸡贼部队的是陆战六师，战斗用了一个星期才基本结束。在向第32军军部拍发最后一封电报后，太田实选择了自杀，但他的部队共有159人投降，是冲绳战役以来日军投降人数最多的一次。

一占领小禄半岛，在步96师的协同配合下，陆战一师即朝着日军的西部防线联手展开进攻。

美军在进攻东部防线时，日军防线出现了整体溃败的情况，伤亡数字飙升，每天被歼灭数量达到了3000人。多数日军退缩到岩洞之中仅仅是为了保命，而不再是以掩体为堡垒对美军实施积极杀伤。

巴克纳认为自己的反洞穴战术成功了，由喷火坦克和火焰喷射器组成的攻击火力，足以粉碎日军的地下坑道。

其实，他的这种战术并不是特别新鲜，火焰喷射器早就是攻克岩洞和地下掩体的必备利器，喷火坦克在硫黄岛战役中也露过脸了。美军之所以攻得如此轻松，关键还是东部防线上的日军缺乏训练和武器，根本就不是美军的对手。

西部防线就不同了。驻防此处的第24师团集中了第32军所余精兵，他们凭借地形的掩护和精心构筑的防御工事，可以做到一人拼命，万夫莫当，而陆战一师也不是好惹的，双方杀得难解难分。

6月12日，就在东部陆军攻克八重濑岳的同一天，陆战七团的两个连使出海军陆战队的拿手绝活，以黑夜为掩护发动奇袭，占领了山岭顶峰。

撤至喜屋武半岛后，第五炮兵部队的实力还算保存得相对完整，占总数一半的大型野战炮都能作战，其中包括16门150毫米榴弹炮。天亮后，这些集中在北面山坡的火炮切断了这支陆战队与其他部队的联系。陆战队既不能进又不能退，只好就地掘壕防守。

在被死死钉住的那几天里，坦克扮演了陆战队救星的角色。北面山坡是陆战队获得援兵和弹药，运走伤员的必经之路，而除了坦克，任何部队都无法通过日军的炮火封锁线。

日军的火力实在过于猛烈和密集，在山顶的美军甚至都不敢直起身子，撤运伤员时都不得不把伤员放在雨布上，然后拖到坦克旁边，通过坦克下部的逃生舱送到坦克里。可以想见，倘若没有坦克的支援，遭到孤立的这两个陆战连铁定是完了。

被日军反坦克炮阻击的M4坦克。M4的车身外形较高，不易躲藏，在距离较近的情况下，反坦克炮可对它构成较大威胁

当然那些每天来往于山上的美军坦克也付出了不菲的代价。在日军反坦克炮的袭击下，前后共有21辆坦克被摧毁。

6月15日，陆战一师又实施了一次奇袭，各路人马合兵一处，突破了第89联队的防线。

仅隔两天，从小禄半岛开来的陆战六师快马赶到，挥手一记追魂剑，不仅劈开了第22联队的防线，还几乎将该联队全部包了饺子。

只有位于中部的第32联队的防线尚保持完整，也因此成为美军重点攻击的目标。黄昏，在奇袭方面已经玩得如鱼得水的陆战队一个迂回，再次从背后向第32联队投去一杆标枪，从而把西防线的日军也挤压到了极限。

★铁的准则

第24师团所余部队大多训练有素，且配备的武器弹药也较为充足，这使得陆战一师一侧的战斗始终进行得异常激烈，以至很多陆战队员都想起了贝里琉岛上那座曾被鲜血染红的“血鼻岭”。

由于伤亡较大，很多战斗补充兵都参加到一线作战中来。在冲绳战役初期，陆战一师也有一些补充兵，他们在参战前已在后方接受过一段时间的陆战队训练，所以战斗素质较好，也比较容易融入陆战队的氛围，而现在这些补充兵是直接从美国运来的，除了必要的新兵训练外，有关陆战队的训练只有短短几个星期，用陆战一师的标准来衡量，还远远不够格。

新兵怕炮，当新兵们第一次暴露在如此猛烈的炮火之下时，他们变得不知所措，作战效率也非常低下，老兵们看得直摇头。

接着，当需要将伤员从炮火下抬走时，一些新兵又表现得缩手缩脚，不敢或不愿意冒险前去抢救受伤的队友，他们“就像迷糊的小白脸似的把一切都弄糟了”。不放弃任何一个队友，向来都是海军陆战队里铁的准则，是谁也不能打破和轻视的，老兵们被激怒了，终于板起了脸：“你们到底去不去抬伤员，不去，就先开枪突突了你们！”

陆战队员正在救治自己的同伴。“不抛弃任何一个战友”，实际上也是卡尔逊“工合”精神的体现，即“人人为我，我为人人”

看着老兵们圆睁的怒目，新兵怯了，相比日军的炮火，他们显然更害怕这些桀骜不驯，任何时候都敢作敢为的老兵。

新手们不得不壮着胆子加入了抢救行动。其实他们并不是不勇敢，只是因为之前训练强度不够，短时间内难以适应周围这种极度恐怖和暴力的氛围。

不适应，就得强制适应，否则你永远成不了一个真正的陆战队员！

冲绳战役开始后的一段时间，因为战况顺利到超乎想象，担任浮动预备队的陆战二师曾被大家认为不再需要，尚未登岸就被送到了塞班岛，但实际上该师的陆战八团仍留在海面上待命。6月17日，陆战八团从喜屋武半岛附近登陆，正式投入冲绳战场。

陆战八团也是一支久经战阵的陆战老兵团。士兵们的技战术动作十分娴熟麻利，有的机枪手在自己重机枪的冷水套筒上刷了“日本佬复仇女神”的字样，还有的迫击炮手放弃普通的弹药袋，换上了一种特殊的军用背包，因为这种背包可以装更多的炮弹。陆战八团登岸之后进展极快，“走得就像蝙蝠离开地狱一样”，他们的及时加盟，对已经精疲力竭的陆战一师而言，不啻于添上了一台力道十足的发动机。

第32军没有援兵，连勉强凑出的预备队也打光了，下半世的光景已渐露端倪。即便最能支撑的第24师团也出现了严重缺员，只能利用战斗间隙将勤杂人员补充进去，但这些勤杂人员的武器都是空手两拳头，上面说要打，他们除了眼观鼻、鼻观心地答应一声外，什么都做不了。

这就叫大势既定。巴克纳用降落伞向牛岛送去了劝降书，他先肯定“阁下的部队作战英勇顽强，你的地面战术赢得了你对手的尊敬”，接着劝告对方：“你与我一样，也是个陆军将领，长期研究和运用步兵战术，相信你与我同样清楚，彻底摧毁本岛日军的抵抗，只不过是时间问题了……”

巴克纳建议牛岛“体面地投降”，但牛岛只是报之以微微一笑，接着便趴在行军床上埋头写他的励志诗。长勇缺乏牛岛的这份涵养，他一会儿大哭，一会儿又像一头被关在笼子里的野兽一样，握着战刀在洞里焦躁不安地走来走去。

前线日军的炮火大部分都已经哑了，美军甚至认为第32军已没有大炮，或者是炮弹打光了，因此当巴克纳提出要亲临前线督战时，没有人觉得此举有太大的危险。6月18日，巴克纳登上陆战八团团部附近的一座小山，观察部队推进情况。在此之前的几小时内，这座小山未遭到过一次炮击，但巴克纳一上山，日军炮弹就打过来了，更加不可思议的是，第一发炮弹便击中巴克纳身旁的岩石，锋利的岩石碎片扎进了他的胸膛。

几分钟后巴克纳因伤势过重而停止呼吸，连抬下来进行抢救都来不及。在太平洋战争中阵亡的美军将领里，巴克纳的军衔和职务是最高的，他也是美国自南北战争以来，第一个战死疆场的陆军中将。

有人说，战争之神是嗜血的，它不会为那些过分怜惜士兵的将领安排好的下场。巴克纳一直笃信谨小慎微的“陆军式”指挥风格，以致宁愿拉长战役的时间，都不肯采取任何在他看来过于冒险的战术，可当胜利的曙光好不容易到来，逐步推进的战术即将取得成功时，他却意外地倒下了，让人不得不感叹天命之难违。

★你最好趴下

第三两栖军军长盖格代理了巴克纳的职务，成为指挥最多陆军部队的海军陆战队指挥官。当然这时候谁指挥其实都一样，战斗已到了收尾阶段，日军接近弹尽粮绝，以第24师团为例，每个大队都只剩下80支步枪、5挺机枪和5个掷弹筒，这在以前连一个中队的武器配置标准都达不到。

各部队之间的通信联系也逐渐断绝。许多部队完全丧失了军纪，士兵们拒绝服从军官的指挥，他们开始抢夺食物和水，并对当地居民展开野蛮的大屠杀。

6月18日晚上，第32军军部举行了一次宴会。这也是第32军最后一次集体晚餐，与发动攻势前的那次宴会相比，不仅参与者的心情都苦涩无比，餐桌上的食品品种也减少很多——牛岛的威士忌在多次撤退中已丢失殆尽，只能拿日本土产的米酒来充数了。

但牛岛仍然不想和“投降”二字有任何瓜葛。他在山洞里给全军下达了最后一道命令，规定前线指挥官一旦阵亡，其他军官可以不等上级命令就接过指挥权。当部队实在无法再组织抵抗时，也要“坚持到最后有秩序地死”，指挥人员从旅团级开始，直到师团级、军部，挨个剖腹自杀。

按照牛岛的指示，一些官兵将潜入北部山区开展游击战。入夜之后，这些人换上老百姓的衣服，三个或两个一组，仅携带手雷及轻武器就上了路。

此时随着包围圈的逐步缩小，美军已习惯对方的小规模渗透，一般夜间都会发射照明弹。照明弹将整个前线区域照得通明，趁夜突围的日军被发现后大部分倒毙在了行军途中。

6月19日，盖格乘胜追击，指挥海军陆战队和陆军兵分两路，像两把铁钳一样继续朝退守的日军包夹过去。

当陆战五团三营K连行进在泥泞的山路上时，他们看到了遭坦克碾轧后深陷在泥里的日军死尸，看上去就像被压扁的昆虫一样，情景既奇异又瘆人。

如果你认为从此可以一路坦途，那就错了。很快前面便传来“嘘……砰”的响声，有人喊道：“散开！”大家立刻像鹌鹑似的分散开来，包括“大锤”斯莱奇在内的十几个人躲进了浅水沟里。

日军的反坦克炮弹飞了过来，第一发越过一辆装甲车的车顶，在远处田野里爆炸，第二发炮弹击中了这辆装甲车的左侧，装甲车摇晃着停下来，开始冒烟。驾驶员试图发动引擎，但是紧接着又有两发炮弹击中了它的侧面。

千招万招，走为上招，再不走就晚了。驾驶室里的两名陆战队员赶紧钻出来，一阵飞跑后，跳进了斯莱奇他们藏身的那条水沟。

斯莱奇好奇装甲车里装的是什么，一问，才知道全是供给步兵连的弹药，炮弹、手雷、迫击炮弹什么的，这要燃火爆炸，车里和附近的人全得玩儿完，难怪这俩小子跑得如此气喘吁吁。

众人的小心脏全像鹿儿一般突突乱跳，只有一个人不但没有丝毫慌乱，居然还从沟里站了起来。

这是哪位大神？斯莱奇惊讶地抬头望去，发现此人身穿一件干净的粗布衣服，拿一台手提摄影机，原来是个战地摄影记者。他站起来是为了拍摄装甲车燃起的浓浓黑烟。

斯莱奇好心地提醒他：“嘿，兄弟，你最好趴下！那玩意儿随时可能炸得齐天高，它装的是弹药！”

记者转身朝斯莱奇望了一眼，眼神里全是不屑。显然斯莱奇等人趴在地上的动作很让他瞧不起。

一群胆小鬼，看哥的！记者端起摄影机，继续拍摄。

这时，装甲车的方向突然响起一阵剧烈的爆炸，装甲车飞上了天。巨大的冲

无数次与死神打交道的经历，才能真正锤炼出一个在战场上看得穿、把得定的老兵

击波将记者掀翻在地。尽管他并没有受伤，但看得出来，这位“勇士”浑身颤抖，非常害怕。

在老兵眼里，记者和过去那些“纪念品猎手”都一样，整天在云端里过日子，平时习惯于喝喝热咖啡，看看报纸，出现如此反差再正常不过。斯莱奇乐得鼻子上都是笑，他靠近记者，再一次提示：“我告诉过你的。”

记者已经被吓出了一身鸡皮疙瘩，随后便沿着水沟爬到后方去了，用斯莱奇的话来说，是“责任在召唤他往后方去”。

在将装甲车炸爆后，日军的火炮便将炮口对准了陆战队的坦克，但是M4“谢尔曼”可没这么好说话，几分钟之内，它们便让对方闭住了嘴。

★于事无补

斯莱奇的经历还不算太凶险。在双方近战的第一线，日本兵腰缠手雷，一窝蜂地从岩洞里冲出来，扑到美军坦克底下炸坦克。为了阻止这种不要命的“肉弹攻击”，步兵们被迫端起原本用来清剿山洞的火焰喷射器，直接把火往扑上来的日本兵身上喷。

当天的战斗异常激烈，达到了整个战役的顶峰。继巴克纳后，美军又一名将星殒落——步96师副师长伊斯利准将阵亡。

到这一天为止，日军在两处孤立据点尚能维持有组织的抵抗，一处在摩文仁村附近，第62师团、44旅团残部以及第32军军部都被驱赶到了那里，还有一处在真荣平村附近，负隅顽抗的是第24师团残部。

中午时分，美军坦克已接近摩文仁，牛岛所在岩洞的出口处不停落入坦克炮弹，听得让人头皮直发麻。就在这时候，长勇突然走到牛岛跟前对他说："非常感谢你。"

见牛岛有些莫名其妙，长勇解释说："发动攻势前，我本以为你不会听我的意见，而你却听了。"

这真是哪壶不开提哪壶。牛岛只好回答道："我想那样做会容易些，我向来都主张让部下自己做决定。"

长勇喘了口粗气："我曾经想过，如果你不批准我的计划我就切腹，但你却依了我，而且还是笑着答应的，没让我费什么事……"

说出这番话时，两人都如泥塑一般静在了那里。良久，长勇才揭示了旧事重提的理由："因为这件事，我想在今生你我分手之前，感谢你一番。"

后悔也好，矫情也罢，反正都已于事无补。当晚第五炮兵司令部人员全部自杀，牛岛则向大本营拍发了一份诀别电，里面抄录了他写的诗句："弹尽弓矢绝，鲜血天地涂。魂其归来兮，守卫皇国土。"

无论哪一处据点都快顶不住了。6月20日，美军收拢铁钳，在第32军军部的岩洞，不仅可以听到坦克炮的声音，连美军轻武器的射击声也能清晰入耳。

美军通过坦克和游弋于海岸边的舰艇，不停地向岛上日军播放劝降书。与塞班岛和关岛的劝降效果不同，天快黑时，有4000多冲绳平民和800名日军官兵主动向美军投降。

两名日军官兵举着双手朝K连走来，在他们后面，一名日军狙击手正朝这两个“变节者”开枪，子弹掀起了路上的尘土，美军士兵大喊：“到这儿来躲着，你们这些浑蛋！”

投降的日本兵安静地走了过来，然后服从美军命令，让坐着就坐着，让蹲着就蹲着。

对打黑枪的日军狙击手和其他死硬分子，除了一个个干掉，并没有更好的办法。K连曾用日语向躲在一座灵堂里的日军喊话，让他们投降，但是无济于事，最后只好用机关枪整弹匣整弹匣地往里打，出来多少打死多少，直至全部消灭。

K连所在的五团三营是最早到达冲绳岛南部尽头的美军部队之一。当天晚上，他们在俯瞰大海的高地上构筑了防线。

这并不是可以用来睡安稳觉的夜晚。日军在四处进行偷袭，斯莱奇将他的迫击炮摆在靠近一条珊瑚路的岩洞里，以便可以发射照明弹或高爆炸弹。

陆战队员能清晰地听到有人从珊瑚路上走过，珊瑚被平头钉鞋踩得咯吱作响。有的新兵没有经验，还扣动扳机询问口令，结果惹得老兵们都笑起来——这个时候穿着平头钉鞋在黑漆漆的路上穿行的，除了出来偷袭的日本兵，还会有谁？

日本兵一边跑一边射击，子弹从斯莱奇的身边穿过，打到了邻近掩体边上。那个掩体里有一只火焰喷射器的氢气瓶，钢瓶被打穿后发出了尖利的嘶嘶声。

斯莱奇有些紧张地问火焰喷射手：“你这玩意儿会不会炸？”

对方若无其事地回答：“不，氢气瓶不会燃烧。”

射击战进行了一夜，前来偷袭的日本兵不是被打死，就是逃回了洞里，但在天亮前，两名日军军官爬上一座陡坡，往K连的一处炮兵阵地扔去几颗手雷，挥舞着军刀跳了进去。

见军刀砍了过来，一名陆战队员来不及射击，急忙用手中的卡宾枪进行遮挡。军刀切断了他的一截手指，卡宾枪的红木把也被切开，刀口一直切到了金属管处。

其他陆战队员立即端起卡宾枪射击。卡宾枪是一种用以替代M1式加兰德的半自动步枪，它由15发弹匣供弹，枪托上还可附加携带两个备用弹匣。因为具有弹容量更大和射击更为精准的优点，使得卡宾枪到太平洋战争后期已完全取代加兰德，成为美国海军陆战队的主要制式武器。

在卡宾枪的扫射下，两名日军军官都被打成了肉酱。当斯莱奇闻讯也提着枪赶过来时，他看到其中一名军官的半个脑袋都被打没了，只剩下一堆成为碎末的颅骨、脑髓和血浆。

★他们用不着跟死人打仗

6月21日，牛岛、长勇确定要发动一次夜袭。与以往不同，这次夜袭的主要目的不是要夺回什么阵地，而是要利用这段时间进行自杀。

在军部人员的自杀名单中，参谋们并不被包括在内。长勇虽然与八原不和，但他对参谋的作用却认识很深，他认为，自杀已经使得日本陆军在太平洋战场上损失了大量的参谋军官，第32军绝不能再持续这样一个完全没有必要的做法。他允许军部的所有参谋活下来，并特别指派八原、长野英夫等人将冲绳作战的情况向大本营进行汇报。

八原请求牛岛允许他自杀，但被牛岛拒绝了："你要是一死，就没有人知道冲绳战役的真相了。你要暂时忍辱负重，这是你的司令给你的命令。"

单纯从军事角度而言，第32军在冲绳战役中的表现是很出色的，正如长勇在他的诀别信中所言："我军运用了一切能用的战略和战术。"之所以最后还是不免失败，原因还是“在物质上占优势的敌人面前，这些都没有多大效果”。

既然自认为已经尽到了职责，在即将自杀前，牛岛和长勇“并不遗憾、惊慌，不觉得可耻或内疚”。

6月22日，牛岛、长勇走出岩洞，在可以俯看大海的悬崖平台上先后切腹自杀。在切开自己的腹部之前，牛岛忽然说了一句：“冲绳人一定会恨我的。”

他的这句话不是没有来由。冲绳受中国文化的影响远多于日本，这也使得冲绳与日本在情感方面比较疏远，到了冲绳战役的最后阶段，日军便把一腔邪火都发泄在了冲绳老百姓身上，他们的屠杀造成了岛上大量平民的死亡。直到今天，冲绳居民与日本人之间还存在着一道难以填平的鸿沟。

在岛上，第32军的所有下属部队都已损失殆尽，剩下的人不是自杀，就是在进行“渗透”，也就是找空隙逃命。在海上，从6月3日到6月22日，日军又发动了“菊水九号”“菊水十号”作战，但能够出动的飞机和飞行员都越来越少，攻击效果也在不断递减，“菊水作战”只能宣告结束。

当天，第十军团在嘉手纳机场举行升旗仪式，宣布美军拿下了冲绳岛。

每个美军士兵都收到了尼米兹发放的慰劳品：两个新鲜的橘子。斯莱奇一边吃着橘子，一边望着蔚蓝色的大海，他不敢相信在冲绳岛的苦难已经走到尽头，按照他的直觉，这种战役是不会这么容易就落幕的。

果然，陆战队接到命令：“回到北部进行扫荡，在那个地区把负隅顽抗的日本佬全部扫清！”

拖着疲惫的身躯前去扫荡本非所愿，更让人郁闷的是，他们还得负责打扫战场，掩埋日军的尸体。许多人抱怨起来：“上帝，为什么在我们杀死他们后，还要把这些发臭的浑蛋埋掉？让那些该死的后方部队去闻闻他们的香气吧，他们用不着跟死人打仗。”

一群日军俘虏正等待美军进行审讯。战前日本政府对冲绳籍日本兵和冲绳平民进行宣传，说他们一旦被美军俘虏，将遭到酷刑和杀害。在谎言被揭穿，发现可以得到“美国人比较人道的对待”后，冲绳居民大多选择了投降美军

7月2日，尼米兹正式宣布冲绳战役结束。从收尾到扫荡阶段，都有相当多的日军放下武器投降，这在以前是罕见的——就在6月15日前，战役持续了两个半月，但美军总共只俘虏到322名日军，而从6月15日到6月30日，仅陆战队就收容了日军投降人员4029人，这里面不仅有个人或小组投降，还有成建制的部队在军官带领下投降。前后加起来，投降日军总数达到7400人，是太平洋战争以来日军的首次大规模投降。实际上，他们大多是被强征入伍的冲绳本地人，并不情愿给来自日本本土的“日本佬”卖命。

在这场战役中，美军总共有7613人阵亡或失踪，3万余人受伤，而非战斗减员超过了2万人，比之前太平洋战场上的任何一次战役都要多。丘吉尔认为，冲绳战役完全有资格以史诗般的战斗，被列入世界上最激烈、最著名的战例之中而流传后世，但美军在战役中所付出的惨重伤亡，无疑让珍惜国人生命的美国人不敢再直面“史诗”，他们甚至没有举办任何与此有关的大规模庆祝活动。

战争是残酷的，其间充斥着暴力、鲜血和痛苦。当年和斯莱奇一起登上贝里琉岛的K连老兵只剩下26人，大约只有10人还没有受过伤。以斯莱奇亲眼所见，到真的兵刃相向，美日两军没有一个人会做到仁慈，以平常的标准来看，都称得上是残暴和野蛮的原始人。

那么多人死了，那么多人残了，那么多美好未来化为过往烟云，这一切都是为了什么？

斯莱奇给出了属于他个人的答案："如果生活在这个国家很美好，那么为其战斗也是美好的！"

第十章 我们赌赢了

早在太平洋战争爆发前，有日本外交家就认为，日本要想战胜英美，唯一的前提条件是德军将英美军的大部分力量长期牵制在欧洲。还有人说，如果日本事先知道德军攻不下莫斯科，就可能会考虑停止袭击珍珠港。

现实情况是，德国的战局与日本的战局一样急转直下，欧洲战场上的英美军在缓过劲儿后，还被大批地调来远东进行增援。与此同时，苏联也以形势发生“根本变化”为由，向日本发出了不再延长中立条约的通知。

当年日本人都不打听一下是谁买的胡琴，就先拉起来再说，现在他们终于要为这个愚蠢的举动埋单了。裕仁天皇很沮丧地对首相铃木贯太郎说：“战况似乎比我想象的更坏。”

铃木何尝不知道战局糟糕，可也正因为越打越糟，军方要求继续作战的压力就变得比以前还要多还要大，他就算是做做样子，也得摘出点儿奋发有为的表情出来。

罗斯福逝世的当天，铃木内阁即进行全民总动员，规定15岁至55岁的男性和17岁至45岁的女性都要加入国民义勇队，以便为实施本土决战做好准备。

嘴里说着东边，心里认的却是西边，铃木暗中一直没有放弃“和谈”的努力，但他遇到了和前任小矶一样的难题，即在偷偷摸摸的情况下，如何才能寻找到一条通往“和谈”的合适渠道。

★烧到和炸到他们投降为止

公修公得，婆修婆得，不修不得。一场自己挑起的战争，差不多把日本的国际人缘都给耗尽了。好不容易，作为中立国的瑞典答应替日本向美国说说情，可是日本又嫌瑞典不够档次，把人家的好意给绕过了。最终，经过一番折腾，以日本海军武官藤村义郎中佐为首的密谋者才终于和艾伦·杜勒斯挂上了钩。

杜勒斯的正式身份为美国驻瑞士大使特别助理，但他实际上是美国头号间谍。杜勒斯供职的战略情报局（即中央情报局的前身），当时负责为美国总统提供战时情报，也就是说关系可以直接通到天。

1945年5月8日，在德国宣布战败投降的同一天，藤村用密电分别向海相米内和军令总长丰田发报，告诉他们，杜勒斯愿意充当调停人，而且美国国务院也已同意直接进行谈判。

一石击起千层浪，藤村的密电在海军内部引起了极大分歧。海军省主张抓住这一机遇，却遭到了丰田及其幕僚们的强烈反对。按照丰田的说法，自己开膛破肚打就的天下，绝没有让别人坐享太平的道理，美国如此爽快就答应谈判，其中一定还藏着不可告人的阴谋，不是想用来探测日本的战斗精神，就是要以此降低日军的士气。

藤村等了许多天，等到的指示是：“杜勒斯谈判极可能是美国的阴谋。”

藤村好不容易找到渠道，当然不舍得丢弃。他觉得上级的指示简直是在开玩笑——且不说没有任何证据可以证明谈判是“阴谋”，就算退一万步，真是美国人在耍什么手段，现在要想和人家讨价还价，还有比这个更好的办法吗？

这时，杜勒斯又提出了一个新的建议，日本政府可以派全权代表前来瑞士谈判，并表示美国将保证代表的安全。藤村认为机不可失，他将杜勒斯的新建议直接电告海相米内，在言辞中差一点儿连骂娘都用上了：做事要看风使舵，拜托先看看咱们现在处于何种境地吧，大哥！

米内被说得坐不住了。渠道虽是海军找到的，但谈判事宜还是应由外务省处理，因此米内把建议转给了外相东乡茂德。

东乡根本没有联系藤村，倒不是说建议不好，而是他对杜勒斯信不过，以为凭藤村这样一个小小的海军中佐，哪里会真的找到什么有价值的渠道？

藤村遭到冷落，时间一长，他和杜勒斯都失去了继续跟对方打交道的兴趣和热情。

就在日本举棋不定，如同小孩子放鞭炮，对“和谈”又爱又怕的时候，李梅的城市火攻战却正逐渐走向高峰。

占领硫黄岛，让李梅得到了一个可靠的应急备降机场。在硫黄岛战役结束后的三个月内，共有超过850架B-29轰炸机降落在硫黄岛，其中的多数如果不降落就可能失事。这些飞机的乘员总数接近3万人，而且都是受过专业训练的航空人才，他们差不多是海军陆战队战死于硫黄岛人数的两倍以上，充分说明李梅要求占领硫黄岛的建议确有先见之明。

随着美军战斗机大量进驻硫黄岛，其战斗半径得以覆盖日本本土，可以有效掩护轰炸机对日本本土的战略轰炸。这也使得对日轰炸愈加频繁和激烈，轰炸效果也提高了一倍以上。

无情的轰炸，将一座座日本城市推向了被从地球上除名的边缘：1945年4月13日，天皇的部分皇宫在空袭中被烧毁，明治神宫尽成废墟；5月26日，东京40平方千米的城区被烧得精光；5月29日，横滨几乎被焚毁一空。

截至6月15日，美军出动B-29达6990架次，对日本城市进行了17次大规模轰炸，总计投掷燃烧弹4.1万吨，对264平方千米区域进行了毁灭性的破坏。李梅的对日轰炸比在欧洲更为有效，他在日本所破坏的地域面积是德国的两倍——东京和大阪的毁坏面积加起来，就几乎等于德国所有城市的毁坏面积。

李梅轰炸日本城市计划的第一阶段至此结束。他的轰炸机部队只损失了136架B-29，战损率仅为2.1%，甚至低于在美国训练时的损失。

B-29轰炸机在投掷燃烧弹，飞机下方是一座码头

空袭期间，美军飞行员完全控制了日本上空，“蜜蜂”不停地在东京上空嗡嗡嗡地飞来飞去。日本的高射炮对B-29已经无能无力，干脆停止了射击，而日机早在“菊水特攻”中就消耗得差不多了，也没法出来保卫他们的领空。

阿诺德兴奋地告诉新任总统杜鲁门：“常规轰炸便可以轻而易举结束战争。”李梅也说：“我们可以一直烧到和炸到他们投降为止。”现在他唯一担心的问题只是：“到10月，就没有城市可以焚烧了。”

★不甘心

为了看一看日本是否可以继续把仗打下去，铃木内阁成立了一个特别调查局，秘密对日本的资源情况进行调查。

调查结果表明，局势比想象的还要严重得多。事实上，早在偷袭珍珠港之前，日本就出现了粮食短缺，太平洋战争打了没多久，普通日本居民已经连鱼都吃不起了。到李梅发起火攻战，日本简直被烧成了石器时代，曾经繁忙的社区和小工厂成了沙漠一样的空地，除了成堆的灰烬、钢铁残片、砖头、水泥石块外，什么也没有。

日本的稻米产量下降至1905年日俄战争以来的最低点。政府不得不制订了把橡子制作成食物的计划，要求全体国民特别是小学生和被疏散者完成收集橡子的规定任务。大部分居民都营养不良，他们没有盐或酱油，每人每天只能领到一点儿日本豆面酱。蔬菜是更加不用想，能吃到空地上的几片树叶就很幸运了。有一户人家回来后，发现家里已被小偷光顾，但是除了所剩无几的大米和调味品被拿走外，其他什么也没有丢——这个时候，再没有任何东西比大米值钱了。

受劳动力虚弱和原料不足的影响，与袭击珍珠港前比较，日本的工业产值下降了50%。调查报告预言，用不了几个星期，日本各城市之间就不会再有铁路交通，钢铁船舶的建造也会停止。

除成立特别调查局外，铃木还成立了“核心内阁”，由首相、外相以及军方的四个首脑组成，所以又被称为“六巨头”。调查报告出笼后，便被呈报给“六巨头”审阅。

这时日本高层的氛围已经发生了很大变化，大家终于可以开诚布公地在一起讨论“和谈”，而不用担心遭到攻击或被开除出内阁。

曾作为调停渠道的国家被重新提了出来，中国、瑞典、瑞士，甚至是小小的梵蒂冈，可是先不管还能不能请动它们的大驾，一个难以回避的事实是，以这些国家的面子和实力，日本如今能得到的价码都只能是向盟国无条件投降。

甘心吗？不甘心！就在德国投降时，东京大街小巷里的居民还笑话德国人，东京报纸更是大骂德国人不要脸，没有武士道精神。

日本非“懦弱”的德国可比，哥们儿现在什么都缺，唯独不缺武士道精神！有了武士道精神，我们就永远不会死亡，永远不会无条件投降！

这正是日本人深信不疑的那一套。空袭期间，他们曾在东京公园里展览了一架坠毁的B-29，紧挨着的还有一架撞到B-29上使其坠落的“零”式，以此证明，B-29再庞大也没用，日本以小博大，可以用精神来战胜物质。

一名美军飞行员战俘甚至被剥光衣服，关进东京动物园的猴笼里供人参观，以便让前来参观的市民看清楚，轰炸他们的B-29飞行员其实就是眼前这副德行，并且从中得出结论：“白人士兵也许块头是日本兵的两倍大，但是那算不了什么，因为他们的心胸非常狭隘。”

作为一个海岛小国，日本在历史上从来没有被外敌入侵过，自然而然地形成了属于他们的思维，而这种思维有时连驻日多年的欧美外交官都搞不懂：“不知他们是严肃还是全喝醉了，唯一确定的一点就是他们拒不承认战败的结局。”

日本百姓的懵懂和忍耐力也让西方为之咂舌：“民众没有明确的态度，他们对身体上遭受的痛苦逆来顺受，精神上对领袖充满信心。”

在否决中国和中立国的调停后，海相米内提议请苏联出面调停，他认为以苏联在二战中的力量和威望，应该能够保证日本体面地结束战争。

米内此议一出，立刻得到了陆相阿南惟几、参谋总长梅津美治郎的随声附和，但是外相东乡茂德表示反对。

东乡在日本政坛属于亲苏派，不过只是表面亲苏，实际上他一直认为“苏联不可信”，而且他知道当年2月上旬，美英苏已在雅尔塔召开了首脑会议，关于日本的问题必然已在这次会议上讨论过了，因此米内等人的想法非常不切实际。

东乡直言不讳地说：“现在要把苏联拉到我们一边来，很可能没有希望。从俄国过去的作为来看，我认为，要使它不参战恐怕都难办到。我看，最好还是与美国直接进行停火谈判。”

会议形成了僵局，军队方面已经明显地表明他们的态度，即谈判可以，但只可以通过苏联进行谈判，而东乡又认为苏联不可靠，请苏联人帮忙等于与虎谋皮。

这时候，首相铃木发话了。

★要割这么多的肉

铃木上台后，一直在玩“腹功”，实际上就是在军方容忍的范围内打“和谈”的擦边球。现在眼看军队首脑已经同意让苏联调停，那就是好事啊，你东乡难道天真到以为军人会愿意低下头来和自己的敌人谈判，接受那些屈辱的条件？

他立即插话：“斯大林有点儿像西乡，如果我们请他，相信他会代表日本做出一切努力的。”

铃木说的西乡是指日本近代史上的著名人物西乡隆盛。他曾是幕府将军帐下的武士，后来倒戈相向，协助讨幕军向幕府提出投降条件，使当时已被包围的东京城得以和平移交，史称“江户无血开城”。铃木的意思大概是说斯大林会像西乡一样，帮助日本脱离这场劫难，但斯大林既非日本人，跟西乡相比也没有任何相似之处，只能说老头子一着急，连逻辑都混乱了。

方案就这样初步定了下来。铃木让外务省去探一探苏联人的口风，他叮嘱东乡，一定要跟苏联讲清楚，若不是日本保持中立，苏联要想战胜德国绝对没有那么容易。再者，苏联若是能在这时候拉上日本一把，帮助日本在战败的情况下保持其国际地位，对苏联本身也是有利的，因为“在将来，美国可能变成苏联的敌人”。

铃木的预计是不差，可如果光靠这一套来忽悠人家，连他自己都知道不靠谱。毕竟日苏不是第一天打交道，苏联的脾性和胃口，可不是那些中介小国能比的。

铃木让东乡草拟了一份备忘录，在备忘录中他警告说，苏联提出的价码可能“比我们想象的高得多”，日本必须准备把中国的旅顺、大连、南满铁路以及千岛群岛北半部拿出来，作为交换条件。

一听要割这么多的肉，东乡预料“六巨头”里的几个军方首脑一定会把脑袋摇得像拨浪鼓，没想到这些人竟然一致同意，并指示东乡立即展开交涉。

东乡暗中派人与苏联驻日大使马立克进行了接触，马立克对这桩交易很感兴趣，说让他考虑几天后再答复。

其实，早在雅尔塔会议上，苏联已答应英美，会在德国投降后的两到三个月内参加对日作战，所得到的好处是将库页岛南半部以及千岛群岛据为己有。马立克说考虑考虑，不过是为宣战制造烟幕弹罢了。

让东乡措手不及的是，与马立克接触的第二天，军方就改变了态度。6月6日，“六巨头”再次开会，军队首脑提出一份文件，正式确认要把战争进行到底。

敢情是这帮人回过味来了，几块准备割给苏联人的地方，挑哪一块都让他们心疼到发抖。反正好也是个过，歹也是个过，不如破罐子破摔，继续打下去吧。

东乡痛苦地站起来表示抗议：“我看不出有什么理由要继续进行战争，如果负担极重的国民不愿意那又该怎么办？”

国民？国民算个屁啊！丰田听了一跃而起：“即使日本国民厌战，我们也要打到最后一兵一卒！”

阿南更是勃然大怒：“如果我们不能尽辅佐天皇之职，我们就应切腹，真诚谢罪！”

军人里面，米内算是唯一的温和派，但这时也只能保持沉默。在打到底的决议通过后，东乡失望地走到他面前：“今天我原指望得到你的支持，可我却什么也没有得到。”

6月8日，“六巨头”将决议呈交天皇裁决。天皇板着个脸，默默地听完了决议内容。在走出会议室后，他脸上不安的表情，连内大臣木户看到后都大吃一惊。

李梅发动的火攻战把皇宫都给烧了，天皇对于这份打到底的决议还能有多少信心呢?

如果说昭和时代的日本，有一个谁也不能反对的人，那就是天皇，即便是在打到底的决议已经被批准的前提下。6月22日，在木户的鼓动下，天皇将“六巨头”召集起来开了一个非正式会议，提出要采取“和平行动”，他当众问铃木：“什么时候把使者派到苏联去？有没有成功的可能？”

天皇说要派使者访苏，是因为东乡一直没有从马立克那里得到任何答复，就连用新约代替即将到期的中立条约的建议都被拒绝了。在此情况下，他决定以近卫为特使，携带他的亲笔信前往苏联。

苏联回复说，外交人民委员（即外交部长）莫洛托夫即将随斯大林去德国参加盟国会议，忙得很，没空接待!

★触目惊心的影像

斯大林和莫洛托夫参加的是波茨坦会议。会议期间，美英中三国联合发表了《波茨坦公告》，除要求日本军队立刻无条件投降外，还明确规定，日本领土必须恢复中日甲午战争以前的状态，台湾岛、澎湖列岛均归还中国，投降后的日本其主权仅限于本州、北海道、九州、四国及由盟国指定的岛屿。

此时距雅尔塔会议已过去了将近半年，在这期间，对日战争都是由美英中三国在操持着，没苏联什么事儿，而且到波茨坦会议的时候，天下大局已定，不需要苏军再搀和进来了，美国自然就对苏联表现出了不冷不热的态度，公告也是最后一个才拿给苏联人看。斯大林既惊讶又恼火，在他的授意下，莫洛托夫打电话给美国新任国务卿贝尔纳斯，要求推迟几天发表。

波茨坦会议。会上发布了《波茨坦公告》，促令日本投降，该公告由美国总统杜鲁门、英国首相丘吉尔、中国国民政府主席蒋介石（未实际与会，只是签名以示发表）联合发表。苏联领导人斯大林虽然参加了波茨坦会议，但当时苏联尚未对日本宣战，故没有代表苏联签字，在苏联对日宣战后，公告才添补了斯大林的名字

贝尔纳斯回答说，太晚了，公告已经发表，而且苏联人也没什么资格对此说三道四："我认为，在你的政府尚未与日本交战时，磋商这个文件是不合适的。"

7月27日晨，日本监听人员收听到了《波茨坦公告》。日本政府和军队内部立刻形成泾渭分明的两派。一派以东乡为代表，他们承认现实，认为穷遮不得，富瞒不得，既到了这种地步，不如索性坐下来与盟国直接进行谈判，通过谈判，或许还能得到一些让步。

另一派以军方为代表，说我们日本又不是磨坊里的驴，随便任人驱使，难道盟国让投降就投降，做梦！

军方一硬起来，骑墙的铃木赶快同意发表声明："日本国政府认为这个公告是荒谬的，不予考虑。"

见中英美已表明态度，日本便把希望放在了苏联一边。不是说莫洛托夫和

斯大林去开会了吗？那我们可以等你们回来啊，木户一个劲儿地催促驻苏大使佐藤："一日之差可能导致千年悔恨，请你即与莫洛托夫进行一次会谈。"

就在日本人一厢情愿地扒拉着算盘的时候，美国的第一颗原子弹已做好了运载的准备。

在决定使用原子弹之前，美国的军事领导人之间同样有过激烈争论。陆军航空兵总司令阿诺德认为，常规轰炸就能结束战争。

支持他这一论点的事实是，自6月以后，李梅就将空袭范围扩大至中小城市和交通线，而且李梅还实施了心理战，通过空投传单，事先告知日本平民将要轰炸的地点和时间，这更加剧了普通日本人的恐慌心理。截至8月初，共有850万城市居民逃往乡村，日本炼油能力下降80%，经济几近崩溃。

李梅甚至还说，如果在B-29炸毁日本所有城市之后，日本仍不愿投降，他还有别的进攻计划，比如将稻田洒上石油、落叶剂或生物制剂，让粮食绝产……

听起来都够狠够绝，可当时支持他们观点的人却并不多。硫黄岛和冲绳战役真把美国人给刺激得够呛，冲绳战役的战报一公布，就在舆论界掀起了一场轩然大波。

美国公众想来想去想不通，为什么在军力占绝对优势的情况下，还会有7000多子弟兵命丧黄泉，你们在战报上不是说投在那座海岛上的炮弹和炸弹不计其数吗，怎么还会残存那么多日本人？

一名美国记者愤然写道："为什么要掩盖冲绳岛上军事惨败的真相？冲绳之战完全是军事上无能的典型，比起珍珠港事件来有过之而无不及！"

美国在冲绳战役中是不是打了败仗？当然不是。尼米兹亲自动笔答复，说明曾亲自登上冲绳岛，与巴克纳一起商谈战略战术，但美军面对的困难实在太多，就算当时巴克纳听从海军陆战队的话，从新的登陆点实施两栖登陆，这种巨大的伤亡仍是不可避免的。

最具说服力的不是尼米兹的现身说法，而是冲绳战役最后阶段实地拍摄的照片和电影，在看完这些触目惊心的影像后，美国公众才恍然大悟，原来日本人如此顽强，原来战争如此难打。

美国已经制订了一个全面进攻日本的战略，称为“倒台计划”。第一步是“奥林匹克行动”，预计于1945年11月1日实施，届时组织76.7万大军对日本南部九州岛进行攻击。在此基础上，于1946年3月1日展开“宝冠行动”，进攻本州领土。

麦克阿瑟负责这两次行动的地面指挥。他让陆军部长史汀生做好心理准备，因为这两次行动“将使美军伤亡100万”。史汀生随后得出结论：“打败日本会给日本造成500万～1000万的人员伤亡，美军则会有170万～400万的人员伤亡，这其中要包括惨死的40万～80万人员。”

应该指出的是，史汀生的估计绝不是危言耸听。按照打到底的决议，日本其时已完成“决号行动”计划，这是一个自杀性的保卫本土作战计划：日本将集结1万多架飞机（多数是匆忙改装的教练机）和235万人守卫他们的海滩，在这235万人背后，还有近400万海陆两军的文职人员、25万特种卫戍部队以及2800万使用旧式步枪、竹枪和弓箭的民兵。

可以想见，到了那个时候，日本就是一个无限扩大的硫黄岛或冲绳岛！

★先礼后兵

为了迅速结束战争，拯救美国人的生命，应该使用原子弹，参谋长联席会议主席马歇尔、陆军部长史汀生都对此深信不疑，最后由杜鲁门拍板定案。

从波茨坦会议开始，美苏不和就初露端倪。杜鲁门一方面希望苏联能够尽早加入对日作战，另一方面又不愿给予斯大林更多好处，因此双方的关系处理非常微妙。原子弹正好给他提供了一个筹码，在看完原子弹试验成功的报告后，杜鲁门表现得精神振奋。当他再次返回会议室与斯大林交谈时，态度已经变了，“他（指杜鲁门）对俄国人指指点点，把整个会议都给垄断了”。

8月2日，波茨坦会议结束。杜鲁门找到斯大林，装作很无意地提了一句，说美国现在拥有“一种破坏力异乎寻常的新式武器”。斯大林也同样很随便地回答说，听到这个消息他很高兴，希望美国人“好好用它对付日本人”。

丘吉尔在知晓内幕后，与杜鲁门一样兴奋。他认为这样一来，就可以正大光明地把苏联排除于亚洲事务之外：“我们不需要俄国人了。”

看到杜鲁门与斯大林交谈完毕，他侧身向杜鲁门走去，然后诡秘地问道：“事情进行得怎样？”

杜鲁门耸耸肩：“他（指斯大林）连一个问题也没有提。”

一个问题都没有提，那才叫斯大林。尽管杜鲁门的话里没有半个字涉及“核”或是“原子”，可大家都是擅长于从心眼里细针密线进行盘算的行家里手，斯大林又岂能不知道杜鲁门话里的玄机。果不其然，两小时不到，美军联合参谋部即收到苏联红军的报告：“苏联军队正在远东集结，准备于8月下半月开始对日行动。”

“小男孩”，美国研制成功的首枚原子弹，以浓缩铀为原料

美国在发出《波茨坦公告》时，就预设了前提：先礼后兵，如果日本不接受最后通牒，那么没有别的选择，只好使用原子弹。

铃木内阁发表的声明被认为是对《波茨坦公告》的拒绝。8月3日，新上任的美国战略空军司令斯帕茨上将发出命令，要求一旦天气条件允许，就向日本投掷第一颗原子弹。

原子弹已提前两天在提尼安岛的一个炸弹仓库内装配完毕，它除了比普通炸弹更长更粗一些，外形上并没有太大区别。8月5日上午，天气预报表明午夜后的天气适宜起飞，黄昏前，名为“小男孩”的原子弹被装进了一架B–29轰炸机的弹舱。

强调天气条件，是为了防止B–29在起飞时坠毁。一般B–29失事还不打紧，若是装原子弹的掉下去，就会毁掉整个提尼安岛以及岛上的几百架飞机。

尽管老天很帮忙，但由于额外负重，当B–29轰鸣着奔出跑道时，看上去起飞还是挺困难，让看的人都捏着一把汗，恨不能上前出把力把飞机推上天空。

B–29的主驾驶员是当时美军最优秀的飞行员之一——蒂贝茨上校。在他从容不迫的操纵和指挥下，这架巨型银色轰炸机终于摆脱束缚，腾空飞上了夜空。

观看起飞的一名将军心有余悸地对身边的军官说：“我从未见过一架飞机起飞时要用这么长的跑道，我还以为蒂贝茨永远也无法把它拉上空中呢。”

蒂贝茨机组的目标是本州东南沿海的广岛，一座几乎还没有被战火损伤的城市。8月6日上午，8点14分，蒂贝茨下令：“戴上眼镜。”听到命令后，机组人员迅速戴上了一副电焊工用的深色护目镜，以便在原子弹爆炸产生强烈闪光时保护自己的眼睛。

扔原子弹前的最后15秒实施自动计时。8点15分16秒，随着炸弹舱门打开，“小男孩”落了下去。

广岛的天空闪现出一道刺眼的淡红色亮光，这座城市所有的时钟都永远地停留在了那一刻。

★不是恐吓，是真的

几秒钟之内，广岛的中心便被夷平了，但凡爆炸气浪波及的区域，片瓦不存。当幸存者恢复知觉时，他们发现周围没有人，也没有建筑物，只有一望无际的瓦砾。

大约20天后，这些幸存者中的大部分人也都死了，死于原子弹爆炸释放出的射线。

投放原子弹时，杜鲁门正坐着巡洋舰从波茨坦赶回国内。一名陆军上尉找到正在后舱食堂和水手们共进午餐的总统，呈上了史汀生关于已在广岛投放原子弹的电报。杜鲁门看完之后，抬起头："上尉，这是有史以来最伟大的事件！"

说完这句话，他开始沉默不语。几分钟后，又一封电报传来，这一份是报告轰炸的结果："干脆利落，在各方面都成功。"

杜鲁门一下子站了起来，他拿起一只叉子，向玻璃杯上猛地一击，食堂里顿时鸦雀无声。

杜鲁门意气风发地看着水手们，说："是回家的时候了！"在获悉具体情况后，在场的所有人都欢呼起来。

接着，杜鲁门走进军官舱，他让感到吃惊的军官们都坐下来："诸位，我们刚刚在日本投下了一颗威力超过2万吨TNT的炸弹。这是一次压倒一切的胜利。我们赌赢了！"

8月6日上午，白宫发表了杜鲁门事先准备好的声明，声明中说，如果日本仍拒不接受《波茨坦公告》中提出的条件，他们就可以"期待一阵毁灭之雨从天而降，而类似的事情在这个地球上还从来没有过"。

在得到有关广岛被炸的零星消息时，内大臣木户就立刻向天皇进行了报告。

天皇的脸上露出了难以名状的痛苦："不管朕本人会有什么遭遇，我们都必须尽早结束战争。这个悲剧绝不能重演。"

被完全夷为平地的广岛，一名日本军人落寞地独自行走着。"小男孩"释放了巨大能量，加上核辐射，此前人类从未拥有过具有如此大的杀伤力的武器

政府方面，东乡外相建议接受《波茨坦公告》，因为原子弹"已急剧改变整个军事形势，为军方提供了大量结束战争的理由"，可是军方却认为"不足惧"，至于施放原子弹，那不过是杜鲁门单方面的说法，怎么知道不是美国人在借机恐吓我们呢？

日本这时候也在研究原子弹，于是政府便派核科学家前去实地调查。科学家到达广岛后视察了全城，当即得出结论：只有原子弹才能造成这样的惨象。

不是恐吓，是真的！

获悉美国人真的拥有并投放了原子弹，病急乱投医的日本政府又一次把希翼的目光停留在了苏联身上。东乡致电驻莫斯科大使佐藤："局势急转直下，必须尽快澄清苏联的态度。请再努力，并即复告。"

莫洛托夫已经从柏林回到了莫斯科，他答应在8月8日晚上会见佐藤，但几分钟后又不加解释地把会见时间提前至下午5点。

日本驻苏大使馆的年轻外交官们都私下预测，假如当天会谈时间足够长的话，时局还有希望，若短时间结束，就一定会坏事。

下午5点前几分钟，佐藤揣着同样惶惶不安的心情走进了克里姆林宫，在被领进莫洛托夫的书房后，还未等他用俄语向对方致意，莫洛托夫就挥手打断了他："我这里有一份以苏联的名义给日本政府的通知，我想向阁下转达。"

这是一份宣战书，意思是苏联已经加入了《波茨坦公告》，并将从第二天，也就是8月9日起加入对日作战。

苏联与日本签订的中立条约应于1946年4月13日才失效，而且根据规定，如果任何一方不希望延长，要提前一年通知对方，因此，日本人一直指望着能跟苏联续订新约，然而现在这个幻想被现实击了个粉碎。

苏联不仅不会帮日本说话，还要在日本掉进的那口井里再扔块石头，这是斯大林早就蓄谋好的，但出兵时间从"8月下半月"提前到了8月9日，则与轰炸广岛密切相关。

几个月来，160万苏军早已集结于东北边境，他们面对的关东军只是一个空壳子——其精锐或断送于太平洋，或消耗于中国等其他战场，剩下的部队不但数量仅及苏军的一半，战力也不到战前的30%。苏军要予以击溃，实在是太容易了。

就在苏联对日宣战的当天晚上，一颗名为"胖子"的原子弹落于长崎。

B-29机组人员从空中看到，一个巨大的火球"令人难以置信地在人们眼前降临人世"。接下来火球顶上出现了一个巨大的蘑菇，几秒钟后，蘑菇与茎干脱离，代之而起的是一个较小的蘑菇，就好像"一个被砍掉脑袋的怪物又长出一个新的脑袋"。

在它的下方，一座城市的中心被荡为平地，3.5万活生生的人从地球上消失了。

★忍不住也得忍

一边是原子弹晴天霹雳似的爆炸，一边是苏军发起的排山倒海般的进攻，首相铃木告诉东乡："让我们结束战争吧。"

征得天皇同意后，铃木召开了"六巨头"紧急会议，提出事到如今，唯一办法就是接受《波茨坦公告》。

只一个苏军宣战，就已让军方丧胆，但阿南、梅津等人煮熟的鸭子嘴还硬，他们提出条件，说除非盟国允许日本自己解散军队，自己审判战犯以及限制占领军数量，否则陆军不同意投降——海军早已名存实亡，投不投降都是一码事，要不然丰田也得跟着上来扯半天。

讨论没有结果，铃木决定打破先例，由天皇决定，日本是立即接受《波茨坦公告》，还是要求取得陆军提出的条件。

防空洞里召开的御前会议气氛令人窒息。似乎是为了保持某种神圣感，天皇平时说话的语调跟机器人一样，但这一次他颇动了感情："朕已认真考虑了国内外局势，并得出结论认为，继续战争意味着民族的毁灭，延长世界上人类的流血和残酷行为。"

他停顿了一会儿，若有所思地凝视着天花板，以便使自己的情绪平复下来。之后他告诉自己的臣僚，虽然《波茨坦公告》提出的解散日本军队、惩办战犯等条款都是他不忍看到的，可是时间已到，"现在是我们忍不住也得忍的时候了"。

天皇说完，与会的其他人全都站了起来，目送天皇缓步走出会议室。

天皇的想法就等同于命令，再没有什么好争的了。8月10日上午，日本政府召开帝国会议，决定在保留天皇的前提下，接受《波茨坦公告》。

钟不打不响，话不说不明。日本既已被撬动，美国也宣布了自己的底线："从投降的时刻起，天皇的权威和日本政府将服从同盟国最高司令。"也就是天皇要不要留，怎么留，不是你们说了算，得看盟国我们的态度。

在日本表示可以接受《波茨坦公告》的这一天，李梅奉命没有派他的B-29扔炸弹，而只是在东京上空撒了传单。同时为了向日本施加压力，杜鲁门让斯帕茨再准备好两颗原子弹，一旦日本态度犹疑便投下去，投弹日期初步定在8月13日和8月16日，其中一颗将投在已经被炸得一塌糊涂的东京。

美国的答复在日本高层再次引起激烈争执。阿南闯进木户的房间，气冲冲地说："盟国的条件会毁灭大和魂，应该打一场决战。"

铃木主持的"六巨头"会议又搞不下去了，他只得第二次请天皇出面干预。这次涉及了天皇今后的命运和安危，在御前会议上，天皇裕仁已经是满脸泪水，他声音哽咽地说："眼看着国家被占领，自己还可能被指控为战犯，是多么不好受，但我不能再让臣民受苦，我愿意冒生命危险拯救国民。"

见天皇说得如此凄惨可怜，当场有两个大臣控制不住自己，倒在了地板上。

高级将领们再也无话可说了，尽管他们中的很多人都知道自己难逃战犯宿命，但还是自发地在宣誓书上签字，表示服从天皇意旨。阿南在签完字后，就在陆相官邸切腹自杀，鲜血浸透了他生前所写的两卷条幅。

在昭和时代，日本政局一旦动荡，都会有许多不安分的少壮派军官冒出来闹事，这次仍不例外。叛乱者们杀死了近卫师团长森中将，然后伪装森的命令，企图清除铃木、木户、东乡等一干"奸臣"，同时找出和销毁天皇事先录好的广播录音胶片。

日俘在收听天皇发布的"终战"诏书。由于录音质量较差，再加上诏书使用了汉文训读体（阅读难度犹如中国古代的文言文），使得大部分日本民众很难直接理解诏书的含义，但他们知道天皇已经宣布日本投降了

结果是哪一样也没能得逞。天一亮，政变便土崩瓦解。8月15日，日本人从广播里听到了天皇发布的诏书，宣布向盟国无条件投降。

值得玩味的是，在这份诏书中，自始至终没有出现过"投降"二字，但听众们痛苦和怀疑的眼泪都表明，这只不过是东方人为了保住面子的一种传统做法而已。如果说得更确切一点，天皇是给他的臣民们提供了一个洋漆马桶，外面看上去似乎还有些光彩，里面究竟什么样，每个人都很清楚。

羞辱也罢，痛苦也好，都比硬撑着要强上许多。起码寻常百姓是得救了，他们将从此远离战火、饥饿和死亡。

★礼物

在李梅实施火攻的那段时间，哈尔西正指挥第三舰队在日本海岸附近随意出没，他的舰载机将炸弹、火箭和鱼雷下雨一样投在联合舰队的军港里，用哈尔西的话来说，那些军港都成了日本残余战舰送死的地方。

在持续四天的空袭下，包括丰田的旗舰“大淀”号在内，联合舰队几乎所有的巡洋舰和驱逐舰都被击沉，战列舰中只有“长门”号还一摇三晃地浮在水面上，五艘藏着准备用来进行本土决战的航母被炸得连动都不能动了。

哈尔西满意地向尼米兹报告，日本海军已经“不复存在”。把人家舰队都打沉了，你让联合舰队司令丰田住哪里呢？“蛮牛”很贴心地为对方准备了小棉袄——“他还可以到他‘大淀’号上的小舱里去，但是要穿潜水服！”

如果是在海上，哈尔西真正到了独孤求败的时候。他在战局广播中大声嚷嚷说，他现在唯一的遗憾是：“我们的舰只没有轮子，否则我们从海岸撵日本人时，就能一直把他们驱向内陆。”

8月15日，哈尔西接到信号：“空袭暂停。”他大声欢呼起来，随后依令召回了刚从航母出发的舰载机。

当部下们高兴得跳起来的时候，同样得知喜讯的尼米兹只是报以一丝愉快的微笑。他提醒他的士兵，仍旧要保持应有的警惕，查明并击落一切偷袭者，但尽可能不要采取报复手段，也不要“再以侮辱的词句辱骂日本民族和日本人”，因为这“不符合美国海军军官的身份”。

尼米兹的活已将近结束，而交给麦克阿瑟的使命却刚刚开始。当天下午，杜鲁门发来通知，指派麦克阿瑟为驻日盟军总司令。

得知自己被新总统委以重任，麦克阿瑟快活得跟只小鸟似的，他一改向来喜欢跟总统唱反调的劲头，立即致电杜鲁门：“我对你如此慷慨地给予我的信任深表感谢。”

按照麦克阿瑟的要求，他与美军将在日本的厚木机场降落。8月28日晨，美军飞机向厚木机场空投了一根大管子。负责接待的有末精三中将被吓了一跳，以为又是什么新型炸弹。虽然管子并没有爆炸，众人仍不放心，小心翼翼地把管子末端的螺帽卸了下来。

在拆除“爆炸机关”后，有末才发现管子里面是一面横幅，上写：“欢迎美国陆军——美国海军陆战队赠。”旁边还附有字条，要求把横幅挂在飞机库的一侧，以便让麦克阿瑟和他的军官们下飞机时能看见。有末害怕节外生枝，赶紧下令把美军陆战队的这份“礼物”给藏了起来。

不久，一架美军飞机着陆于厚木机场，麦克阿瑟的参谋坦奇上校走出机舱，成为第一个踏上日本国土的征服者——当然比陆战队的那面横幅还是晚了一些。

坦奇看到，在停机坪的一端，一群日本人正呐喊着朝他拥来，这使他顿时紧张起来。

战争已经把人的神经弄得高度敏感。在坦奇的认识中，日本是一个疯狂而野蛮的民族，而厚木机场又曾是“神风敢死队”飞行员的训练基地之一，更是疯狂中的疯狂。如今虽说宣布投降了，那也不一定管用，这群疯子不是要冲上来乱刃砍了我吧？

担心很快被证明纯属多余。拥上来的都是欢迎和接待人员，为首的就是有末。在把坦奇一行迎进帐篷后，有末请坦奇喝橘子水，为了表示没有下毒，他自己还先喝了一杯。

有末是中将，坦奇只是上校，但是中将对待上校毕恭毕敬，跟个爷一样地侍候，其态度的变化既大大出乎坦奇的意料，又让他着实有些领受不起。

这算是日本民族特性的另一面，当然你可以把它看成是一种自我保护，而且也确实具有作用和效果。

日本人服了，亲眼所见，如假包换。

坦奇之后，美军四引擎运输机以每两分钟降落一架的频率，使第11空降师着陆于厚木机场。48小时不到，机场便被美军完全占领。

8月30日，麦克阿瑟乘坐“巴丹”号专机越过富士山，前往厚木机场。

在飞行过程中，麦克阿瑟与秘书讨论了他的管制方法：“很简单，我们将运用日本政府这个工具来实现占领。”

麦克阿瑟还兴致勃勃地表示，他要给日本妇女以选举权。秘书有些迟疑地说：“日本男人会不高兴的。”

麦克阿瑟用一种不容置疑的语气说道：“我不管，我要使日本军方名誉扫地。妇女不要战争！”

有如此底气，是因为麦克阿瑟自认为熟悉日本人的性格，知道这个有“武士道”精神的东方民族有许多个不同侧面。他要用事实证明，他不仅是一个只有在战场上才能创造奇迹的人。

着陆厚木机场便是其中的一个步骤。从具体指挥登陆的艾克尔伯格，到麦克阿瑟的亲信幕僚，都把这次着陆视为一次危险的赌博，但并没有能够改变麦克阿瑟的决定。

★没有人能永远活着

“巴丹”号以比树梢高不了多少的高度盘旋于机场上空，可以看到地面无数的防空炮位，飞机上的人都悬起了心。

全世界都屏住了呼吸，而这种氛围和场合，却正是老麦乐于享受的。下午2点19分，“巴丹”号平稳地降落于机场，麦克阿瑟叼着玉米芯大烟斗第一个走出机舱。

他在舷梯上端停了一下，举目四望，然后自言自语道：“这就是结局。”

已经先行抵达机场的艾克尔伯格等人上前迎接。麦克阿瑟一边跟他们握手，一边用平静的语气低声说：“噢，从墨尔本到东京的路途真是漫长，不过，这好像是到了终点。”

日本政府凑了一大串他们能找到的最好的车辆——当然在美国人眼中，它们全都是破到不能再破的烂车。麦克阿瑟登上其中一辆出厂年份不明的林肯汽车，率领众人前往横滨。

由厚木机场前往横滨共有24千米车行道，道路两侧密密麻麻地站立着日本兵，他们全部背朝麦克阿瑟，以示尊敬。两个师团，三万名日军，依照保卫天皇的规格来为麦克阿瑟担任警卫。

进入宾馆后，旅馆经理和服务员几乎是以匍匐的姿态迎候着麦克阿瑟一行。如此大的排场和殷勤的接待，却让麦克阿瑟的秘书更加心生疑窦，他想对麦克阿瑟的食盘和食物进行逐一检查，但麦克阿瑟大笑着予以拒绝：“（如果日本人下毒）那就谁也别想活了，可是没有人能永远活着啊。”

麦克阿瑟一登上日本的土地，美军战俘就被从战俘营里陆陆续续放了出来，首批获释的战俘中包括温赖特和帕西瓦尔。麦克阿瑟下令让他们参加受降仪式。

第二天，麦克阿瑟刚坐下吃晚餐，副官传话说温赖特已到了大厅，他立刻下楼前去迎接。

门开了，温赖特就站在那里。几年不见，这位部将像变了个人似的，他的皮肤像旧鞋鞋面一样，充满褶皱的军服挂在瘦得没有肉的身上，使他显得更加憔悴和苍老。

麦克阿瑟抵达厚木机场，立于他右边的是高级将领艾克尔伯格。经历了那么多苦战，这是春风得意的时候

看到麦克阿瑟，温赖特笑了一笑，可当麦克阿瑟拥抱他时，他却说不出话来。

麦克阿瑟百感交集地把双手搭在温赖特肩上："得了，瘦皮猴！"

正是"一声何满子，双泪落君前"，温赖特哽咽着只说出了"将军"两个字，就再也发不出任何声音了。

等到麦克阿瑟让摄影师为两个人合影，温赖特才得以控制住情绪，并向老上司吐露了心声。原来他认为当初放弃菲律宾投降是不光彩的，自己常常感到这是一种"耻辱"，现在虽然被释放回来，也早已是前途尽毁，没有任何希望了。

麦克阿瑟听后大为震惊，他向温赖特保证，可以满足他提的任何要求。

温赖特用沙哑的声音说："将军，我现在只想指挥一个军团。这是我一开始就要求的。"

麦克阿瑟非常爽快："吉姆，你什么时候要你原来的那个军团，它什么时候就是你的，仍归你指挥。"

这回轮到温赖特吃惊了。他没想到自己以降将身份重回祖国怀抱时，还能被当成民族英雄看待。

温赖特的待遇也适用于其他所有盟军战俘。在麦克阿瑟的命令下，B-29被重新派上天，不过它们这次的任务不是去轰炸，而是向在泰国和中国华北的日本战俘营空投食品、药品救助盟军战俘 。

在第一批美国陆军飞至厚木机场的同一天，第三舰队也驶入了东京湾，足以遮天蔽日的战舰群显示出太平洋舰队的惊人实力，也在提醒日本人，美国海军是促成日本惨败的重要力量。

当天下午，尼米兹乘海上飞机登上战列舰“南达科他”号。

尼米兹比麦克阿瑟到得早，这让他感到满意，但当他听说正式受降仪式将由麦克阿瑟安排和主持，并签署和平文件时，这位一贯低调的人终于表现出了难以抑制的愤怒。

★最光明的日期

当初，麦克阿瑟和尼米兹同被授予五星上将。水兵们自发地为尼米兹制作了一副新领章，上面五颗星排成了一圈，尼米兹装作眼花，开玩笑地说：“好大一会儿，我才看见了星星。”

麦克阿瑟本来一脸得意之色，但当他看到前来会商的尼米兹已先于自己戴上五星领章时，脸色马上就变了，他命令副官第二天早上就拿一副新领章过来。黑灯瞎火的，副官们根本无从着手，最后只好发挥群众的智慧，把一块面值一角的菲律宾银币锉成了五颗星。

有些事确实没法低调。如果说戴五星领章多多少少局限于个人脸面，可在乎可不在乎的话，受降仪式不同，那是一种荣誉的象征，而且不光关系到尼米兹一个人的荣誉，更关系到整个海军的荣誉。

在太平洋战争中，海军及其他的陆战队可谓身负重任，出生入死，一肩挑起了大多数重要战役，可是到了胜利时刻，却让一位陆军将领去担当主角，唱大戏，出风头，这算什么，难道日本主要是由美国陆军打败的？

对尼米兹不公平，他或许可以忍受，但对海军将士的极大不公，不可以容忍！

尼米兹那么好脾气的人也难得地咆哮起来，他决定不出席仪式，你们爱怎么折腾热闹，你们自己去弄。同时，他还将有关情况报告给金格，直接向上司表达了自己的不满。

金格一听杜鲁门这么偏心眼儿，马上找到总统，说如果你一定要让陆军将领主持仪式，可以，但仪式应在一艘海军舰艇上而不是在陆地上举行。

海军部长福雷斯特尔也闻风而动，说动国务卿贝尔纳斯：如果麦克阿瑟代表盟军在投降书上签字，尼米兹将代表美国签字。

在海军高层的极力运作下，这两个条件最后都得到了满足，这就叫高不了你，也低不了我。尼米兹觉得差不多公平了，态度才缓和下来，答应仍然会出席仪式。

9月2日上午，天空阴沉，乌云低垂，但是海上风平浪静。在举行受降仪式的“密苏里”号战列舰上，麦克阿瑟、尼米兹、哈尔西一起走过甲板，来到一张铺满文件的桌子旁边。然后，温赖特和帕西瓦尔应邀走到麦克阿瑟旁边，在桌子后面站着。

日方代表人选大费周章。天皇不可能来，铃木内阁已经辞职，继任首相东久迩宫是硬推上来的，而且他是天皇的叔父，看在天皇的面子上，也不能丢这个脸。剩下的一班文臣武将，个个都害怕承担投降的责任，当时的气氛，文官参加，便是表示这个人“完结”了，若是军人，无异于自杀。

最后选到的两个人，一个是前外相重光葵，一个是参谋总长梅津。重光葵一条腿在侵华战争中折了，是一个拄着手杖的瘸子，他的脸面和前途都没那么值钱，而且外交生涯也早就让他打造了一副烧不热、煮不烂的粗皮厚脸。梅津则有所不同，最初被推荐担任副代表时，他气得脸色发白：谁跟我这么过不去，变着法儿损我？你们要是敢这么干，信不信我剖腹！

让梅津心甘情愿地当强扭的瓜，还是靠天皇做了思想工作，否则梅津真可能去追赶阿南了。

重光葵代表天皇及内阁，梅津代表军方统帅部，当他们出场时，无数目光如疾风暴雨一般投射过来。一名日本代表团成员感觉那些目光像锋芒一样刺入了自己的身躯，甚至引起了肉体的剧痛。他从来没有想到，人们圆瞪的眼睛能具有如此厉害的杀伤力。

在众目睽睽之下煎熬了几分钟之后，他们开始聆听麦克阿瑟在麦克风面前发表演说："我们不是怀着不信任、恶意或仇恨的精神在此相聚的，我们胜败双方的责任是实现更崇高的尊严。"

出乎日本代表的意料，麦克阿瑟的话里没有任何怨恨或复仇之意，这就是一个真正的胜利者的姿态，让你不服气都不行。

麦克阿瑟只用几分钟就结束了他的演说。随后他指了指桌子另一边的椅子，示意重光葵坐上去。

重光葵一拐一拐地走了过去，他的样子看上去有些不知所措，老是摸摸这里，弄弄那里，迟迟没有在文件上签字。

哈尔西认为重光葵是在有意拖延时间，恨不能上去扇对方一耳光。他粗声粗气地催促道："快签！他妈的，快签！"

倒是麦克阿瑟看出重光葵可能是真的有些弄糊涂了，于是转身对自己的参谋长说："萨特兰，告诉他签在什么地方。"

重光签完梅津签，签字的表情都跟死人相仿。接下来麦克阿瑟用另外的笔，以盟国最高司令的身份在文件上签了字。以下，尼米兹代表美国，徐永昌代表中国，一个个盟国代表分别代表本国签字。

在萨特兰中将的监督下，日本外务大臣重光葵代表日本政府签署了《降伏文书》，一旁协助重光葵的是同为日本代表的加濑俊一。后者负责撰写了此行报告，供天皇阅读

签字完毕，天空突然转晴，阳光透过云层照耀着大地。天边传来了震耳欲聋的轰鸣声，400架B-29轰炸机和1500架运输机列队掠过战舰上空，以自己特有的方式向胜利者致敬。

在“密苏里”号上发生的一切，为太平洋战争画上了一个圆满的句号。不管将来发生什么，只要人类历史继续存在，这一天都是最光明的日子之一。

天皇虽然没有亲自参加仪式，但他对仪式的进行非常关注。日本代表团一回到东京，立即向天皇递交了参加仪式的情况报告。在报告的末尾，报告撰写者自问自答地提了一个问题：如果我们日本取得了胜利，是否会像这样宽宏大量地对待被征服者？

很明显，不会。

天皇看完报告，当着重光葵的面叹了口气，表示同意报告的说法。

是有些迟，但还不算太晚，因为他们终于明白了，他们在战场上的失败，不光是输在物质力量上，更是输在精神和智力领域，那远远超出了他们的感知范围和计算能力。